江苏省社会科学基金后期资助项目（17HQ046）成果
江苏省教育科学"十二五"规划课题（T-b/2015/001）成果（重点自筹）

奥林匹克运动员训练理论与方法演化通论

胡海旭 著

人民体育出版社

图书在版编目（CIP）数据

奥林匹克运动员训练理论与方法演化通论／胡海旭著. -- 北京：人民体育出版社，2021（2024.7重印）
ISBN 978-7-5009-5964-9

Ⅰ.①奥… Ⅱ.①胡… Ⅲ.①奥林匹克运动－运动员－运动训练－研究 Ⅳ.①G808.1

中国版本图书馆 CIP 数据核字（2021）第 027491 号

*

人民体育出版社出版发行
北京中献拓方科技发展有限公司印刷
新 华 书 店 经 销

*

710×1000　16 开本　15.5 印张　266 千字
2021 年 12 月第 1 版　2024 年 7 月第 2 次印刷

*

ISBN 978-7-5009-5964-9
定价：80.00 元

社址：北京市东城区体育馆路 8 号（天坛公园东门）
电话：67151482（发行部）　　邮编：100061
传真：67151483　　　　　　　邮购：67118491
网址：www.psphpress.com

（购买本社图书，如遇有缺损页可与邮购部联系）

序

第32届夏季奥运会再次成为这个夏天的一场视觉与精神盛宴,引起全世界人们的广泛关注。这样一个起源于公元前8世纪的古希腊(西方文明"原点")竞技赛会活动曾于公元4世纪末被罗马皇帝狄奥多西一世废止,却又在消失了1500年之后的公元19世纪末重新受到关注,并被再"发现"和书写。发展至今的现代奥运会,不仅已经走向现代人展示其生理、心理、道德的舞台中心,而且赋予了诠释时代注脚的新内涵,并被誉为当今世界"千年盛事"之一。

著名学者、人类学家包苏珊(Susan Brownell)指出:"现代奥林匹克选择展示了一个客体化、标准化、科学化的身体,并在其全球传播的过程中把'体育-科学'的世界观和身体技术带到每一个(希望)参与奥运的国家……"事实上,直到17世纪的科学革命才使得科学从普适的自然哲学走向分科深入,而体育与科学(前身是自然哲学)的关系自古代奥运会就存在,只不过现代奥运会的客体化、标准化、科学化的运动训练日益突出。值得注意的是,现代奥林匹克运动在追求"更快、更高、更强——更团结",不断突破生理、心理极限的同时,应当力求与保障基本的人道达到平衡,在维持这一平衡的需求中不容忽视奥林匹克运动员训练理论与方法的科学与人文并重特质。

只有了解运动训练本身及其相关学科演变的基本规律,完善学科知识体系,促进学科协调发展,才能推进运动训练科学的整体发展与前沿突破。南京体育学院竞技体育研究团队的胡海旭博士新书——《奥林匹克运动员训练理论与方法演化通论》首次从古奥运会诞生至今的超长历史跨度,系统地论述了奥林匹克运动员训练中体育与科学(自然哲学)、社会的关系及其理论与方法的演化特征。这是一个充满挑战的研究课题,为了更全面、更系统地揭示科学与人文并重的运动训练理论与方法特征,作者从科学史与科学哲学结合的理论视野,运用定量与定性研究方法，客观合理地解构了三个阶段、五个时期的运动训练理论与方法的形成与发展特征，以及演化动力。最后，结合当前数字化转型、网络化重构、智能化升级的科技变革时代特征，提出未来中国竞技运动训练理论与方法发展的着力点和突破口。在该书付梓之际，我非常高兴地看到胡博士较高质量地完成了这一极具挑战性的课题。

该课题是作者主持的江苏省社会科学基金后期资助项目（17HQ046）最终研究成果，其研究是基于胡海旭博士主持的江苏省教育科学"十二五"规划（重点自筹）课题(T-b/2015/001) 成果的积累与提升。十年磨一剑，相信不同体育学科专业的读者都能从中获得知识学习和科学研究的启示。

南京体育学院校长　杨国庆
2021 年 11 月

目 录

第一章 绪 论 ... 001
- 第一节 奥林匹克运动的起源概览 ... 001
- 第二节 当代我国运动训练理论与方法发展问题 ... 006
- 第三节 相关概念的界定 ... 008
- 第四节 研究目的与意义 ... 010
- 第五节 文献研究与综述 ... 012
- 第六节 研究原则、创新点与方法 ... 024
- 本章小结 ... 030

第二章 运动训练理论与方法演化的阶段划分 ... 032
- 第一节 基于夏季奥运会成绩记录的阶段划分 ... 032
- 第二节 结合文献定性研究与数据定量分析的最终阶段划分 ... 035
- 本章小结 ... 038

第三章 古代运动训练思想的孕育（公元前776年—1895年） ... 039
- 第一节 古代运动训练理论与方法演化概况 ... 039
- 第二节 古代运动训练思想孕育的社会和科学背景 ... 045
- 第三节 运动训练哲学萌芽与古代科学的关系 ... 064
- 本章小结 ... 075

第四章 近代运动训练理论与方法的形成（1896 年—20 世纪 40 年代） ……… 076

第一节 近代运动训练理论与方法概况 ……… 076

第二节 近代运动训练理论与方法形成的社会和科学背景 ……… 079

第三节 近代运动训练理论与方法的形成及其特征（Ⅰ期 1896—1920 年） ……… 086

第四节 近代运动训练理论与方法的形成及其特征（Ⅱ期 20 世纪 20 年代—20 世纪 40 年代末） ……… 090

本章小结 ……… 096

第五章 现代运动训练理论与方法的发展（20 世纪 50 年代—21 世纪 10 年代） ……… 098

第一节 现代运动训练理论与方法概况 ……… 098

第二节 现代运动训练理论与方法形成的社会和科学背景 ……… 103

第三节 现代运动训练理论与方法的发展及其特征（Ⅰ期 20 世纪 50 年代初—20 世纪 70 年代） ……… 108

第四节 现代运动训练理论与方法的发展及其特征（Ⅱ期 20 世纪 80 年代—21 世纪 10 年代） ……… 125

本章小结 ……… 204

第六章 运动训练理论与方法演化总览与未来展望 ……… 207

第一节 运动训练理论与方法历史演化的整体性图景 ……… 207

第二节 运动训练理论与方法未来发展的数字化转型 ……… 210

本章小结 ……… 235

第七章 结　语 ……… 237

第一节 结　论 ……… 237

第二节 建　议 ……… 239

第一章 绪 论

"更快、更高、更强——更团结"的奥林匹克格言（Olympic Motto）始终激励着古今中外的奥林匹克运动员前赴后继地向自身个体和人类群体的运动极限发起挑战，并由此发展成为人类社会中的一种独立的奥林匹克竞技文化。科学合理的运动训练理论与方法是人类迎接与突破运动极限挑战的核心"法器"，发现和设计出"更好、更快捷、更高效、更强大、更绿色"的运动训练理论与方法"配方"由此也成为人们亘古不变的运动训练实践目标。

众所周知，古希腊最大的宗教活动是竞技运动会，而运动场是古希腊人展现身体之美、以公平竞争的方式来展示力量和追求荣誉的场所，源自古希腊文明中的体育竞赛最终形成了延续至今的声势浩大、举世瞩目的奥林匹克运动会。其中，古奥运会成功举办了293届，历时1168年，现代夏季奥运会已经成功举办了32届，已有125年的历史。历经千年的竞技运动实践总结而成的科学训练与成功参赛智慧结晶，最终形成了当前广泛认同的奥林匹克运动员训练理论与方法体系。

第一节 奥林匹克运动的起源概览

现代竞技体育处处彰显着西方奥林匹克精神，它们把外在的力量视为生命的本质要素，也正是西方哲学的"身"与"心"，"灵"与"肉"分离的产物。体育的英译"Physical Education""Physical Training""Physical Activity"都是以"身体的"或"物理的"为对象，剥离了"心"与"灵"，意味着通过外力作用，引导个人能力（即力量、速度、耐力等）并使其充分发挥作用。在古希腊文化中，正如艺术哲学家丹纳所指出的，"体力与矫健"往往"成为一邦的光荣"。这一点同样体现在文艺复兴时期：理想的人格"首先是天然的人体，就是健康、活泼、强壮的人体"[1]。这些都折射着以力为本质的生命哲学，而最能再现这种生命力量的便是竞技体育。难怪体育史学家卡尔·蒂姆（Carl Diem）曾说道："奥林匹克运动（体育）是文艺复兴的孙子，是法国大革命的儿子。"奥林匹克文化被视作社会革新的重要参考。为了能更深层次地洞悉运动训练理论与方法演化特征及规律，有必要预览奥林匹克运动会及其运动项目起源中所呈现的文化与文明特质。

一、古奥林匹克运动会的起源与盛衰

古奥运会从公元前 776 年起，到 394 年止，经历了 1168 年，共举行了 293 届。从第 1 届起，决定每 4 年举行 1 次，每届只举行 1 天。随着比赛项目的不断增多，从第 22 届古代奥运会开始，组织者决定将比赛时间改为 3 天，加上开幕式、闭幕式及庆典活动，整个会期为 5 天。竞赛项目增加为五项全能（铁饼、标枪、跳远、角力、跑步）、拳击、摔跤、战车赛跑、赛马等，最多时达 23 项。

按其起源与盛衰大致分为三个时期：

（1）据记载，自公元前 776 年至公元前 388 年的 388 年间，伯罗奔尼撒的统治者伊菲图斯热衷于宗教与体育竞技的一体化发展，足见当时体育在国家政治和国民生活中的显赫地位。为了更好地交融发展，伊菲图斯一方面革新宗教仪式，另一方面组织大规模的体育竞技赛会，以完善二者的一体化程度。期间，诸城邦之间虽有纷争，但当时的希腊作为一个政治、经济、文化都较发达的时代王国，也缔造了古代奥运会的黄金时代。特别是公元前 490 年，希腊雅典在马拉松河谷大败波斯军之后，极大地鼓舞了希腊的国民热情，令国威大振，兴建了许多运动设施、庙宇等，踊跃参与运动会的选手们遍及希腊各个城邦，此时的奥运会也达到鼎盛时期，成为希腊最盛大的节日。

（2）据记载，公元前 388 年至公元前 146 年的 242 年间，古代奥运会逐渐走向衰落。战争鼓舞了希腊奥运情怀，同时也摧残了奥运发展，由于斯巴达和雅典长达 27 年的伯罗奔尼撒战争（公元前 431 年至公元前 404 年），极大地消耗了希腊综合国力，随后，马其顿逐渐吞并了希腊。值得庆幸的是，马其顿君王菲利普也保持着对运动的热情，尤其是赛马运动，他经常亲自上阵竞赛，其后裔亚历山

---

[1] 丹纳. 艺术哲学 [M]. 傅雷, 译. 北京：人民文学出版社，1983.

大大帝本人不喜爱体育活动，但对于运动的国家政治影响力毫不怀疑，积极支持奥运会，并视奥运会为古希腊的最高体育活动，为其增添设施。由于管理疏漏和功利性参赛的萌芽，这一时期古奥运会精神已大为减色。

（3）据记载，公元前146年至394年的540年间，古奥运会气数已尽，开始由衰落步入毁灭。在罗马帝国统治希腊后的初始时期，也时常会举行运动会，但由于朝代更迭，奥林匹亚竞赛场因而也失去其唯一的尊崇地位，并逐渐为其他赛场所取代。对奥运会本源精神的曲解，政治性日趋明显，导致这时职业运动员已开始大量出现，奥运会已不再是平民平等参与的盛典，而演变成了职业选手的比赛，希腊人因其性质的变更，认为参加奥运会反而是对希腊文明的亵渎，从而对之丧失了兴趣。到2世纪后，基督教统治了包括希腊在内的整个欧洲，此时的欧洲全然笼罩在人性禁闭黑暗时期，奥运会甚至成为基督教极力反对的典型大型民众活动，失去其生存空间和土壤。393年罗马皇帝狄奥多西一世宣布基督教为国教，并认为奥运会严重违背了基督教教旨，是异教徒活动，更是将奥运会逼入绝境，翌年，狄奥多西一世宣布废止古奥运会。

二、现代奥林匹克运动项目的起源与特征

现代夏季奥运会是由法国教育家皮埃尔·德·顾拜旦男爵积极推动恢复的壮举。他于1892年发表《奥林匹克宣言》，号召人们"坚持不懈地追求、实现一个以现代生活条件为基础的伟大而有益的事业"。1894年，顾拜旦与12个国家的79名代表成立国际奥委会。1896年，第一届现代夏季奥运会成功举办。至今，奥运会已成为普天同庆的节日，奥林匹克运动也吸引了202个国家和地区的积极参与，比赛项目（以北京奥运会为例）囊括了28个大项（34个项目），分别是田径、赛艇、羽毛球、垒球、篮球、足球、排球、拳击、皮划艇、自行车、击剑、体操（包括艺术体操和蹦床）、举重、手球、曲棍球、柔道、摔跤、水上项目（包括游泳、花样游泳、跳水和水球）、现代五项、棒球、马术、跆拳道、网球、乒乓球、射击、射箭、铁人三项、帆船帆板（包括帆船和帆板），如表1-1所示。

表1-1 奥林匹克运动项目的起源历程[1]

	原始社会	奴隶社会		封建社会(476—1640)				资产阶级革命(1640—1782)		资本主义社会	
		古奥运会		文艺复兴(1271—1744)				启蒙运动(17—18世纪)		工业革命(1760—)	现代奥运会(1896—)
年代		公元前776	393 476	1200	1300	1400	1500	1600	1700	1800	1900 2000
欧洲 北美 亚洲		田径 摔跤 拳击 第一阶段		马术 网球 第二阶段		击剑		游泳 射箭 赛艇 帆船 第三阶段	举重 体操 现代五项 艺术体操	皮划艇 自行车 乒乓球 羽毛球 曲棍球 跳水 水球 射击 足球 棒球 篮球 排球 垒球 柔道	手球 花样游泳 第四阶段 帆板 蹦床 铁人三项 跆拳道
		生存		娱乐				超能			协作

据统计[2],奥运会28个大项中,有22个项目起源于欧洲,可以说欧洲是现代奥林匹克运动的发源地。其中,3个项目起源于17世纪前欧洲国家的宫廷贵族运动,4个项目产生于18世纪,13个项目产生于19世纪工业革命时期的资本主义国家,且13个项目中,9个项目产生于欧洲,3个项目产生于美国,1个项目产生于日本。以欧洲历史进程为时代背景,根据奥运会34个项目产生的时期和根源(当然也有部分项目来自古奥运会),将奥林匹克运动项目的发展过程分为4个特征阶段。

第一阶段——生存:在生存实践中,人类发现可以通过如下途径不断强化自己的生存本领,如奔跑、跳跃、狩猎、格斗等技能。然而,自身的努力依然无法战胜大自然的诸多威胁,像能解决部落生存需要的动物同时成了人们向上天祈求生存权利的牺牲品,原始人深信上天和他们同样稀缺食物,认为足以用它博取上天的愉悦。于是诞生了祭祀性质的古奥运会,田径、摔跤等体能项目也由此产生。人类生存发展和祭祀的需要,促使人类必须强化自身的生存本领,从而导致了某些体能性项目和格斗类项目的产生。

---

[1] 胡亦海.竞技运动起源辨识、历程断想、功能启迪[J].武汉体育学院学报,2009,43(5):5-8,13.

[2] 马斌,胡海旭,顾海勇,等.奥林匹克运动项目阶段发展的文化解读[J].体育与科学,2010,31(6):64-67.

第二阶段——娱乐：人类有寻求娱乐的天性，即便在原始社会生产力极端低下，出于自身娱乐的觉醒和对神灵庇佑的感恩等，在闲暇之余不时地聚集在一起组织舞蹈、游戏等简单的娱乐形式。人类步入封建制度社会时，由于古奥林匹克运动早被取消，很多运动项目失去了其生存的土壤，但统治阶级为了满足自身娱乐的需要，又创造了许多贵族性的技能性项目，如马术、击剑和网球等高雅的技能主导类项目。

第三阶段——超能：文艺复兴、启蒙运动和工业革命是人类思想和社会生产的重大革命，初期的文艺复兴运动把斗争的矛头指向基督教会，强调人性，反对神性，核心要求是摧毁神学世界观。中期的启蒙运动把斗争矛头指向封建制度，强调人权，强调理性，核心目的是推翻封建专制和教权主义。后期的第一次工业革命使人类真正认识了自身的能力，尤其是蒸汽机的发明及其引领的一系列生产机械设备的创造，凸显了人类自身的无能。为此，展示人体动作和体能极限能力的"逗能"运动纷纷出现，并以竞赛项目和社团组织方式广泛推广[1]。

第四阶段——协作：工业革命带来的集约化、精密化、社会化生产引起了社会结构和生产组织形式的变化。这种变化也孕育了现代奥林匹克运动中的篮球、排球、手球、垒球等团体竞技项目，这些运动项目尤其强调团队配合和组织协作，十分符合工业流程和制作程序，因而深受劳资阶层的普遍喜爱。在某种程度上，竞技体育可以以一种"静默"的方式来宣传与教化社会道德秩序。

由此可见，生存、娱乐、超能、协作反映了奥林匹克运动项目历史发展阶段的民族特点和社会特征，是同时期的身体文化与社会文化的缩影。奥林匹克运动正是为适应社会需要而出现的，是人类社会发展到一定阶段的必然产物。

众所周知，我国竞技体育乃至体育是舶来品，现阶段服务于奥林匹克运动的运动训练理论与方法同样如此。因而，对西方主流的运动训练理论及方法形成与发展特征及规律的挖掘更有利于当前的中国运动训练理论与方法的发展与创新。事实上，如果以我国自1984年第一次正式参加夏季奥运会并获得第一枚奥运会金牌来标定我国运动训练理论与方法的重要时间起点，至今也才过去了37年，这与西方自公元前776年古希腊奥运会就出现的运动训练理论与方法活动相比，仅仅是历史一瞥。近30多年来我国运动训练理论与方法不仅取得了原创性成果，

---

[1] 胡亦海. 竞技运动起源辨识、历程断想、功能启迪 [J]. 武汉体育学院学报，2009，43（5）：5-8，13.

也表现出很多后发优势的理论与方法进展，但在理论与实践深度和广度的一些方面着实需要虚心学习西方主流，只有在明晰西式"源远流长"的奥林匹克运动员训练理论与方法演化规律之后，才能更好地实现中国化的融合创新。

第二节　当代我国运动训练理论与方法发展问题

一是运动训练理论与方法创新缺乏系统历史科学研究。科学史在西方已经有上百年的历史，而在中国科学史作为独立的学科来开展研究才刚刚起步，但科学史的价值已经得到其他学科尤其是自然科学学科的充分重视，如数学史、医学史、天文学史、化学史、物理学史、史学史、美术史等都倾向于以科学史的方式来记述历史和论述历史。只有深究从哪里来，兼顾科学逻辑和历史逻辑，方可明晰往哪里去。

二是竞技体育竞争越发激烈，提升竞争力的必要性。运动训练科学化水平是保障竞技体育制胜的关键要素[1]。其中的运动训练方法很容易为广大运动训练业界所跟风模仿，并因此忙于追随运动训练方法和一些新潮理论的匆忙引进，往往导致其深层的理论在应接不暇的跟风中而未能真正领会和消化，由此带来理论与实践都处于被动的局面。对于类似竞技体育这样的需要科学高集成和多领域合作的人类实践活动，理论与实践必须紧密结合才可能显现效果，更要求依托自身的理论创新来引领其国际竞争力，进而在国际体坛的激烈竞争中提高胜算。运动训练理论与方法的守正创新正是提升国际竞争力的硬核，历史和现实也多次证明这个硬核的必要性。在未能明确如何设计和展开运动训练理论与方法创新的系统方法时，对其系统演化的研究是尤为必要的课题。

三是西学东渐且日趋主导，排挤本土化的危机性。排挤本土化运动训练理论与方法，不仅因国内研究起步较晚，还因能抵御西学东渐势头的心理怪圈长期无法破除，有必要借力于用科学史指导科学研究与实践。中国运动训练理论与方法发展近30年来，产生了一些极具代表性的原创理论，如项群理论、三从一大训练原则等。科学哲学认为，"一个理论的产生必然有另外一个理论与之抗衡，理论不仅可以被证实也同时具有可以被证伪性。"世界上永远没有一个长生的理论，

---

[1] 若昂·梅代罗斯.67枚奥运奖牌：英国体育是如何崛起的[M].孙焕君，译.北京：中国纺织出版社有限公司，2021：1-10.

正如拉卡托斯所言："永远也不应让一个研究纲领（亦即一种成形的理论）成为一种世界观，或一种科学的清规戒律。"[1] 同样，库恩也这样称道："为了成就重大的科学进展，我们必须付出的代价是：承诺一个可能会出错的范式。"[2] 因此，站在科学哲学的视角来客观评价和推动运动训练理论与方法是有必要的。一味坚守原有的理论而不敢突破并不符合科学史科学规律，这只会正中怀特海的预言："不敢忘其创始者的科学是个死掉的科学。"值得注意的是，彻底的"忘本"亦是愚昧之举。在科学之路上勇于探索，保持"大胆假设，小心求证"的科学态度。在新时期的运动训练理论与方法创新发展道路上，我们赞成运用科学哲学的历史性思维，客观辩证地看待运动训练理论与方法的发展，既不拒斥西方运动训练理论与方法，又有自我本土化发展信心，寻求一个兼顾借鉴与融合融通的发展方式。

四是体育科学发展日新月异，为科学而科学的重要性。运动训练理论与方法演化隶属于科学史范畴。科学史之父萨顿认为，科学史是人类文明史中最重要的一部分，因为科学史是唯一能够确切地反映出人类进步的历史。孔德说，"除非通过它的历史，否则任何概念都无法理解"，换言之，连续性的原理和文化的传播是解释人的行为的基本要素[3]。

竞技体育素来是前沿科技应用的试验场，而运动训练理论与方法成为科技在体育领域中行之有效的重要载体。运动训练理论与方法演化恰恰是一部确切反映出体育科学进步的历史，研究和学习这样一部历史的意义正如慕尼黑大学的文树德教授所言："不学医学史并不影响做手术，但永远只是一名匠人。要想成为好的医生，就应该学习医学史。"[4] 纵览当今体育科学发展态势，以美国等西方国家为代表的运动训练理论与方法发展日新月异，相较而言，国内首创的运动训练理论与方法乃至体育科学进展相对缓慢。值此形势下，向古今中外的运动训练理论发展历史学习其真实进路，认识蕴藏于每一个历史片段中的科学纹理，以便把握其客观规律，从科学的研究视野出发来解释和引领运动训练的科学进程。

---

[1] 伊姆雷·拉卡托斯. 科学研究纲领方法论 [M]. 兰征, 译. 上海：上海译文出版社, 1999: 114-116.
[2] 库恩. 科学革命的结构 [M]. 金吾伦, 胡新和, 译. 北京：北京大学出版社, 2003: 44.
[3] G. 埃利奥特·史密斯. 人类史 [M]. 李申, 储光明, 陈茅, 等译. 北京：社会科学文献出版社, 2002: 2.
[4] 李醒民. 科学史的意义和价值：迪昂的观点 [J]. 民主与科学, 1997 (4): 26-27.

第三节　相关概念的界定

本书将主要以西方运动训练理论与方法为研究对象展开论述。书中涉及的一些相关重要概念作如下界定。

一、运动训练理论与运动训练科学

理论是人们由实践概括出来的关于自然界和人类社会的知识的有系统的结论[1]；理论是系统化了的理性认识，某个知识领域的概念、原理的体系。它在反复的社会实践中形成，随着实践的发展而发展[2]。

科学是反映自然、社会和思维的客观规律的分科的知识体系[3]；从研究对象看，可分为自然科学、社会科学和思维科学；从和实践的关系看，可分为理论科学、技术科学和应用科学[4]。

因此，广义运动训练理论可界定为：人们由反复的实践概括出来的关于运动训练的系统化的理性认识和结论，包括运动训练的概念、原理的体系，并随着实践的发展而发展。运动训练科学可界定为：反映运动训练的客观规律的分科的知识体系。从和实践的关系看，可分为运动训练理论科学、运动训练技术科学和运动训练方法应用科学。

一方面，运动训练理论包括科学与非科学的内容，是建立和发展运动训练科学的逻辑先导；另一方面，从和实践的关系分析，运动训练理论是运动训练理论科学的前身，具有鲜明历史性和相对独立性的特征。运动训练理论与科学属同族，二者具有相同的属性。

二、运动训练方法与运动训练技术

方法是（解决思想、说话、行动等问题的）门路、程序等[5]；方法是人们在认识世界和改造世界的一切活动中所运用的各种途径、方式和手段的总称。方

---

[1]《新版现代汉语词典》编委会. 新版现代汉语词典 [M]. 长春：吉林出版集团有限责任公司, 2009：442.
[2] 向洪. 当代科学学辞典 [M]. 四川：成都科技大学出版社, 1987：8.
[3]《新编现代汉语词典》编委会. 新编现代汉语词典 [M]. 长春：吉林出版集团有限责任公司, 2010：736.
[4]《现代汉语小辞海》编委会. 现代汉语小辞海 [M]. 长春：吉林出版集团有限责任公司, 2010：719.
[5]《新版现代汉语词典》编委会. 新版现代汉语词典 [M]. 长春：吉林出版集团有限责任公司, 2009：359.

法的含义和形式，随着人类社会的进步而不断得到丰富和发展。方法是解决怎么做的问题。[1]

技术是人们在反复实践中积累起来的经验和知识，泛指其他操作方法的技巧[2]；技术是进行生产活动或其他活动的知识技能和操作技巧[3]；技术是人类在认识自然和改造自然的反复实践中积累起来的有关生产劳动的经验和知识，也泛指其他操作方面的技巧[4]。

因此，广义运动训练方法可界定为：解决运动训练问题的操作程序。具体而言，是为了实现运动训练目的而采取的各种途径、方式和手段的总称。运动训练方法的含义和形式，随着人类社会的进步而不断得到丰富和发展。运动训练技术是指进行运动训练的知识技能和操作方法的技巧，如借助人工智能技术、大数据技术开发的分析软件等。

与广义运动训练理论一样，广义运动训练方法是包括技术和非技术的内容，是提高运动训练技术的基础。广义运动训练技术是运动训练方式、途径的一种优化形式，是运动训练方法和科学理论技术创新发展的产物。运动训练科学是运动训练理论发展的高级形式，运动训练技术是运动训练方法发展的高级形式。它们均属同一事物不同阶段的发展形态，且具有相同的属性。因此可以认为，理论与方法的互动发展关系和科学与技术的互动发展关系在某种程度上是一致的。

三、运动训练理论与方法

根据上述定义，运动训练理论主要包括系统化的概念及原理，而运动训练方法主要包括途径、方式和手段，且二者均具有历史阶段性。此外，正如黑格尔所言："方法是站在主观方面的手段，主观方面通过它而与客体相关。"因此，方法三要素包括运用方法的主体及其目的、主体要把握的客体、主体与客体相互联系的中介手段[5]。运动训练方法作为一种活动过程，就是教练人员有目的地借助中介手段，按照一定的规则和程序，联系和把握运动员竞技能力的过程。而教练

---

[1] 王海山，王续琨. 科学方法辞典 [M]. 浙江：浙江教育出版社，1992：1-2.
[2] 《新编现代汉语词典》编委会. 新编现代汉语词典 [M]. 长春：吉林出版集团有限责任公司，2012：736.
[3] 《现代汉语小辞海》编委会. 现代汉语小辞海 [M]. 长春：吉林出版集团有限责任公司，2010：719.
[4] 向洪. 当代科学学辞典 [M]. 四川：成都科技大学出版社，1987：10.
[5] 王海山，王续琨. 科学方法辞典 [M]. 浙江：浙江教育出版社，1992：1-2.

对运动训练实践的认识在一定程度上直接决定着运动训练中介手段的选择，而该实践认识又在很大程度上取决于教练人员对运动训练理论的掌握，同时运动训练的实践认识也对运动训练理论的发展有一定推动作用。由此，运动训练理论与方法既具有一定的相对独立性，更具备一定的彼此互动性。

值得注意的是，各种各样的运动训练理论与方法，既有科学与非科学、正确与错误之分，又有精巧与笨拙、高超与平庸之别。厘清它们的发展历史和变化规律正是本研究的重要任务之一。

四、运动训练理论与方法演化史

科学史之父萨顿指出："如果把科学定义为系统化的实证知识，或者看作在不同时期不同地点所系统化的这样一种知识，那么科学史就是对这种知识发展的描述和说明。"[1] 运动训练理论与方法演化史是运动训练知识不断积累以及运动训练理论与方法战胜无知的运动训练活动历程的记述，是人们对运动训练实践不断认识的发展史，主要分析运动训练理论与方法体系的发展过程及其产生的思想根源和社会背景。因此，运动训练理论与方法是不同时期、不同地点所系统化的一种指导运动员训练的知识，运动训练理论与方法史就是对这种知识发展的描述和说明。

第四节 研究目的与意义

一、研究目的

一是探究、弄清或恢复运动训练理论与方法发展历史的本来面目。自公元前8世纪古希腊开始有独立的运动训练活动以来，对运动训练理论与方法的认识就开始有相关文献资料的说明记载，发现、整理、释读等是体育学科史的基础建设所需，也是运动训练科学化探索的任务之一。

二是认识运动训练理论与方法发展的主流。运动训练理论与方法发展的主流绝不是单线的，而是有其发展多元的文化根源。弄清运动训练理论与方法发展的主流，探讨其多元文化根源，或是作为历史科学的运动训练发展史的主要目的。

---

[1] 萨顿. 科学的历史研究 [M]. 刘兵, 陈恒六, 仲维光, 编译. 北京：科学出版社, 1990：25-32.

三是完善"基础性体育学科"内容体系。运动训练理论与方法演化是运动史（Sports History）的一个重要组成部分。美国、加拿大、德国、日本和法国5个典型的发达国家，体育科学发展较为成熟，运动史都是其中一个"基础性体育学科"[1]，它和运动生理学、运动生物力学、运动心理学、运动哲学、运动社会学共同构成体育科学体系。相比较而言，我国虽然也有《竞技运动史》[2]和《体育史》，但二者更多是关于运动项目和体育文化的发展史，缺乏运动训练全面系统深入的科学史的论述。

因此，本研究的直接目的是厘清运动训练理论与方法发展历史真相及其主流，其根本目的在于丰富"基础性体育学科"内容。

二、研究意义

一是为运动训练科学服务。迈尔指出，"研究清楚早期的、必须逐个加以否定的一切错误假定，也就是说弄清楚过去的一切失误，才有可能希望真正彻底而又正确地理解这些概念"[3]。最早的科学史实践者通常都是科学家，对他们来说，科学史的意义就在于为科学本身服务[4]。可见，本研究的意义与价值有：

①认识意义。有利于把握运动训练理论与方法的概念、思想，以认清其目的、本性和结构，有助于猜测和预见其未来趋向。

②方法意义。历史方法是一种有效的方法，奥斯特瓦尔德和萨顿都认为科学史是一种研究方法，古老而连续的历史传统也是一种逻辑，历史"能意识到理论的更深刻的逻辑和理性所不知道的理由，即超越日常逻辑但处于卓识范围中的东西"[5]，运动训练理论与方法的演化史也是一种研究方法。

③平衡意义。"科学史是一个平衡器，它能使科学家在诸多对立的、竞争的思潮、时尚、观念、方法等之间保持必要的张力和微妙的平衡"[6]。进而可以将运动训练理论与方法的发展调节在其真实大小范围内，避免片面的极化发展，以健全地判断训练理论与方法的目的和结构，并认识到"最吸引人的体系也是暂

---

[1] 鲁长芬，罗小兵，龚建林．发达国家体育学科体系研究的特点与启示［J］．上海体育学院学报，2008，32（4）：47-51，59．
[2] 全国体育学院教材委员会．竞技运动史［M］．北京：人民体育出版社，1990：54-63．
[3] 迈尔．生物学思想发展的历史［M］．涂长晟，等译．成都：四川教育出版社，1990：23．
[4] 吴国盛．科学史的意义［J］．中国科技史杂志，2005，26（1）：59-64．
[5] 李醒民．科学史的意义和价值：迪昂的观点［J］．民主与科学，1997，4：26-27．
[6] 李醒民．科学史的意义和价值：迪昂的观点［J］．民主与科学，1997，4：26-27．

时的描述，而不是确定的说明（帕斯卡）"。

二是增进运动训练自然科学与人文学科知识学习与研究的融合。早期科学史隶属自然科学学科，之后逐渐发展为人文社会学与自然科学融合。该融合也易于打破运动人体科学、体育教育训练学、体育人文社会学和民族传统体育学之间的隔阂，让从事人体科学研究者懂得科学历史的结构，让体育人文社会学研究者对运动训练自然科学有一个基本认识，让体育教育训练学和民族传统体育学学者们对运动训练科学的自然科学和社会科学有一个全面深入的认识，不同学科在历史长河中纵横交错，彼此融通发展，从而提高体育从业者的知识和科研视野。

三是塑造运动训练从业者的历史感和批判精神。培根说："读史使人明智。"从运动训练理论与方法演化进程中，可以发现理论与方法不断在对错与优劣之间交织，是一种不断摸索、逐渐浮现的过程；训练理论与方法也与其他文化活动一样，其产生发展植根于特定的文化土壤，依赖于特定的历史条件才不断成长。"历史研究，尤其是科学史的研究，不仅能看作智慧和人文主义的来源，而且可以看作我们良心的校准器：它让我们不自鸣得意，不骄傲自大，不急于求成，却保持信心和希望，并且为完成我们的使命默默地永不停歇地工作"[1]。

四是为学术而学术。"一个学科如果完全作为附庸而存在，那它将不具备长久的生命力，它对于科学、现实和教育事业的支持也将是短暂和无足轻重的"[2]。"为学术而学术"是希腊自由学问的基本动机。捍卫学科的自主性，捍卫学术独立的尊严和价值，是一切学问发展的前提。运动训练理论与方法演化通论是运动训练科研的学术研究，在当前中国运动训练实用传统和现状，尤其在出现工具主义倾向下，深入开展运动训练理论与方法的学术研究更为迫切。运动训练研究不应仅满足于从事现实工作的运动训练者需要，更应与历史科学研究者建立联系。

第五节 文献研究与综述

一、运动训练理论与方法演化史研究

关于运动训练理论与方法演化史研究的资料尚未十分翔实，国内外目前尚无

---

[1] 萨顿. 科学史和新人文主义 [M]. 陈恒六，刘兵，仲维光，译. 上海：上海交通大学出版社，2007：146.

[2] 吴国盛. 科学史的意义 [J]. 中国科技史杂志，2005，26（1）：59-64.

综合科学哲学与科学史的研究，但已有的研究为本书提供了有益参考。

(1) 偏重运动训练理论史，同时介绍运动训练方法的研究：较具有代表性的如《竞技运动史》[1]，该著作的几个要点如下：

首先，在运动训练方法方面阐述了各种训练方法原则的形成。

其次，在运动训练理论方面进行了历史陈述。20世纪60年代初运动训练理论由原来的单项研究拓展到普遍规律研究，诞生标志是1964年苏联马特维也夫《运动训练分期问题》的问世，被认为为运动训练理论的发展准备了必要条件，随后1969年民主德国学者出版的《训练学》是第一本较为系统的训练理论著作，该著作对推动联邦德国、日本、苏联运动训练理论的形成具有一定意义。20世纪70年代末得到进一步深化，近年来的相关研究则更加注重理论与训练实践紧密结合。

最后，对教练员培训体制的确立、竞技运动科研的蓬勃发展、现代科技成果的运用进行了历史阐述。该教材对运动训练理论与方法发展历史首次进行了一个较为完备的梳理，其论述的"理论"主要是对运动训练一般规律的系统归纳，方法则是指具体实施训练中的手段方式。与完备的科学史研究相比，该教材不仅在"理论"的界定上不能代表运动训练理论的研究范围，重点突出了苏联和民主德国的理论范式，美国、英国、加拿大等尚未系统涉及，而且对"史"的呈现形式主要是"年表式"记叙，既缺乏科学知识结构的内部解释，更缺乏系统的外部社会建制说明。

因此，其史料的陈列难以提供"史论"结合的应有价值。另一本代表性著述《运动训练学导论》[2]从建立运动训练学学科理论的视角将运动训练学划分为早期形成阶段、快速发展阶段、变革时期三个阶段。

早期（1885年—20世纪60年代）主要训练学理论依次为：以田径单项体育训练理论的《运动员的基本训练》（英、美，1885）、《田径》（德国，1885）——引入组织学、生理学、医学、体质理论等学科综合的《运动员手册》（德国，1930）——以运动训练规律为研究对象，标志运动训练学理论体系建立的《一般训练和竞赛学导论》（民主德国，1957），与此同时，苏联与民主德国进行了训练学领域的密切合作——《体育中的成就》（奥地利，1959）促进了德语区训练学

---

[1] 全国体育学院教材委员会. 竞技运动史 [M]. 北京：人民体育出版社，1990：54-63.
[2] 杨桦，李宗浩，池建. 运动训练学导论 [M]. 北京：北京体育大学出版社，2007：14-19.

学术共同体的形成。

快速发展期主要训练学理论依次为：20世纪60年代至70年代关注力量训练的等长力量训练研究和"训练分期"理论研究，间歇训练法——20世纪70年代综合训练经验和理论的《训练学基础》（联邦德国，1977），标志训练学学科正式成立，随后一批训练学研究者相继出现——《运动训练基础》《现代运动训练》（苏联，20世纪80年代）、《最优化训练》（德国，20世纪80年代）——主张以运动能力、运动训练、运动竞赛为研究对象的《训练科学》（民主德国，1997）。

变革期的主要训练学理论依次为：围绕马特维也夫"训练分期理论"展开理论争论，并提出如"单元"训练模式和"负荷跳跃式转变"理论，尤其以俄罗斯的长期从事力量训练和训练周期研究的维尔霍山斯基为代表——以"训练分期理论""生物适应原理""力量训练""训练控制与检测"等为基础理论的《训练学手册》（德国，1993）——围绕单一训练规律深入论证的《周期运动项目的新训练体系》《非周期运动项目的新训练体系》（俄罗斯，1992，1995）——围绕体能训练和专项水平提高的生物学改造机制提出功能训练模式，代表作如《高水平竞技的体能训练》，将训练理论研究内容界定为健康水平、基础运动能力测试、运动柔韧、肌肉力量和耐力、爆发力、灵敏、速度、有氧耐力、专项竞技能力训练计划等，以及《体能训练指南》等着重以运动生理学、运动生物力学、运动心理学等自然学科来揭示运动训练规律、设计运动训练方法、指导运动训练实践。该内容作为教材的一小节对国外运动训练理论的整体发展历程进行了精练概述，指出每个时期理论进步的标志性内容和重要著述。

就科学史的角度而言，对内史给予了一定说明，但缺乏外史和科学哲学的解释性论述。王琪在其博士论文《西方现代体育科学发展史论》[1]中从文献数量的可视化将其分为1973—1989年的第一阶段，其理论主要涉及生理学、心理学和医学三门；20世纪90年代以后的第二个阶段，运动训练理论则扩展为生物化学和分子生物学、生理学、营养学、运动医学、教育学和社会学等。该文对西方运动训练理论进行了定量梳理并结合了社会背景说明，但在运动训练科学史论述上只注重相关学科的演进路线而过于宏观。

（2）运动训练方法史的研究。如梅蕾放在《游泳训练方法的渐变历程》[2]

---

[1] 王琪.西方现代体育科学发展史论——基于知识图谱视角的实证研究［D］.福州：福建师范大学，2011：211-237.
[2] 梅蕾放.游泳训练方法的渐变历程［J］.体育文史，1997（4）：56，59.

一文中论述了自 19 世纪中叶开始到现代的竞技游泳训练方法依次经历：长距离的训练方法、快速短冲训练方法、梯形变速游的训练方法（类似田径中的"速度游戏"）、重点关注速度上的训练方法、间歇训练、重复法、间歇法、短冲法、超主项距离游及模拟比赛法等组合的综合训练方法，以及 20 世纪 80 年代开始借助能量代谢理论安排训练的具体方法：低强度的一般有氧训练、无氧阈的有氧训练、有氧与无氧混合的训练、无氧高乳酸训练、无氧非乳酸训练以及相匹配的个性化训练、力量训练、恢复训练、心理训练等。但作者仅对运动成绩有积极贡献的训练方法的出现历史时间进行了详细的记录，隶属于编年史范畴，缺乏对训练方法演进的原因、背景等分析。尚未涉及运动训练理论与方法的综合论述。

（3）关于运动训练理论与方法演化史的综合研究。如李金海在《田径专项技术的嬗变契机——简论田径科学训练历史阶段的划分》一文中[1]认为：

①现代田径专项技术的改良、改进与创新更多的是运动员在训练中的偶然所得，并无技术力学理论指导。田径专项技术嬗变不会像自然科学那样演绎出普遍使用的因果规律。

②以田径运动为主线，论述了古希腊奥运会到现代运动训练理论与方法发展：古希腊参考医学对运动训练方法的揣摩—负重方法—运动训练方法沿着解剖学和生理的知识拓展—借鉴教育学和医学的方法产生，但依然谈不上科学—A.V 希尔（英国）关于肌肉和运动中人体生理规律成为运动训练科学的划时代节点—"氧债"理论诞生—间歇训练法、负重训练、法特莱克训练法、重复训练法、超主项距离训练法等训练方法得到深化和发展—运动负荷量与强度的安排在战后也出现不同观点—"人工干预，超量恢复"的药物辅助训练方法。该文是论述运动训练理论与方法较为经典的文献。作者以医学与运动训练的互动发展为线索，结合社会因素和学科发展特点进行了较为全面的内外史论述，并对运动技术的历史发展动力进行了哲学辨析，但运动训练理论发展的内容尚不全面。

吴贻刚在博士论文《论科学理论向运动训练方法转化》[2]一文中将科学理论向运动训练方法的转变视作科学理论向运动训练实践转化的中间环节。人类竞技运动史可以被看作运动训练方法的发明、创造及运用的历史。该文明确阐明了科学理论对运动训练方法的推动关系。他还在《训练方法的本质、结构及发展特

---

[1]李金海.田径专项技术的嬗变契机——简论田径科学训练历史阶段的划分[J].体育与科学，1995（2）：8-13.
[2]吴贻刚.论科学理论向运动训练方法转化[D].上海：上海体育学院，1999.

征研究》[1]一文中根据训练方法的发展特征与人们创造训练方法时的认识与思维活动特征可能存在的本质联系将运动训练方法演进依次描述为：没有命名的"简单、原始"无结构自然动作训练方法；对运动负荷单一要素的设计，发展某一方面的机能为基础的单因素训练方法，如重复训练法，间歇训练法，放松训练法，退让训练法等；以综合为基础的多因素训练方法如模式训练法。该文虽然不是探讨运动训练理论与方法，却是论述更为一般的科学理论与运动训练方法的必然联系，而且对运动训练方法的结构进行了详细剖析，这些方面均值得借鉴。但是，对史料的收集过于粗糙，停留于运动训练理论与方法的逻辑认识上，缺少深入具体的科学哲学论述。

刘爱杰、李少丹在《我国运动训练方法创新的思考》[2]一文中论述了自1896年现代夏季奥运会以来，运动训练方法依次经历：无章法可循的、简单的、原始的自然训练状态—生物学对局部研究和探索而进行训练方法总结—运动生物学和一般训练理论研究突出训练负荷要素和结构的综合训练方法—科学技术高度分化与综合，周期理论，超量恢复学说等促发产生了多种训练方法，如持续跑训练法、间歇训练法、马拉松训练法、高原训练法和等动训练法等—"三论"的应用衍生系训练方法—边缘学科和交叉学科等多学科知识和技术联合推动运动训练方法的创新。该文对运动训练理论引发运动训练方法的发展给予了高度重视，强调运动训练理论对运动训练方法创新的强有力推动作用，但只停留于简单描绘，缺乏深入分析。

陈小平、褚云芳在《田径运动训练经典理论与方法的演变与发展》[3]一文对20世纪初田径进入科学化训练以来，田径运动训练理论与方法开始不断在多学科理论、训练实践的经验和规律中得到发展进行了系统梳理，按时间顺序罗列出的经典训练理论有：鲍曼训练系统、詹姆斯·康希尔曼训练体系、周期训练理论、力量训练理论与方法、20世纪50年代奥地利塞利的"应激适应理论"、20世纪70年代苏联雅克夫列夫"超量恢复学说"、20世纪80年代加拿大班尼斯特的疲劳—适应双曲线模型、2000年德国伯尔的荟萃（元）模型等；经典训练方法依次有：法特莱克训练、间歇训练、"板块"分期训练模式和反应力量训练。该文是国内关于运动训练理论与方法演化史最新的，也是论述较为深入的代表作

---

[1]吴贻刚.训练方法的本质、结构及发展特征研究[J].中国体育科技，2001，37（2）：5-8，11.
[2]刘爱杰，李少丹.我国运动训练方法创新的思考[J].中国体育教练员，2007（3）：4-7.
[3]陈小平，褚云芳.田径运动训练经典理论与方法的演变与发展[J].体育科学，2013，33（4）：91-97.

之一,对理论与方法分别进行了历史梳理,重点介绍了理论与方法各自内容体系和历史贡献,虽然映射了二者的互动关系,但并没有明确其互动关系的阶段性历史特点。科学哲学的深度剖析尚不够深入。

(4) 关于中国运动训练学演化史的研究,概括而言,最具代表性的《运动训练学导论》[1]将20世纪60年代至今的发展历史阐述为:对运动训练学的体系结构有全面、准确认识—架构起运动训练学学科体系建设的框架—提出项群训练理论—更加重视理论与实践的结合。《2009—2010体育科学学科发展报告(运动训练学)》[2]将运动训练学理论划分为三个阶段,其理论发展特征表现为:田径运动训练经验和理论为主导、相关基础学科引入运动训练形成独立的运动训练学理论,如多学科进行控制的竞技状态变化、运动训练计划的制订等、训练理论深化发展,阐明了不同时期运动训练理论的发展形态和代表性理论成果。

刘大庆(2013)在《运动训练学的研究热点与展望》[3]中对运动训练学的引进源流和认识过程进行了历史阐述,并对未来的运动训练学的研究切入点进行了展望:主要源自苏联和民主德国等社会主义国家对运动训练理论的初步构建,并发展成为现有的理论体系;从不同侧面探索运动训练的规律,例如,运动员竞技能力构成的理论模型与实证研究、运动员专项理论训练方法与手段的创新与设计、运动员程序化参赛研究;站在竞技体育的整体高度,探索运动训练和竞赛的基本规律,如科学地构建"运动训练理论"框架,将"竞技体育运动史""战略规划""运动员选材""运动训练""运动竞赛""运动管理"的知识体系融为一体。

具体而言,自20世纪80年代起,不同时期的学者分别以国际、国内两条主线对运动训练学理论的纵向历史发展行踪进行梳理,并就各阶段理论发展的特点进行阐述。其中对中国运动训练理论历史发展进程的研究主要有以下成果。

延峰(1984)从对中外运动训练学发展历程的考察中,概述了我国运动训练理论的发展阶段并将其划分为:引进阶段(1953—1957)——引进苏联的单项训练理论、介绍性的解释一般理论,摸索阶段(1958—1966)——1958—1962年以训练经验、体会总结为主、1963—1966年上半年开始有关训练普遍规律的研

---

[1] 杨桦,李宗浩,池建. 运动训练学导论[M]. 北京:北京体育大学出版社,2007:19-23.
[2] 中国科学技术协会. 2009—2010体育科学学科发展报告(运动训练学)[M]. 北京:中国科学技术出版社,2010:4-6.
[3] 刘大庆,张莉清,王三保,等. 运动训练学的研究热点与展望[J]. 北京体育大学学报,2013,36(3):1-8.

究，系统化阶段（1970年至今）——1970—1975年对单项训练工作的经验从方法论角度进行解释性研究、1977年开始运行训练学理论的系统研究。这是关于中国运动训练理论研究历史较早的概述。

中国运动训练学学会（1989）指出当时我国运动训练理论发展的主要特点表现在由"引进"向"发展"转化、努力反映我国优势项目的训练经验、坚定地把与训练实践的结合作为发展训练理论的逻辑基点。

刘大庆（1996）对运动训练学理论在我国的发展概况进行了阐述，指出我国运动训练学者自20世纪60年代初开始就运动训练过程中带有普遍规律性的问题进行了广泛研究，此后一段时间主要致力于一般训练理论的引进。1986年我国出版的第一本《运动训练学》专著标志着一般训练学理论体系的初步建立，并由此进入深化发展阶段。

曹景伟等（2003、2004）较完整地阐述了我国运动训练理论发展的四个阶段及其特点：初创阶段（1953—1957年）——引进、学习和推广国外各单项技术的基本知识、训练经验和训练方法；发展阶段（1958—1966）——重视训练经验上升为理论，对训练实践中的共性问题进行初步探讨；理论体系初步形成（1972—1983）—引进国外训练理论研究、构建中国运动训练理论体系；理论体系的拓展与完善（1983年至今）——研究体系日益系统和完善、研究视角更加广泛深入。

徐本力（2004）以运动训练学教材和专著为研究对象，将中国运动训练学的发展划分为两个时期的6个发展阶段：第一个是"训练理论的吸收与发展期"（1953—1981年）——分为训练理论的吸收阶段（1953—1957年）、初步形成与发展阶段（1958—1962年）、停滞阶段（1962—1975年"文化大革命"期间）、恢复与发展阶段（1976—1980年）。第二个是"运动训练学的初步形成期（1981年至今）"——分为引进和初步形成我国训练学阶段（1981—1983年）和我国训练学不断完善发展阶段（1983年至今）。自20世纪90年代末以来，我国运动训练学的理论建设向两个方向发展：一方面对传统的综合性的运动训练学进行了新一轮的修订；另一方面，在专题性的运动训练学理论建设上做出了新的探索与发展。

肖涛等（2006）依据典型事件和发展的速度，将运动训练学理论研究历史分成四个阶段：形成（20世纪60年代）—缓慢发展（"文化大革命"至十一届三中全会前）—发展与完善（20世纪80年代初至20世纪90年代末）—蓬勃发展（20世纪90年代初至今）。

上述学者的研究，比较清晰地勾画出运动训练学在中国发展的整体历程，为我们梳理中国运动训练学的历史提供了可供参考的阶段划分思路与方法。但是上述研究中存在一些问题：首先，一些研究中国际、国内两条主线相互交错，以至于运动训练学在中国发展的脉络不能一目了然；其次，中国运动训练学的发展各阶段划分不统一，原因在于阶段划分的标准不同；最后，以纵向历史论述为主，横向背景阐释不多，综合论绎不够平衡，也导致其在学术价值和应用指导方法上稍显不足。上述问题也是本研究中需要首先明确阐述的。

此外，有关我国运动训练学理论体系的研究。运动训练学作为一门独立的学科，在明确学科概念与研究对象的基础上，形成了相对独立的理论体系。我国学者在不同的时期对运动训练学的理论体系进行了探究。中国运动训练学学会（1989）研究指出，近年来我国运动训练理论研究的主要成果包括一般训练理论的研究———一般训练学理论体系的引进与建立、运动选材的研究、运动训练过程的系统研究、竞技体育发展战略的研究、儿童少年训练大纲的制定、运动训练科学化的探索；项群训练理论的提出与研究；专项训练理论的发展——填补空白、完善健全、专题深入、综合攻关等。

徐本力（1990）以结构框图的方式形象地揭示了中国运动训练学的学科体系构造。该结构生动展现了运动训练科学与体育科学和现代科学的层次关系，形象揭示了运动训练科学包含的3个理论研究层次及其与专项运动训练实践的关系，明确指出了运动训练科学赖以形成和发展的学科支撑体系（社会科学、自然科学）。

田麦久（1993）在当代运动训练理论的研究现状中，主要从运动训练理论三个层次发展的不同特点、运动训练理论向竞技体育理论的扩展阐述运动训练理论体系的发展与完善，并指出当时运动训练理论研究的重点主要集中在运动员竞技能力培养研究的新热点、运动训练过程研究的新热点、影响训练与比赛的社会学因素三个方面。

田麦久（2003）概括了1983年以来中国运动训练学理论体系的新发展，阐述了运动训练学三层次理论体系的确立、训练目标导向与控制作用的强化、训练理论时空架构相对均衡的调节、竞技能力结构的"双子模型"、运动训练学基本概念科学定义的研究、运动训练学理论向竞技体育学理论的扩展六个方面的特征，其研究体现了近二十年来中国运动训练学发展的理论体系概况。

曹景伟（2003，2004）系统提出了20世纪80年代以来运动训练理论研究中的中国流：项群训练理论的提出及对训练理论与实践的应用的归纳，中国运动员科学选材理论与实践的深入探索，中国优势项目制胜规律的系统研究，竞技能力理论与模型的多维探究，中国运动训练理论与实践的同步发展五个方面。

田麦久（2005）在第7届全国体育科学大会总结报告指出，随着我国竞技运动水平的迅速提高，我国运动训练基本理论的研究取得了一批高水平的研究成果，标志着我国运动训练学理论体系建设取得了历史意义的重要进展，并从竞技能力理论研究的成果、项群训练理论研究的深入、参赛理论的提出与构建以及运动训练理论活动的哲学认识论研究四个方面全面概括了近年来我国运动训练理论研究的主要成果。

胡亦海（2005）关于我国运动训练理论研究概况的研究中，阐述了中国运动训练理论发展过程的基本梗概，指出自20世纪80年代以来我国形成的具有地域特色的运动训练学理论体系，作者也对国内运动训练理论研究的基本趋势进行阐述，将目前研究的前沿课题分为宏观、微观两类。

中国体育科学学会运动训练学分会（2007）在《体育科学研究现状与展望（2005—2007）》中对2005—2007年我国运动训练学理论研究进行了总体回顾，并从一般训练学理论、项群训练理论、竞技能力应用、运动训练控制过程四个方面概括了近3年来我国运动训练学理论研究的内容及范围，其中包括对一般训练理论从运动训练学发展历史、运动训练的认识问题、"三从一大"训练原则的再认识、优秀运动员的个体训练、对运动员竞技能力认识、对竞技状态的认识、对运动员基础训练问题的系统研究。此外，还提出了包括训练周期划分、超量恢复理论实践效果、"一元训练理论"与"二元训练理论"、协调能力的归属在内的训练理论研究的新视角与探索。

张洪潭（1999）在《重建运动训练理论初探》一文中，首先从一般训练理论与田径理论、体能训练理论的重叠对一般训练理论提出质疑，其次从以体能、技能为竞技能力的主导因素对项群分类提出质疑，在此基础上作者提出了从规范学科基本概念体系入手，重新建立运动训练学理论体系。茅鹏（2005）通过对"一元训练理论"与"二元训练理论"的本质冲突的讨论及例证，质疑"二元训练理论"，这是对传统训练理论的提出的又一质疑。

上述研究有两个明显特点：一是以时间为主线；二是主要以定性归纳、概括为主，这些研究为我们认识中国运动训练学理论体系及各时期的主要内容提供了依据。同时，上述研究既有对理论体系的翔实描述，又有对现有理论研究观点的争鸣，体现出学术研究多样化特点。但同时也应该看到，对运动训练学理论体系的研究仅局限在理论层次（运动训练学教材、专著、课题等），而忽略了运动训练学作为一门应用学科在竞技体育实践领域取得的成果，对立足社会科学背景的横向论述所涉较少。这些已有研究为我们全面解析中国运动训练学历史发展和内容体系提供了清晰脉络，但囿于运动训练学学科发展史较短，其纵向历史更多地体现在阐述研究内容的扩大和认识层次的提高上，类似于重大理论突破带来的科学进步尚未发生，还难以提升到科学史的论述高度。

（5）国外文献相关研究。国外专门对运动训练理论的研究更多集中于基础学科理论的研究，如 Hale T（2008）在运动生理学发展史中介绍了运动生理学起源于医学、体育和古希腊奥运会的科学与社会背景，对氧债、最大摄氧量、乳酸阈的形成和发展进行了纵向历史论绎，尤其是系统梳理和评论了最大摄氧量的提出、实验改进和应用史[1]；Berryman J W（1992）在运动医学发展史中阐明了自"古希腊—罗马"到中世纪再到 19 世纪逐渐开始关注于运动员的运动医学，其理论的历史大抵经历了对运动员心脏、循环、饮食、代谢、神经、大脑意识等的研究，20 世纪初，德国学者开始专注于高水平运动训练、运动营养和药物的相关理论研究[2]。

也有对训练科学系统结构的研究，如 Ioannidis T 和 Kariofu M（2008）在对系统训练科学的研究中，比较分析了古希腊和现代训练科学史，并提出将二者融合，认为古希腊和现代运动训练都是一个复杂系统，训练科学是运动科学系统的子系统，包括运动训练准备系统、人机系统、训练系统、竞赛表现系统等[3]；Gilbert W D 和 Trudel P（2004）对 1970—2001 年教练科学（coaching science）的文献计量研究提出教练教育训练行为是其重点，教练科学理论涉及教练行为、观念、特征、职业发展和教练理论与实践结合方法[4]。

还有一些文献主要集中于单个学科的历史，如 Jack W Berryman（1992）对运动医学的起源追溯到公元前古希腊和古罗马的"Herodic"的"体操医学"到希波克拉底的"Humoral"理论，再到后来盖仑的"非自然"理论，16 世纪、17

---

[1] Hale T. History of developments in sport and exercise physiology: A V Hill, maximal oxygen uptake, and oxygen debt [J]. Journal of sports sciences, 2008, 26 (4): 365-400.

[2] Berryman J W. Sport and exercise science: Essays in the history of sports medicine [M]. Chicago: University of Illinois Press, 1992.

[3] Ioannidis T, Kariofu M. Syncretism of coaching science in ancient Greece and modern times [J]. Serbian Journal of Sports Sciences, 2008, 2 (4): 111-121.

[4] Gilbert W D, Trudel P. Analysis of coaching science research published from 1970-2001 [J]. Research Quarterly for Exercise and Sport, 2004, 75 (4): 388-399.

世纪的文艺复兴运动和18世纪启蒙运动的非自然医学理论依然得到广泛推广,这些理论体系最初是用于指导运动训练和体育锻炼的理论[1]。D W Mssterson 研究古希腊运动医学认为运动医学源于运动训练实践,尤其是古希腊运动员训练活动,一定程度上说明了运动实践是运动理论的先导。

囿于社会科学背景的历史阶段性特点,一定历史时期内人们认识运动训练活动的客观规律总是有限的,根据当时训练实践经验总结和相关科学理论认识来把握竞技能力发展规律,确定训练活动要素并建立要素间的关系结构等。

综合而言,西方以美国为代表,与中国运动训练理论及方法的认识论和方法论均有各自的差异,有研究指出:"以俄罗斯、德国、中国等国家为代表构建了相对系统、完整的运动训练学理论体系,而以美国、加拿大、澳大利亚等国为代表的突出应用,着重于解决训练实践中的某一问题为主的运动训练学体系。"[2] 已有研究虽然注意到运动训练理论与方法发展的内外史,尤其是对内史的研究较为普遍,但国内外尚没有人就科学哲学的视野来解析运动训练理论与方法的逻辑结构和历史因由。

二、运动训练理论与方法演化史分期的研究

国内相关代表性研究包括徐本力[3]根据运动训练手段与方法的组合程度将运动训练方法分为四个阶段:①简单练习手段(19世纪至20世纪初);②单一训练法(20世纪初至20世纪50年代);③综合训练法(20世纪50年代初至20世纪60年代末);④模式化训练法(20世纪60年代末至今)。

陈立基[4]根据其他科学理论与运动训练手段(或称为训练方法)的结合程度将运动训练手段分为:①自然发展阶段;②现代化训练的萌芽阶段(从20世纪20年代开始),出现适应性和动力定型原则;③大运动量训练阶段(20世纪50年代后期),移植部分医学科学和生物科学理论;④综合训练阶段,表现为多种学科、多种技术在运动训练中的综合渗透。

---

[1] Jack W Berryman. Exersice and the medical tradition from Hippocrates through antebellum America: a review essay [M]. Chicago: University of Illinois Press, 1989: 10-15.
[2] 中国科学技术协会. 2009—2010 体育科学学科发展报告(运动训练学)[M]. 北京:中国科学技术出版社, 2010: 4-6.
[3] 徐本力. 运动训练学 [M]. 北京:人民体育出版社, 1999: 298.
[4] 陈立基. 周期性运动项目训练手段的发展趋势 [J]. 武汉体育学院学报, 1987 (2): 47-49.

熊西北等[1]根据运动训练理论不断扩充带来运动训练方法的发展的视角将田径运动科学的发展进程划分为：①形成阶段（19世纪末至20世纪30年代）；②专项技术发展阶段（20世纪30年代至20世纪50年代）；③训练理论与方法发展阶段（20世纪50年代至20世纪70年代）；④系统综合研究发展阶段（20世纪80年代至今）。

李端英[2]根据中国运动训练学理论研究工作的进程将中国运动训练学理论划分为19世纪50年代初至19世纪70年代末学科发端、19世纪80年代初至今的理论形成拓展两个时期。第一个时期经历了引进、停滞、恢复发展三个阶段，第二个时期经历了理论形成、拓展两个阶段。李金海以运动训练与医学的联结关系对运动训练理论与方法的时期进行划分[3]：古代运动训练（公元前776年古代奥运会伊始至公元293年）、运动训练科学萌动发展阶段（公元293年至20世纪初期）、运动训练科学培育阶段（20世纪初至今）。

陈小平等[4]根据运动训练理论与方法给运动成绩带来飞跃发展的历史节点将田径运动训练理论与方法的发展演进划分为：①20世纪以前"自然"训练；②20世纪初到中期的50年的科学化训练发展重要时期；③20世纪50年代之后，田径科学化训练的发展开始转向以训练负荷和竞技能力的长期形成为主要内容的"软科学"研究阶段；④近年来运动训练的科学化水平不断向更加深入和细化发展阶段。

此外，在对中国运动训练学分期的研究中，刘大庆[5]（1996）将我国运动训练学分为：20世纪60年代初的广泛研究时期，20世纪80年代初一般训练理论引进时期，20世纪80年代末开始自成体系时期。

曹景伟等[6]（2003）将我国运动训练理论划分为四阶段：起源阶段、专项训练学建立阶段、训练学萌芽阶段、训练学建立和深化阶段。

徐本力[7]（2004）划分为两个时期和六个阶段。

---

[1] 熊西北，沈信生，袁作生．田径运动科学进程与未来[J]．北京体育大学学报，1995，16（1）：49-53.
[2] 李端英．中国运动训练学的范式及其演进[D]．北京：北京体育大学，2008.
[3] 李金海．田径专项技术的嬗变契机——简论田径科学训练历史阶段的划分[J]．体育科学，1995（2）：8-13.
[4] 陈小平，褚云芳．田径运动训练经典理论与方法的演变与发展[J]．体育科学，2013，33（4）：91-97.
[5] 刘大庆．运动训练学[J]．体育文史，1996（3）：63-64.
[6] 曹景伟，席翼，袁守龙，等．中国运动训练学研究的回顾与展望[J]．天津体育学院学报，2003（2）：43-50.
[7] 徐本力．专项理论到运动训练科学——兼论运动训练科学理论的形成与发展趋向[J]．北京体育大学学报，2004（6）：721-726，729.

肖涛等[1]（2006）划分为形成、缓慢发展、完善发展、蓬勃发展四个阶段。

还有一些学者分别对体育学科发展的分期进行了研究，如1990年，美国学者C B Corbin将体育学科建立和发展划分为：20世纪50年代的专业化期，20世纪60年代的变化发端期，20世纪70年代的科学发展期，20世纪80年代寻求统一期；加拿大学者齐格勒对20世纪体育科学提出"五阶段论"；德国学者拜亚（Beyer E）将体育科学发展分成三个阶段，即体育从各母学科中派生阶段，形成体育各个学科阶段，体育科学又汇入整个科学体系中去。

国内的王琪在博士论文中根据知识图谱计量学科研究热点趋势将西方运动训练学科阶段发展划分为四个阶段[2]：20世纪50年代的学科形成阶段，20世纪90年代的快速发展阶段，20世纪90年代的职业性主导阶段，20世纪90年代以后的职业性和学术性的平衡发展。

上述划分方法的标准不一，国内主要从理论产生、发展的体系"状态"完备程度、动态进程态势等标准来划分。国外主要从体育学科的科学构成特点进行划分，好处是让人能看到"科学"的重要性。这些经典论述为我们提供了体育科学整体发展和运动训练理论与方法的历史系统演化画卷，为进一步深入研究特定历史阶段划分问题提供了史料基础和重要判据。

第六节　研究原则、创新点与方法

一、研究原则

（一）科学史与科学哲学相互论绎

科学哲学是研究科学发展动态的模式，该模式只有通过科学史才能表现出来。拉卡托斯在其著作《科学研究纲领方法论》中引用康德语，"没有科学史的科学哲学是空洞的；没有科学哲学的科学史是盲目的。"由此指出科学史与科学哲学必须相互论绎，展开活跃对话才可能展现更有价值的内容。对于未经历过事

---

[1]肖涛，甄洁，林克明，等. 运动训练学的历史发展及学科建设思考 [J]. 体育文化导刊，2006（11）：67-70.

[2]王琪. 西方现代体育科学发展史论——基于知识图谱视角的实证研究 [D]. 福州：福建师范大学，2011：211-237.

实而要客观重述历史的作者而言,"客观"都只是相对的,总会以主观的认知网络来重塑一个"历史漫画",就其实质而言,"科学史就是被规范地选择和解释的事件的历史"[1]。因此,应采用历史的方法与逻辑的方法共同完成运动训练理论与方法演化的系统论述,坚持做到用历史的诚实性和方法的规范性来展开论绎。主要"规范性"方法论有如下几种[2]:

(1) 归纳主义。认为只有描述了确凿事实的命题和由确凿事实无误地归纳概括出来的命题可被接纳到科学体中来。归纳主义历史学家只承认这样的真正科学发现:确凿的事实命题,归纳概括或高度或然的概括(新归纳主义)。通过搜罗这类命题加以概括组建其科学体系,而科学革命或者进步的标志动力是揭露谬误,并将其列入伪科学中,最近的科学革命也是科学进步的标志。

(2) 约定主义。将事实组织成某种连贯整体的鸽笼体系,主张者自身也并不认为鸽笼体系被证明为真,而只是认为它是"约定为真的"。理论的进步(科学革命)基本上是新的更为简单的鸽笼体系的发明,而非真理内容。

(3) 方法论证伪主义。认为理论具有可被证伪性才是科学的,而如果它同一个基本陈述相冲突时便会被淘汰。此外,它必须预测先前知识所不能预料的事实。理论的进步取决于判决性实验对先前理论的证伪。

(4) 科学研究纲领方法论。拉卡托斯认为上述三个方法均存在固有缺陷,如约定主义首先选定事实编织鸽笼的理由是什么,在系统优越性尚不明阶段选一个而不是另一个鸽笼的理由又是什么,这类问题约定主义无法合理回答。拉卡托斯对上述三个方法进行批判并建立精致证伪主义发展模式"原始猜想(定理与引理)过渡到证认与反驳过渡到改进了的猜想(定理与引理)"的基础上发展为科学研究纲领方法论。他认为,科学理论是一组具有严密的内在结构的科学理论系统,是一个"研究纲领"。它有一个约定为本质特性的"硬核"(根据暂时的决定是"不可反驳的")、保护带(包括辅助性假说、经验约定和纲领的其他理论结构)、正面启发法和反面启发法提供有关在纲领发展期间应该追求(正面的)和不应该追求(反面的)的东西的信息。反面启发法规定纲领的"硬核",禁止将否定后件式对准"硬核"以告诉我们要避免哪些研究道路;正面启发法包含一组建议或暗示说明如何改变、发展研究纲领的"可反驳的变体",如何更

---

[1] 伊姆雷.拉卡托斯.科学研究纲领方法论[M].兰征,译.上海:上海译文出版社,1999:111-116.
[2] 伊姆雷.拉卡托斯.科学研究纲领方法论[M].兰征,译.上海:上海译文出版社,1999:131-150.

改、完善"可反驳的"保护带以告诉我们要寻求哪些道路。在正面启发法和反面启发法的逻辑调整下,科学研究纲领内的"大部分活动在保护带内发生,而让硬核不受触及"。反驳是预料之中的,阻挡知识受到直接挑战的反面启发法和在纲领中指导具体理论的产生的正面启发法合力推进研究纲领。决定其问题选择的主要是纲领的正面启发法,而不是反面,要明确地阐述出正面启发法,纲领的困难不在于"经验上的"而是"数学上的"。纲领进步与否在于一个纲领的理论增长是否预见了它的经验增长,亦即能连续不断地成功预测新颖的事实(进步的问题转换)表现为进步的,而只能对偶然的发现或竞争的纲领所预见和发现的事实进行事后的说明(退化的问题转换)则表现为滞后的。对理论进步与经验进步的判别,拉卡托斯做了补充,认为"一个研究纲领只有至少在理论上是进步的,它才是科学的。"

上述四个理论必须有经验的、外部的历史作为补充,其中集大成者是科学研究纲领方法论,也是本研究的哲学指导"硬核"之一。此外,著名的科学史科学哲学模式还有库恩的历史主义"范式"。

(5)库恩的历史主义——"范式"。"范式"(paradigm)是库恩科学哲学理论的核心。自1962年库恩《科学革命的结构》一书问世至今存在多种对"范式"的概念争论,后期库恩为回答对范式多义模糊性,曾用"共识"(consensus)来解释范式的含义,用"学科基质"(disciplinary matrix)、词典等来替换"范式"的表述。

"范式"大体可归纳为:①代表着一个特定共同体的成员所共有的信念、价值、技术等构成的整体;②指谓着那个整体的一种元素,即具体的谜题解答(范例)[1]。其目的是为科学共同体提供从事高度收敛的常规科学活动的精神定向工具和"范式"作为共同体成员共有的解题范例,即认识和理解世界的工具。

任何科学在形成统一的范式之前都处于相互竞争的前范式时期,此时通常是"对合理的方法、问题和解答的标志的频繁而深入的争论为标志的"[2];然后进入"常规科学期",此时科学共同体的主要任务即是在范式的指导下"解谜";反常不断增加即科学家总是从无法解答一个重要的谜题开始而引发危机,"一种理论的变形骤增正是危机的通常迹象"[3],由于范式变形的增多,危机使得常规

---

[1]陈俊.库恩"范式"的本质及认识论意蕴[J].自然辩证法研究,2007,23(11):104-108.
[2]库恩.科学革命的结构[M].金吾伦,胡新和,译.北京:北京大学出版社,2003:44.
[3]库恩.科学革命的结构[M].金吾伦,胡新和,译.北京:北京大学出版社,2003:65.

解谜规则变得松弛从而进入新的"范式",新的共同体代替旧的共同体,此过程中为科学家所接受新范式的条件是[1]:①新范式必须看来能解决一些用其他方式难以解决的著名的和广为人知的问题;②新范式必须保留大部分科学通过旧范式所获取的具体解题能力。新范式导致科学革命,并且带来新范式与旧范式的"不可通约性",科学家在不同的世界里工作,即"革命是世界观的改变[2]"。在库恩看来科学发展的哲学形式是经历"前科学—常规科学—反常—危机—科学革命—新常规科学"的循环过程。而库恩在反诘拉卡托斯时提出科学研究纲领无法给出进步纲领的具体时间,其界限模糊不清。

正如拉卡托斯与库恩之间相互披露所言,拉卡托斯认为[3],库恩所谓"范式"的历史主义视科学增长为一种非归纳的、非理性的发现的心理学,其科学纲领是,目的似乎在于描绘(常规)科学心理(无论是个人的心理还是团体的心理)中的变化,因此是权威主义和心理主义的表现,夸大了知识心理学因素和社会因素,带有强烈的神秘色彩。而库恩等则针对科学纲领提出"拉卡托斯必须规定在特定的时间可用来区别退化和进步的研究纲领的标准,否则只是空谈一通[4]",以及"没有明确地规定用何种方法来确定研究纲领的硬核"。诸如此类争议各自支持者也纷纷给予自己坚持的理由,这不是本书的重点,因此不予赘述,但二者在面对共同的科学史对象予以合理重建的目标是一致的,或只是证认的重心有所不同,存在不同理论张力,这些对我们诠释具体问题也是有益的。具体而言,针对不同时期的运动训练理论与方法的内容采取两种不同哲学思路,并尽量避开其存在的缺陷来对历史进行合理解释。拉卡托斯和库恩不仅在哲学思想,而且在方法论上都给我们以深刻的启迪,他们都集中回答了科学理论的演化模式及其科学合理性标准两大问题,为运动训练理论与方法演化主线的合理性建构及本领域知识增长提供了哲学逻辑。

(二)内史与外史融合

内史主要研究科学知识本身发展的历史,关注科学自身的独立发展,注重科学发展中的逻辑展开、概念框架、方法程序、理论的阐述、实验的完成及理论与

---

[1] 库恩. 科学革命的结构 [M]. 金吾伦, 胡新和, 译. 北京: 北京大学出版社, 2003: 152.
[2] 库恩. 科学革命的结构 [M]. 金吾伦, 胡新和, 译. 北京: 北京大学出版社, 2003: 101.
[3] 伊姆雷·拉卡托斯. 科学研究纲领方法论 [M]. 兰征, 译. 上海: 上海译文出版社, 1999: 114-116.
[4] 库恩. 教条在科学研究中的作用 [J]. 乐成, 译. 科学与哲学研究资料, 1982 (1).

实验的关系等，关心科学事实在历史中的前后联系，而不考虑社会因素对科学发展的影响。

所谓外史科学，与社会、文化的互动关系史，更加关注社会、文化、政治、经济、宗教、军事等环境对科学发展的影响，认为这些环境影响了科学发展的方向和速度，在研究科学史时，把科学的发展置于更复杂的背景中。

需要强调的是，内史是科学演化规律研究的基础和起点，也是外史研究的基础[1]。当前，中外有关科学史的研究内容均表现出"内史向外史转向"和"内外史之争"的特点。内史论者坚持科学自身发展逻辑及其相关概念、内容才是探求真理的独立过程；而外史论者则坚持即便科学有其自身内在认知概念和内容，社会、文化因素仍会影响科学发展的速度和方向。

本研究试图将"内外史"进行有机融合，赞同极端的"内史论"会使科学失去其赖以生存的社会动力和基础，无法解释科学的产生和发展；极端的"外史论"又会使科学失去科学味而显得空洞[2]。本研究认为，科学知识实际上负载了科学家的认识和社会利益，它往往是由特定的社会因素塑造出来的。它与其他任何知识一样，也是社会建构的产物[3]。无论是库恩的研究范式还是拉卡托斯的科学纲领，都与社会建制对科学理论预先假设的潜在影响分不开。

因此，本书在紧扣运动训练理论与方法主线厘清内部进路脉络的同时，力求还原当时其存在的外部科学大环境和社会、文化背景；在论述其对象本体时按照内外史的不同各有侧重，以还原其理论与方法知识实体的真实内容，在解释其整体进路时则尽可消解纯粹内外史的明显界限，通过整合互补论述的形式而视运动训练理论与方法为一种社会建构的产物。

（三）史论结合

确凿的历史资料（实证资料）是包括科学史研究在内的所有史学研究的根基[4]。但是，单一的编年史顺序的事实仅表现一般的框架和轮廓，又无法昭示其真正的生命力。因此，有必要将史论结合，将"观察渗透理论，理论基于观察"尽量做到逻辑、思维、历史三者统一。

---

[1] 刘兵. 克丽奥眼中的科学 [M]. 济南：山东教育出版社，1996：24.
[2] 魏屹东. 科学史研究的语境分析方法 [J]. 科学技术与辩证法，2002，19（5）：62-65.
[3] 赵万里. 科学的社会建构——科学知识社会学的理论与实践 [M]. 天津：天津人民出版社，2002.
[4] 李醒民. 科学编史学的"四维空时"及其"张力" [J]. 自然辩证法通讯，2002（3）：64-71，96.

"史"就是"史料",包括实物资料和文本资料,而文本资料又居首位。库恩指出对史料的研究其实质是恢复历史,即"恢复一种过时的科学传统的整体性",因此他提出对史料研究的三部曲:"恢复过去—描绘过去—使过去具体化",在此过程中主张研究者应扮演行为者,而非观察者。

"论"是通过特定的哲学逻辑基于史料对科学理论发展历史提供解释,以分析纵向和横向维度上各种事件的相互关系。其目的是"解释科学精神的发展,解释人类对真理被逐步发现的历史……历史学家不应只是描述转瞬即逝的发现,而应在科学中发现那些永恒的内容"[1]。在具体到科学理论论述的实质内容,即说明一组定律和理论的发展时应包括:"第一,他必须发现并说明,这些往往十分奇特而且难以置信的旧原理怎么可能为理智的人们所接受,并且成为持久的科学实践传统的基础;第二,历史学家还必须力求理解信念状况是怎样改变的,为什么会改变,这一组信念之所以为另一组所取代、研究前沿也随之转移的原因何在"[2]。

对于运动训练理论与方法演化通论而言,应以其他相关科学演化为背景,在时空上予以扩大,并注意纵论内史(科学智力史)和横论外史(科学社会史)相融合。本书根据需要在史论结合的形式上表现有"寓论于史、边史边论和先史后论"三种。

二、研究创新

(1) 本体论上,从科学与技术发展史理论来类比和诠释奥林匹克运动训练理论与方法演化的逻辑。

(2) 认识论上,按照科学史与科学哲学融合的视角来论述运动员训练理论与方法演化,补缺此前单一的竞技运动项目发展和运动训练理论的年表式编年史。进而,试图将体育自然科学和人文学科的对象切己性地关联起来,从而为当代体育科学主义与人文主义融通提供可能的基础。

(3) 方法论上,引入文献计量法等定量研究方法与传统的定性研究方法相结合,力求较好地完成奥林匹克运动员训练理论与方法演化理路的合理重建。

---

[1] 乔治. 萨顿. 科学的生命 [M]. 刘珺珺,译. 北京:商务印书馆,1987:18.
[2] T.S. 库恩. 科学知识作为历史产品 [J]. 纪树立,译. 自然辩证法通讯,1988,10 (5):16-25.

三、研究方法

（1）历史的研究方法

跟随运动训练理论与方法本身自然历史发展进行研究，以预见运动训练理论与方法发展趋势，进而了解和认识运动训练理论与方法发展的具体的、丰富的内容，从而把握运动训练理论与方法的规律性。

（2）案例分析法

对训练理论与方法演进过程中"范式"或"纲领"的典型案例（如运动训练分期理论）进行剖析和论绎，以求证和理性分析运动训练理论与方法演化的真实历史和规律。

（3）截面分析方法

训练理论与方法不同历史时期的截面分析，是对训练理论形成过程的关键历史时期（节点）的截面数据、资料和重要历史人物进行分析，以揭示训练理论与方法演化的基本特征及其变化规律。

（4）文献计量法

通过查阅国内外重要网络期刊资源，国外以 Web of Knowledge 为搜索引擎，国内以 CNKI 为搜索引擎按对应的关键词为主题进行文献搜索，并对收集的文献进行定量化和可视化分析，找出不同历史时期相关内容研究特点和趋势。

（5）数理统计法

在运动训练理论与方法分期问题上，收集现代奥运会历届可计量的前三名运动成绩，运用 R 软件进行处理，找出每一奥运周期中运动成绩的增长趋势并作为历史分期依据。

本章小结

以希腊文明为源流的奥林匹克运动员训练理论与方法是现代竞技运动训练的主流，也是本书的主要研究对象。中国真正意义上的奥林匹克竞技运动历时仅30余年，远远不及近 3000 年的世界奥林匹克竞技运动史，其百分之一的短暂奥运历程也大体上决定了中国运动训练理论与方法在西方主流背景中处于被动的局面。近现代的科学与人文构成了运动训练理论与方法基本体系，以国内外主流文献研究为基础，以科学史与科学哲学为理论指导、定性与定量方法为研究手段对其展开系统研究，是合理解释奥林匹克竞技科学与人文3000年的"历史"机理，进而从本体论、方法论和认识论方面综合评估与发掘奥林匹克运动员训练理论与方法未来新增长极的重要基石和必要前提。

第二章 Chapter 2
运动训练理论与方法演化的阶段划分

体育是一种文化现象,它的发展与其每一时期的政治、经济及科学技术等社会形态有着不可分离的关系[1]。不同的历史阶段,运动训练理论与方法受到其科学、社会背景的影响,这其中既包含科学与社会中进步的信息,又包含特定时期的科学与社会中带有历史局限性的信息,它们都不同程度地映射到运动训练理论与方法之中。鉴于此,我们认为划分不同的(运动训练)科学发展阶段是条分缕析地探讨运动训练科学历程的必要途径,更是总结归纳出核心驱动因素和发展线索的必要条件。本研究的主要研究对象是以希腊奥林匹克运动文化为起源与发展的西方运动训练理论与方法,偏重于古代奥运会与现代奥运会的特有场景综述运动项目的训练理论与方法。一些典型竞技运动所倡导的"更快、更高、更强"的客观可量化特征也便于我们选取可测量类运动项目的成绩记录作为阶段划分的客观定量依据,同时,再结合其他定性记述的重大科学事件、学科人物、代表著作等分期办法,共同划定本研究的阶段分期。

第一节 基于夏季奥运会成绩记录的阶段划分

综合体育学科史文献不难发现,体育科学演化分期大体遵从三类划分标准:
①定性标准。运动训练手段与方法组合的繁简程度,科学理论与运动训练方法的结合程度,运动训练理论的深化发展带来训练方法的变革,运动训练理论的发展路径,运动训练与(运动)医学的结合程度,运动训练理论与方法带来运动成绩的增长趋势,PEST(政治、经济、社会、科技)背景主导趋势。

---

[1] 崔乐泉. 中国古代体育史分期问题的技术社会形态分析 [J]. 体育科学, 1995, 15 (1): 9-15.

第二章 运动训练理论与方法演化的阶段划分

②定量标准。运动训练组织机构，理论文献等知识图谱特点。

③半定量半定性标准。学科重要理论、著作、机构、人物、事件为分期节点。其中，定性标准是目前文献中大多数采取的分期方法。这和体育科学理论受到多种因素的影响，难以定量的特点有关，知识图谱的定量分析方式是一种技术创新，然而以学术研究文本为第一史料的方式，除了受到学术"马太效应"等因素影响外，更容易忽视 PEST 诸变量构成社会建制的重要作用，虽然任何一种科学的发展都与 PEST 密切相关，但都具有各自的特殊性，有其独特的发展过程。因此，定量和定性相结合的分期方式将更接近于"真实"的科学史。需要特别指出的是，运动训练理论与方法演化过程的"本质特征"可以通过其外在"成绩记录的现象"来表征，这种运动成绩的量化特征是其他社会实践活动无法实现的，更快、更高、更强、更团结的奥林匹克格言正是我们寻找阶段划分的一个重要理念，量化"快、高、强、团结"的方式也成为我们客观划分阶段的标准。此外，Heinilä K 和 Maguire J A 一致认为，取得优异运动成绩并获得奥运奖牌的因素主要包括四点：①体育运动人力资源的选拔和获得；②包括教练和训练在内的运动训练理论与方法；③特定运动组织的效率；④运动医学和运动科学的研究深度[1-2]。由此也进一步印证了本研究以运动成绩增长作为分期来分阶段论述运动训练理论与方法进路的合理性。

基于此，我们以 1896 年第 1 届夏季奥运会以来有代表性的运动项目冠军成绩建立数据库，为保证数据的连续性和可操作性，选择可测量的田径（100 米、200 米、400 米、800 米、1500 米、马拉松、110 米栏、400 米栏、跳高、跳远、撑竿跳、三级跳远、铅球、铁饼）、游泳（100 米、400 米和 1500 米自由泳）共 17 个男女运动项目。为反映这 17 个运动项目历届奥运会运动成绩的整体变化趋势，对其原始成绩转换为标准分（Z 分数）。标准分是一种由原始分推导出来的相对地位量数，它是用来说明原始分在所属的那批分数中的相对位置的，其公式为：

$$Z = (X - X\_bar)/S$$

公式中，X 为原始分数，X_bar 为原始分的平均数，S 为原始分的标准差。

---

[1] Heinilä K. The totalization process in international sport: toward a theory of the totalization of competition in top-level sport [M]. Jyväskylä: University of Jyväskylä, 1982.

[2] Maguire J A. Development through sport and the sports – industrial complex: the case for human development in sports and exercise sciences [J]. Sport in Society, 2011, 14 (7-8): 937-949.

在进行转换时，径赛以秒为单位并取其倒数的标准分，田赛以米为单位计算标准分。以 100 米为例，1896 年的 17 个运动项目在 27 次奥运成绩中各自处于一个相对地位量数，即 Z 分数，各 Z 分数之和反映了 1896 年运动成绩在 27 次奥运会中的相对地位量数。由此，通过分别计算 27 次奥运会的 17 个运动项目的 Z 分数和值，以 27 个散点绘制折线图，其结果如图 2-1、图 2-2 所示。

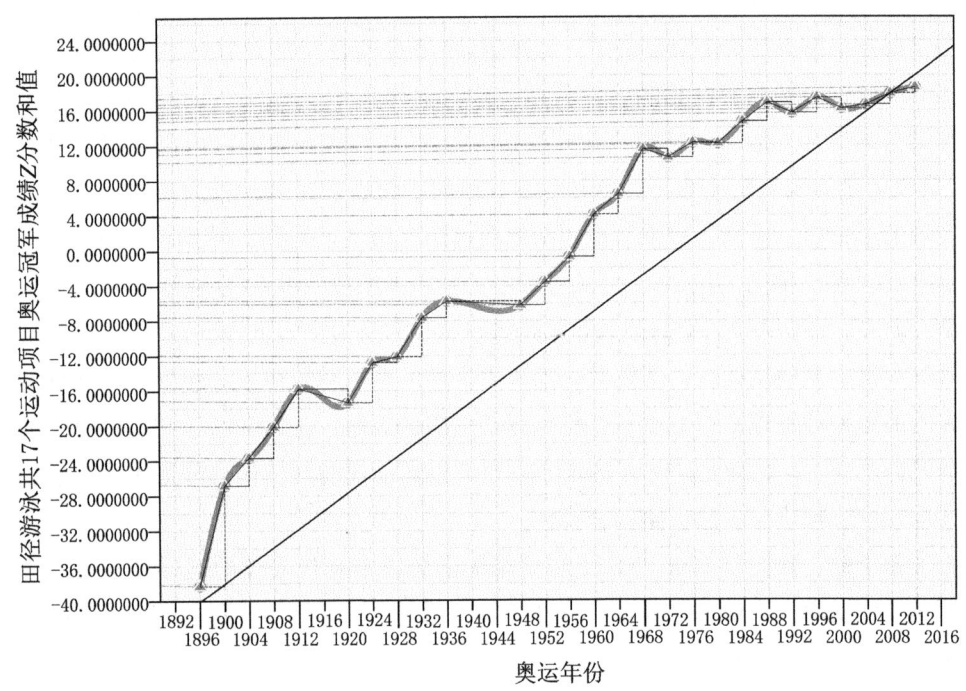

图 2-1　1896—2012 年男女奥运冠军成绩增长趋势（一）

根据图 2-1 中曲线的走势拐点可以将运动成绩增长划分为五个阶段：Ⅰ古代（公元前 776 年—1896 年）；Ⅱ近代早期（1896 年—20 世纪 10 年代）；Ⅲ近代中期（20 世纪 20 年代—20 世纪 30 年代）；Ⅳ近代晚期［约 20 世纪 50 年代（1948 年）—20 世纪 70 年代］；Ⅴ现代（20 世纪 80 年代至今）；运动成绩增长五个平台期：Ⅰ期（1896 年前）；Ⅱ期（1912—1920 年）；Ⅲ期（1936—1948 年）；Ⅳ期（1968—1976 年）；Ⅴ期（1980—2016 年）。鉴于运动成绩的提高源于先前运动训练理论与方法的产生，抑或运动成绩的增长经验带来运动训练理论与方法的归纳。将增长期和平台期合并为：①古代运动训练（1896 年以前）；②近代运动训练Ⅰ期（1896—1920 年）；③近代运动训练Ⅱ期（20 世纪 20 年代—20 世纪 40 年代末）；④现代运动训练 I 期（20 世纪 50 年代初—20 世纪 70 年代末）；⑤现代运动训练 II 期（20 世纪 80 年代—2016 年）。

第二节　结合文献定性研究与数据定量分析的最终阶段划分

某种程度上，运动训练理论与方法也是综合了体育科学学科群的理论和运动训练实践经验的归纳而产生、形成与发展的。体育科学成员中不同的学科诞生与发展是运动训练理论与方法产生发展的重要基础，一些典型学科科学史的阶段划分同样可以为运动训练理论与方法阶段分期提供借鉴。这些定性研究的分期和前文客观定量分期相结合，并根据共性节点进行微调，可以为运动训练理论与方法阶段分期提出更为合理的判据。表 2-1 是学者们对运动训练理论与方法，以及相关典型学科历史阶段划分的汇总对比。

表 2-1　文献中关于体育科学及各学科发展的历史分期

作者及学科	演化历史分期				发表年
徐本力[1]（运动训练方法）	19 世纪—20 世纪初	20 世纪初—20 世纪 50 年代	20 世纪 50 年代—20 世纪 60 年代	20 世纪 60 年代—	1990
陈立基[2]（运动训练手段）	自然训练	20 世纪 20 年代—20 世纪 50 年代	20 世纪 50 年代后期—	综合训练	1987
熊西北[3]（田径训练科学）	20 世纪 20 年代—20 世纪 30 年代	20 世纪 30 年代—20 世纪 50 年代	20 世纪 50 年代—20 世纪 70 年代	20 世纪 80 年代—	1995
李金海[4]（运动训练理论）	公元前 776—公元前 293 年	公元前 293 年—20 世纪初	20 世纪初—		1995

---

[1]徐本力.运动训练学［M］.山东：山东教育出版社，1990：298.
[2]陈立基.周期性运动项目训练手段的发展趋势［J］.武汉体育学院学报，1987（2）：47.
[3]熊西北，沈信生，袁作生.田径运动科学进程与未来［J］.北京体育大学学报，1995，16（1）：49-53.
[4]李金海.田径专项技术的嬗变契机——简论田径科学训练历史阶段的划分［J］.体育与科学，1995，2：4.

续表

作者及学科	演化历史分期				发表年
Richard A. Swanson[1]（20世纪的体育科学）	1885—1920	1920—1945	1945—1994		1997
Jerry R. Thomas[2]（动作控制与学习）	1880—1940	1940—1970	1970—		1997
Jerry R. Thomas[3]（动作发展）	1787—1928	1928—1946	1946—1970	1970—	1997
Diane L. Gill[4]（运动心理学）	1898—1949	1965—1979	1985—1989		1997
Jerry D. Wilkerson[5]（运动生物力学）	1894—1959	20世纪60年代—20世纪80年代	20世纪80年代—		1997
Elsworth R. Buskirk[6]（运动生理学）	1855—20世纪30年代	1948—1969	20世纪70年代—1996		1997
Nicholas D. Bourne[7]（田径运动训练理论与方法）	古希腊罗马	公元500—1917中世纪到"一战"	1917—1945"一战""二战"期间	1945—1975	2008
陈小平[8]（田径运动训练理论与方法）	20世纪以前	20世纪—20世纪50年代	20世纪50年代—2000	2000—	2013

---

[1] John D. Massengale, Richard A. Swanson. the history of exercise and sport science [M]. Champaign: human Kineties Press, 1997: 1-15, 203-396.

[2] John D. Massengale, Richard A. Swanson. the history of exercise and sport science [M]. Champaign: human kineties press. 1997: 1-15, 203-396.

[3] John D. Massengale, Richard A. Swanson. the history of exercise and sport science [M]. Champaign: human kineties press. 1997: 1-15, 203-396.

[4] John D. Massengale, Richard A. Swanson. the history of exercise and sport science [M]. Champaign: human kineties press. 1997: 1-15, 203-396.

[5] John D. Massengale, Richard A. Swanson. the history of exercise and sport science [M]. Champaign: human kineties press. 1997: 1-15, 203-396.

[6] John D. Massengale, Richard A. Swanson. the history of exercise and sport science [M]. Champaign: human kineties press. 1997: 1-15, 203-396.

[7] Nicholas D. Bourne. A history of training theory and methods for elite runners through 1975 [D]. The University of Texas at Austin, 2008.

[8] 陈小平. 田径运动训练经典理论与方法的演变与发展 [J]. 体育科学, 2013, 33 (4): 91-97.

图 2-2 中显示运动成绩增长趋势的中心点在 1956 年前后，即 1896—2016 年的 120 年人类现代奥运史上运动成绩总体增长的中心位置或平均水平。无独有偶，1997 年体育科学史学家 John D. Messengale 和 Richard A. Swanson 将生物力学划分为两个时期：1960 年前，运动学时代；1960 年后，生物力学时代。表2-1 中现有文献也大都将 20 世纪 50 年代视为一个重要的历史节点，此外，20 世纪初（尤其是 20 世纪 20 年代）也被公认为一个关键的历史节点，与图 2-1 中运动成绩趋势变化基本吻合。1914—1918 年爆发"一战"，1939—1945 年爆发"二战"，融入战争的因素，我们也认为 20 世纪的运动训练科学两个重要节点是 20 世纪 20 年代和 20 世纪 50 年代。

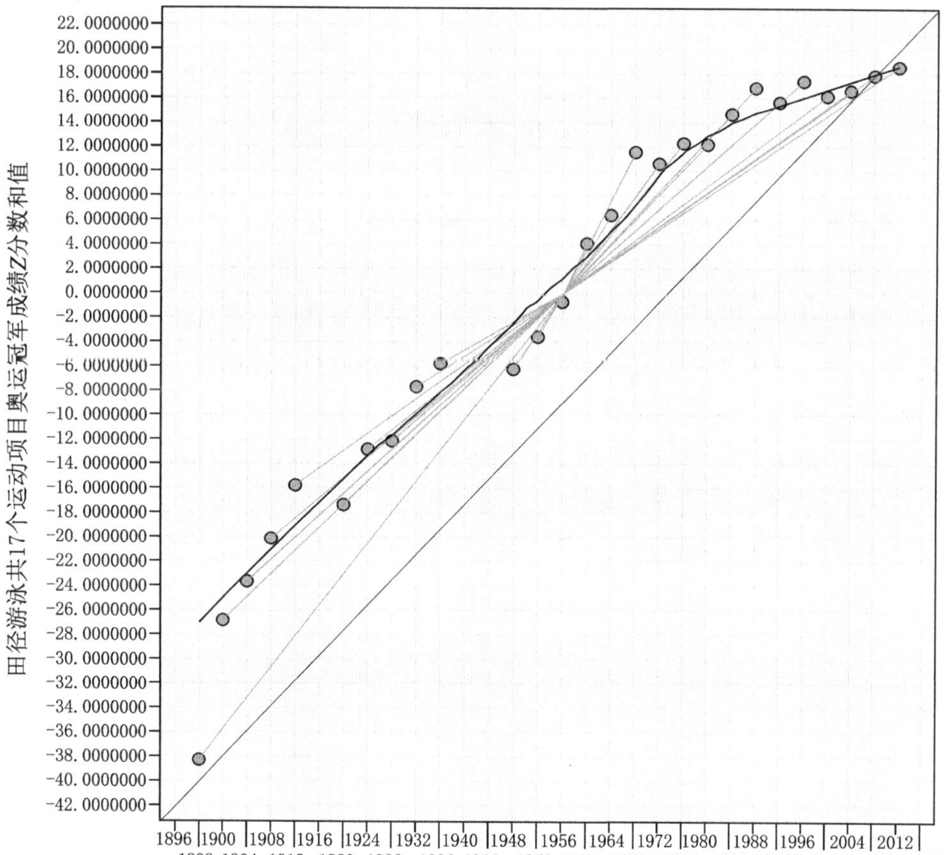

图 2-2　1896—2012 年男女奥运冠军成绩增长趋势（二）

20世纪70年代，动作控制与学习、动作发展、运动生理学、运动训练分期理论被西方认识和运用，由此形成的理论成为推动运动训练科学化发展的重要支撑，同时图2-1中20世纪70年代末至20世纪80年代初正好是运动成绩的另一个拐点。因此，认为20世纪70年代是现代运动训练理论与方法纵向发展的另一个重要分期节点。综合成绩数据和文献数据，我们将运动训练理论与方法演化阶段分期如下：

①古代运动训练（公元前776年—1895年）

②近代运动训练：Ⅰ期（1896—1920年）和Ⅱ期（20世纪20年代—20世纪40年代）

③现代运动训练：Ⅰ期（20世纪50年代初—20世纪70年代末）和Ⅱ期（1980—2016年）

本章小结

奥林匹克运动员训练理论与方法是一种典型的文化现象，它的形成、发展与每一时期的政治、经济及科学技术等社会形态有着密不可分的关系，其中既包含科学与社会中进步的信息，又包含特定时期的科学与社会中带有历史局限性的信息。因此，必须对奥林匹克运动员训练理论与方法进行合理的历史分期，才能更好地发现其演化中的科学逻辑与历史逻辑。本章基于夏季奥运会可量化的运动成绩和国内外研究文献中的定性历史分期节点，综合考察后将奥林匹克运动员训练理论与方法分为古代运动训练、近代运动训练（Ⅰ期和Ⅱ期）、现代运动训练（Ⅰ期和Ⅱ期）共3个时期。

第三章 古代运动训练思想的孕育（公元前776年—公元1895年）

第三章 Chapter 3
古代运动训练思想的孕育（公元前776年—公元1895年）

文明是从人类为了解自己身体的结构，并维持身体赖以存在的生命的努力中演进而来。运动训练活动就是人类与大自然作斗争的过程中逐渐演化而来的。一部运动训练活动起源史，同样是人类了解自己身体结构，并维持身体赖以存在的生命斗争史。文明的诞生与对人类人身和生命的认识分不开，而占据主导的西方运动训练正是在古希腊时期，人类对身体和生命认识的解读阐发而来。无论是古代奥运会，还是现代奥运会，都是基于这样一种原初的认识，并经由文明而不断推演。具体来说，运动训练活动无不源自古代相关"科学与文化"的积淀和传承，无不携带着古代原始"运动训练活动"的科学与文化基因。

第一节 古代运动训练理论与方法演化概况

本书将运动训练的古代历史界定在一个相对漫长的时期中，与20世纪以来的运动训练科学成果相比，"古代"对运动训练理论与方法的原始积累虽仅是一个片段，但却是不容忽视的重要历史渊源。101年的一位哲学家Epictetus有一段关于运动训练的描述：

你说，"我想参加奥林匹亚。"那么，首先你应该认识参加奥运会前后的准备事项，方可一试。如果你想好好准备，就必须遵循以下几个规则：规律性饮食、远离甜食、在确定的时间内完成训练计划的训练内容、兼顾冷热条件下的训练。杜绝冷饮和酒精，按照明确时间表进行训练。此外，你还必须像看病时面对医生一样,将自己全权交给教练来管理[1]。

从上述内容中我们不难发现,1900多年前古希腊的运动训练与21世纪比较类似,已经开始关注到运动训练体系中的训练计划、膳食营养和教练员在运动训练中的重要地位等问题。为契合科学大背景来剖析古代运动训练理论与方法的发展,我们赞同学者们提出的古代运动训练理路与方法历史部分大抵按照西方科学史自公元前776年至1899年的演化阶段进行分述:公元前3000年—499年、中世纪500—1449年、科学革命1450—1749年、工业化世界1750—1899年[2](表3-1)。

表3-1 古代运动训练理论与方法相关大事记

远古时期(公元前3000年—499年)	
公元前5000年	多种文化土壤下的第一批水上工具(独木舟、皮划艇、帆船)
公元前3500年	印度草医学和古印度瑜伽
公元前3000年	(TCM)中草药技术和针灸
公元前2000年	尼罗河流域发现有治疗创伤和疾病的信息
公元前1000年	长曲棍球诞生于北美土著人
公元前1000年	古苏格兰高地运动,用木桩投掷石头,源于当时的宗教聚会
公元前800年	南墨西哥的玛雅人参加太平洋的悬崖跳水
公元前776年	雅典第1届古奥运会,当时仅限于男性参加,"更快、更高、更强——更团结"的宗旨依然激发着现代奥运会发展
公元前700年	印度出现解剖模型的应用
公元前550年	毕达哥拉斯、柏拉图:数能解释一切,任何结果都可用数学形式表达

---

[1] Epictetus quoted in: Waldo E. Sweet, Sport and Recreation in Ancient Greece: a sourcebook with translations new [M]. York: Oxford University Press, 1987: 114.

[2] 罗斯纳,等. 科学年表 [M]. 郭元林,李世新,译. 北京: 科学出版社, 2007.

第三章 古代运动训练思想的孕育（公元前776年—公元1895年）

续表

	远古时期（公元前 3000 年—499 年）
公元前 500 年	艾菲斯（Ephesos，在今土耳其）的赫拉克利特提出：对于生命来说，相反力之间的张力是必不可少的。而且，相信火是基本的元素。在 6 世纪期间，土、气、火、水是万物基本构成成分的思想得到发展，后来，医学中的"四体液学说"即来源于这一思想。中国儒家相信宇宙是一个活的有机体，与希腊的机械观对立。儒家思想用定性的而不是定量的术语来描述自然事件
公元前 460 年	希波克拉底提出"四体液学说"等。其医学著作一直到 18 世纪还是医学的重要典籍。克劳东的阿尔克梅翁通过解剖，在感觉器官和大脑之间建立了联系
公元前 350 年	亚里士多德综合前人的思想，认为世界由四种元素（火、气、土、水）组成，第五种元素以太组成天体
公元前 290 年	西罗费罗斯通过解剖和描述消化系统、神经系统和血液系统发展了解剖学
公元前 275 年	西罗费罗斯（古希腊外科医生）的年轻同事，埃拉西斯特拉托（公元前 310—公元前 250 年）发现了动脉和静脉是相连的
公元前 100 年	希腊比梯尼亚的阿斯克列皮阿德斯医生受埃拉西斯特拉托影响，否定了希波克拉底的四体液学说，教导人们：大自然治愈疾病（包括心理疾病）
公元前 36 年	第一次游泳比赛在日本举行，是当时武士们训练的一部分
100 年	相扑诞生，最初用于日本神道教安抚神灵
200 年	古老哑铃自由式力量训练
394 年	罗马皇帝一世废除古奥运会，认为是一种异教徒行为
	中世纪（500—1449 年）（亚里士多德和盖仑著作仍是生物学和医学的基础）
850 年	阿拉伯学者雅各布（800—870 年）提出视力的解剖和生理解释
1167 年	穆斯林物理学和哲学家伊本拉希德写的一系列关于亚里士多德和盖仑医学的评注具有极大影响。后来翻译成希伯来文和拉丁文，在西欧成为标准大学教材
1275 年	意大利萨利切托的威廉首先进行人体解剖研究
1300 年	多种形式的板球在英格兰南部流行
	科学革命（1450—1749 年）
1490 年	列奥纳多（1452—1519 年）设计了第一辆自行车
1505 年	列奥纳多根据解剖知识用蜡铸造了一个牛脑
1540 年	塞维塔斯（1511—1553 年），西班牙内科医生、神学家，第一次解释血液肺循环

续表

	科学革命（1450—1749 年）
1543 年	比利时医生，人类解剖学的创建者维萨留斯（A Vesalius，1514—1564 年）出版《论人体结构》，是人体研究重要著作，说明了盖仑以动物解剖为基础的局限
1550 年	欧洲各地出现早期的网球运动
1628 年	英格兰医生和解剖学家哈维（W Harvey，1578—1657 年）出版《论动物心脏与血液运动的解剖学研究》，论证并阐明了心脏是一个泵，血液循环从心脏出发，流经主动脉再进入静脉，最后到达心脏。解释了静脉瓣膜的作用，但未说明血液如何从动脉流向静脉。这是 17 世纪生理学上最重要的发现
1658 年	荷兰自然主义学家斯瓦姆默丹出版关于血红细胞的观察的相关著作
1660 年	马塞洛出书描述了血管毛细血管床和个别毛细血管，解释了空气如何进入血流，发现了肺循环系统和血液流经全身的毛细血管系统，证实了哈维的血液循环理论
1664 年	法国数学家和哲学家勒内·笛卡尔提出反射作用。他运用数学哲学分析动物的行为，并第一次用反射来解释身体接受刺激时的无意识反应
1665 年	英格兰科学家胡克出版《显微镜学》描述了显微镜的发展过程，创造名词"cell"来描述他在软木结构中发现的窝腔
1679 年	梅犹（J. Mayow，1643—1679 年）提出燃烧、呼吸的概念，并指出静脉血在变成动脉血过程中，必定有一种物质参加
1680 年	意大利数学家和物理学家乔凡尼《论动物的运动》一书于他死后出版，他从笛卡尔的数学哲学视角分析了人体，阐述了生理学是物理学的一个分支，提出了骨骼肌系统的力学分析，用物理原理和力学原理来解释动物运动
	17 世纪化学的进步为生理学，特别是呼吸生理学的发展奠定了基础。17 世纪以后，医学上注重观察和实践，物理和化学的进步为生理学研究提供了科学支撑。17 世纪由于显微镜的发明和利用，扩展了人类的视野，人类观察视角由宏观转向微观，为生理学和病理学的发展提供了技术手段，19 世纪以后，结构精巧、放大率高的显微镜和 20 世纪电子显微镜的发明，实现了实验医学更深层次发展。此外，17 世纪西方医学涌现三个临床派别：医物理医学派，以笛卡尔为代表，认为人的身体是一部精密的机械，可用机械原理解释；医化学学派，以海尔蒙特为代表，把生命现象完全解释为化学变化，在消化生理中有贡献；活力论学派，以斯塔尔为代表，认为生物体的各种显现应该有一种完全不同于物理、化学的物质支配，即感觉性灵魂或活力，用一种超自然的精神力量说明各种生命现象
1746 年	莫培督出版了 Venus Physique 批评了前人理论，因为后代对父母都有继承性，提出有机设计的适应，建议存在、用于传输的适应机制
	工业化世界（1750—1899 年） （工业革命的胜利在医学发展上最突出的反映是建立病理解剖学）
1750 年	板球在英格兰快速发展，伦敦建立规范和正式的俱乐部

第三章 古代运动训练思想的孕育（公元前776年—公元1895年）

续表

工业化世界（1750—1899年）（工业革命的胜利在医学发展上最突出的反映是建立病理解剖学）	
1757年	瑞士生物学家阿尔布莱克·冯·哈勒（1757—1766年）提出神经引起肌肉收缩，而且全部神经都通过脊柱和脑部。出版第一版《人体生理学纲要》并成为现代生理学尤其近代神经病学历史上的里程碑
1770年	英国库克船长发现夏威夷岛海军的冲浪运动
1771年	意大利解剖医学家及物理学家伽伐尼，发现神经冲动的电流性质
1771年	意大利人莫尔加尼的病理学延续四体液学说并发展到新水平，通过大量的病理解剖实践完成不朽之作《论疾病的部位与原因》
1772年	约瑟夫·普里斯特利，英国神学家和化学家，发现植物释放氧气
1774年	法国化学家拉瓦锡明确了呼吸气体的组成，命名了氧元素
1784年	英国人卡文迪许发现氧和氢可以组成水，揭示了呼吸作用产生的二氧化碳和水，消除了过去的错误认识
1796年	达尔文出版《动物生理学》，提出以让-巴蒂斯特·拉马克为基础的进化发生机制
直至18世纪关于人体的大体解剖学已经没有更多的发现，人体解剖学作为一门医学基础课程在欧洲日臻完善	
1820年	美国出版第一本《药典》
1823年	橄榄球在英格兰诞生，1845年制定橄榄球比赛规则，标志成为世界流行运动的第一步
1829年	牛津和剑桥第1届赛艇比赛在伦敦泰晤士河举行
1839年	泰奥多尔·施旺（Theodore Schwann，1810—1882年）拓展了包含动物的细胞理论，实现两大生命王国的基本统一。在其动植物结构和生长的显微镜研究中，提出所有的活机体都由细胞组成，细胞中包含某种基本组成，并创造了术语"新陈代谢"描述组织发展的总体化学变化
1846年	第一次有记录的组织性棒球比赛在新泽西举行，亚历山大·卡特来特1845年第一次制定了棒球规则
1848年	剑桥规则，第一个足球规则法典于英国剑桥大学制定
1851年	举办第一次帆船比赛，该比赛后来成为美洲杯大帆船系列赛
1854年	孟德尔开始其豌豆遗传实验，精选22种，自1856—1863年发现七对特异性状
1858年	鲁道夫·菲尔绍（Rudolf Ludwig Carl Virchow，1821—1902年）发表了其里程碑论文《细胞病理学》，奠定了细胞病理学研究。他提出所有的细胞均长自原生细胞。细胞是所有疾病的来源地
1859年	达尔文出版《物种起源》

续表

工业化世界（1750—1899 年）	
（工业革命的胜利在医学发展上最突出的反映是建立病理解剖学）	
19 世纪中后期	开始出现杠铃力量训练
1863 年	足球协会，世界最古老的足球联盟在英国伦敦成立
1870 年	德国解剖学家和人类学家弗里奇（Gustav Theodor Fritsch，1838—1927 年）和德国生理学家及神经病学家希齐西（Eduard Hitzig，1838—1907 年）发现对狗脑一侧大脑半球的电刺激产生另一侧肢体活动。第一次证实大脑半球的对侧支配现象
1870 年	比利时的凯特勒指出生物学中统计分析的重要性，提出了寿命预测的基础
1873 年	Franz Anton Schneider 描述了细胞分裂细节，画出了细胞核和染色体
1873 年	特拉金向英格兰游泳者们介绍了游泳一种泳姿，即现代自由泳的前身。该泳姿极大提高了游泳速度和效率，使英国游泳比赛保持了 30 年的领先地位
1873 年	Walther Flemming 发现染色体、有丝分裂，提出了核分裂的现代化解释
1874 年	麦克吉尔大学和哈佛大学举行了第 1 届美国足球赛，一种橄榄球的变体，哈佛大学和耶鲁大学于 1975 年举行了第 1 届校际比赛
1876 年	成立北美棒球国家联盟
1878 年	A G Spalding 于芝加哥建立体育用品公司，成为体育用品王国的坚实支柱
1878 年	塞德诺提出"微生物"，它也广泛用于病原菌研究
1881 年	FIG 国际体操管理机构在巴黎成立
1882 年	德国细菌学家柯赫（1843—1910 年）发现结核杆菌和 koch 的假设，提出了保存、记录和研究细菌的经典方法
1882 年	日本发展了柔道
1884 年	俄国动物学家、细菌学家梅奇尼科夫发现白细胞抗菌活性，命名为"吞噬细胞"并提出吞噬理论
1884 年	路易·巴斯德及其同事发表论文《狂犬病的新传播途径》，证明了狂犬病的病原可能是衰减的，这种减弱的病毒可以作为一种预防该疾病的疫苗，这是关注病毒、疫苗研究的基础，以及发展变异是病毒的固有特性的概念
1888 年	德国解剖学家瓦尔德耶尔提出"染色体"概念，用苏木精对组织染色
1891 年	发现并提出内分泌"荷尔蒙"
1891 年	赫尔曼·亨金提出性染色体和常染色体不同
1891 年	詹姆斯·奈史密斯在春田学院发明篮球
1893 年	Abbott 修正奈史密斯篮球规则，发展出女性篮球
1895 年	奈斯史斯的朋友威廉·摩根在春田学院发明排球

第三章 古代运动训练思想的孕育（公元前776年—公元1895年）

续表

工业化世界（1750—1899年） （工业革命的胜利在医学发展上最突出的反映是建立病理解剖学）	
1896年	顾拜旦于巴黎重启现代奥运会，成立国际奥委会
1897年	最早的波士顿马拉松开跑，15名运动员参加，后来成为世界上最有名的公路赛
1899年	霍夫曼在德国发明阿司匹林，成为历史上最为畅销的止痛剂
19世纪的细菌学的进步为人类认识疾病的生物学原因提供了科学依据	

注：主要依据利萨·罗斯纳《科学年表》和 K Lee Lerner 等的《运动科学大世界》编制。

第二节 古代运动训练思想孕育的社会和科学背景

文明是从人类为了解自己身体的结构，并维持身体赖以存在的生命所进行的努力中演进而来的。运动训练活动是人类在与大自然作斗争中逐渐演化而来，一部运动训练活动起源史，同样是人类了解自己身体结构，并维持身体赖以存在的生命的斗争史。文明的诞生与对人类人身和生命的认识分不开，而占据主导的西方运动训练正是古希腊时期，人类对身体和生命认识的解读阐发而来，无论古代奥运会，还是现代奥运会，都是基于这样一种原初认识，经由文明而不断推演。

一、古奥运会期间运动训练活动与社会

根据表3-1所示，公元前776年之前体育活动和体育相关背景科学就初现端倪，尤其是印度草医学、古印度瑜伽和中国的传统医学，此时的中草药技术和针灸就已经存在。运动训练是人类实践活动的一种存在形态，尤其在上古原始社会生产力水平极端低下时期，运动训练不过是生存、生活的一个环节，只不过裹挟于同野兽或自然环境作斗争的求生本能活动之中，是进行这类"生存劳动"所必要的"教育准备"，但是其还没有独立的存在形式。不难想象，在无数次生死考验的经验总结之后，原始人类必然会意识到要持续参与到"运动训练"活动中，需要身体健康（预防和治疗损伤及其他疾病等）为前提，从医学起源于"动物克服痛苦之本能、人类根据和疾病作斗争所积累的经验，经过长期的实践而发展起来的劳动"[1] 等可以推断，印度和中国古医学的发明或多或少地也满

---

[1] 马堪温. 关于医学起源的问题 [J]. 中华医史杂志，1955，7（2）：155.

足了保障原始"运动训练"对身体的健康需求。然而,运动训练活动以独立的形式出现,必须是生产力水平发展到一定程度,人们摆脱了生存需要、安全需要之后,以尚有富余的时间、精力追逐更高层次的物质和精神需求为前提,在中国则主要以导引养生的健康长寿为目的(李力研曾提出中国的体育主要表现为调和矛盾以求平衡的健身性特征[1]),如《导引图》是汉代以前配合中医以导引术和五禽戏的形式演绎出的中式"运动训练"活动。但真正与以提高竞技能力为目的的现代运动训练活动紧密联系的依然是以古希腊的古奥运会为缘起发展而来的另一主流,并主导着现代运动训练理论与方法科学发展的"硬核"。

和东方世界一样,西方在上古原始时期,也同样存在隐性"运动训练"活动。由于"世界上最典型最合格的体育只诞生于古希腊"[2],且独立的运动训练活动记载始于古奥运会期间(公元前776年—394年)[3]。公元前776年是指有记录的历史纪年时间,事实上,远在荷马史诗时期(约公元前2000年—公元前800年)就有了奥运会的雏形和大规模的各种体育运动,而真正对奥运会有清晰定义则要到公元前586年—公元前573年,此间"泛希腊"的另外三个体育赛会也相继开展,它们分别是皮提亚赛会(Pythian Games,创始于公元前586年)、地峡赛会(Isthmian Games,创始于公元前580年)和尼米亚赛会(Nemean Games,创始于公元前573年)[4]。公元前8世纪至6世纪,即古风时代,希腊城邦开始形成,贵族政治逐渐为民主色彩浓厚的城邦体制所更替,此时所有公民(奴隶、犯人、女人、外邦人除外)都可以参加本城邦和泛希腊运动会,布克哈托在《希腊文化史》中把这个时代命名为"赛会时代"[5]。因此,有必要对该时期的社会文化背景进行深描。因为,赛会时代所携带强烈的西方文明基因,必然也深刻影响着运动训练活动的起源与发展。

众所周知,在生产力低下时期,面对世界上的未知现象时,人们会习惯于编织神话,抑或萌生宗教等观念来解释未知,以求解答生存困惑。古希腊更是如

---

[1] 李力研. 中国古代体育何以缺乏竞争性——一种比较文化学研究 [J]. 体育与科学, 1988 (3): 3-5.

[2] 李力研. 中国古代体育何以未能成熟——以古代希腊为参照的历史比较 [J]. 成都体育学院学报, 1995 (2): 90-96.

[3] Moss I. Finley and Henri W. Pleket, The Olympic Games: the first thousand years [M]. London: Chatto and Windus, 1976.

[4] Moss I. Finley and Henri W. Pleket, The Olympic Games: the first thousand years [M]. London: Chatto and Windus, 1976.

[5] Stephen G. Miller. Ancient Greek Athletics [M]. New Haven: Yale University, 2004: 13-20.

第三章 古代运动训练思想的孕育（公元前776年—公元1895年）

此，奥林波斯诸神是希腊宗教中最重要的神祇，并以此构成官方正统崇拜中占主导地位的崇拜对象。人们认为他们居住在奥林波斯（Olympos）山上，因此，"奥林波斯山有时甚至被等同于天"[1]，人们只有通过祭祀神灵来求取与众神的和善关系并生存下去，而在祭祀活动中最隆重的莫过于歌舞、竞技和戏剧表演[2]。希腊宗教是多神教，其崇拜对象大致可分为神祇、英雄和死者几类。神被认为是"不死者"，与"会死者"（包括凡人和英雄）区别开来。英雄也被称为"半神"，是地位介于神与人之间的崇拜对象。但是，希腊的神灵又普遍具有人的形象，神灵大都具有人的形象、性格和行为方式。"会死者"与奥林波斯诸神的地位在希腊人心中同等重要。

以"会死者"为例，《荷马史诗》中记载的一些早期体育竞技多为地方和非正式形式，并非为庆祝节日，更多的是对某些特殊"刺激"的回应，其中为"葬礼"而竞技是最常见的，寄意于在死亡面前，对生命的反思和珍视活着的乐趣，由此，通过年轻人在竞赛中体力、精神和情感的运用与发挥，来展现其旺盛生命力[3]。这种代表一种纯粹的娱乐休闲，抑或一种生命仪式活动，完全脱离了日常生活中的工作和战争的典型举动，与希腊人"只为自己生活，只希望自己从摇篮到墓地的匆匆人生，活得自在，活得潇洒"[4]的天真和乐天的生活态度、抽象而不关心实用的"游戏"哲学观念亦不谋而合。

源自更古老的体育赛会，于公元前776年正式开创了较为规范的古奥运会时代。公元前8世纪，也正值古希腊从此前的黑暗时期（约公元前1100年—公元前800年：饱受神秘意识和多利安入侵的思想与社会的战乱）中觉醒，在荷马诗对特洛伊战争的赞颂中诞生了古奥运会。诞生伊始，希腊人很有可能为了感恩和平的来之不易，将这种"和平"的来临归因于死去的英雄和诸神对活着人的恩典，这同时也彰显出人类的脆弱。由此，通过竞技赛会来博取群神（不会死者）的欢悦，并通过赞美诗和雕塑来博取神（会死者：死者或英雄）的青睐，与此同时，不失时机地展示人体形态健与美的生命力。

然而，公元前500年之际，在小亚细亚，爱奥尼亚于公元前499年—公元前

---

[1] Murray A T and George E. Dimock (eds), Odysse, II, Books 13-24 [M]. Massachusetts and London: Harvard University Press, 1953: 280.

[2] 李力研. 奥运会为什么只能诞生于古代希腊——以古代中国为参照系的一种比较 [J]. 体育与科学，1988 (4): 9-12.

[3] Stephen G. Miller. Ancient Greek Athletics [M]. New Haven: Yale University, 2004: 13-20.

[4] 李力研. 古希腊体育管窥 [J]. 哈尔滨体育学院学报，1998 (4): 14-18.

495 年发起了一场起义,激怒了此时统治希腊城市的波斯帝国,由此引发了希腊、爱奥尼亚与波斯之间的"马拉松战役"("马拉松"长跑项目也因此得名)。十年后,正值公元前 480 年奥林匹亚奥运会举办期间,波斯的复仇之战再次爆发,一位著名的五项全能运动员也由此放弃了奥运会比赛,并投身于战争中,为希腊带来了胜利,此举轰动一时,尤其在希腊社会中广为传颂,由该"运动员"塑造的英雄形象与乱世中的楷模力量迅速为运动员在希腊社会中博取到至高的声誉和地位。这种神化运动员的现象对古希腊社会的影响深远,在公元前 440 年—公元前 399 年迎来希腊的辉煌时期至公元前 4 世纪后半叶,亚历山大东征时都曾一度携带数名运动员随从,并且随着其帝国的壮大,运动竞赛和运动员也同步得到壮大和发展,甚至出现职业运动员的第一次交易[1],此间迎来运动训练的良好社会环境。亚历山大之后的 2 个世纪,希腊与罗马的争夺正式上演,古奥运会的命运几何也充满变数。

历史表明,战争并未带给古奥运会负面的影响,真正给予古奥运会致命打击的是更深层的文化土壤:基督教。394 年,古希腊开创的古奥运会,为罗马帝国推行基督教为统一教义的基督教化政策所废止(约公元 100 年时包括罗马皇帝哈德良在内的许多君主对奥林匹亚赏赐丰厚曾带来奥运会的第二个黄金时代),同时,也预示着希腊宗教被以"异教"的名义逐步清除。不容否认,基督教化的文化改宗过程是漫长而艰巨的,直到公元 5 世纪,泛雅典娜节游行和奥林匹亚以外的一些地方的奥林匹亚竞技会仍在举行。叙利亚的安条克城的奥林匹亚运动会则一直到公元 520 年才终止[2]。

上文对运动训练有记录的时期,即古奥运会的社会文化和政治背景特征进行描述,我们发现:体育赛会自古(公元前 2000 年)就是希腊人聚"精"会"神"的一种娱神方式,而源自战乱和文化的"黑暗"的古奥运会,同时也遭遇战争掠夺与异类文化侵蚀而消失、陨落。

具体到运动训练活动中,由于以奥林匹亚赛会为代表的古奥运会四年举行一次(其他的都是两年),只设立体育项目(其他运动会包括音乐和诗歌比赛),自公元前 776 年第 1 届奥林匹克运动会召开后,奥林匹克运动会随即成为希腊人

---

[1] Stephen G. Miller. Ancient Greek Athletics [M]. New Haven:Yale University,2004:13-20.
[2] Price S R F. Religions of the ancient Greeks [M]. Cambridge:Cambridge University Press,1999:170-171.

第三章 古代运动训练思想的孕育（公元前776年—公元1895年）

普遍使用的一种纪年方法[1]。赛会（竞技和竞赛）在希腊人生活中的中心位置[2]，导致为赛会而准备的运动训练活动成为古希腊人的主要生活方式之一。由此，为娱神（神、英雄和死者）而塑造健美的肉体，为战争而做军事准备，也映射到运动训练活动中，尤其是后者。事实上，希腊运动会的公民化和大众化与战争方式的变化密切相关[3]，这也可归因于战争由此前单个将领之间的对决，转变成战车重装兵的集体作战方式，各地开展的运动会同时也被视作训练士兵的最有力的方式而固定下来。

竞技运动史学家Gardiner曾指出，"跑、跳运动的训练，使人的行动快如风；铁饼和标枪投掷训练，可以锻炼武器使用中的手眼协调能力；摔跤和拳击训练，可以提高士兵在近身格斗中作战能力"[4]。Spivey也认为[5]，"古代竞技运动就是一种不发射枪炮的战争"。同时，我们也发现该思想继承了希腊哲学家苏格拉底、柏拉图和亚里士多德提出的竞技赛会目的：模拟战争，保持警觉，时刻备战[6]。此外，运动训练还是展现人类健与美的途径，以及教育的重要方式，因为哲人们认为，没有经过良好训练的身体就没有受过良好的教育，就是野蛮人和未开化的人，身心教育相结合以塑造和谐的个性[7]。

鉴于"运动训练"的这些作用，古希腊运动会（以奥林匹亚运动会为代表）之所以成为古希腊人生活的中心，并延续一千多年之久，其中另一个不容忽视的原因是赛会所展现的激烈性和公平性，具体表现为[8]：①没有团体项目比赛，只设个人项目；②只奖励第1名；③只设"裸体竞技（gymnikos agones）"和"马赛（hippikos agon）"两种客观标准决胜负的运动项目。因此，赢得比赛的人被誉为城邦乃至泛希腊的超级"英雄"，并被授予一种当地的、具有某种神性的树木枝条所编制的花冠，因此，又名为"花冠运动会"[9]。与此同时，也出现了另一种"奖金运动会"，是指优胜者被奖励以丰厚的实物和现金，且奖励者

---

[1] 王大庆. 论"αγων"与古希腊赛会精神 [C]. 北京：北京论坛, 2007.
[2] Finley M I. Ancient History：Evidence and Models [M]. New York：Viking Penuin Inc., 1986：3.
[3] Finley M I. Ancient History：Evidence and Models [M]. New York：Viking Penuin Inc., 1986：3.
[4] Gardiner E N. Greek athletic sports and festivals [M]. London：Good Press, 2019.
[5] Spivey N. The Ancient Olympics [M]. Oxford：Oxford University Press, 2005.
[6] Finley M I. Ancient History：Evidence and Models [M]. New York：Viking Penuin Inc., 1986：3.
[7] Fred E. Leonard. Pioneers of Modern Physical Training [M]. 2nd ed. New York：Association, 1915：8.
[8] Stephen G. Miller. Ancient Greek Athletics [M]. New Haven：Yale University, 2004：13-20.
[9] 王大庆. 从奥林匹亚赛会看古希腊人的平等观念 [J]. 史学理论研究, 2011（2）：44-54, 158.

不止冠军一人的一些地方性运动会。"athleuein"的本义即"为奖赏而竞技","athlete"是"为奖赏而竞技的人"[1]，其中的奖赏包括（物质奖励和精神奖励）金钱、盾牌、橄榄油、花冠。然而，到公元前 4 世纪左右，随着运动员人数的不断攀升，奖金运动会的一度盛行，不仅出现了职业运动员交易，甚至有欺骗和亵渎希腊宗教的行为。

对奥运会胜利强烈追求的同时，催生了早期职业教练和运动员，与中医与武术的传统武医不分家类似，成为一名职业教练员或是出色的运动员，必须具备一定的医学背景。Norman Gardiner 指出"运动训练的科学化水平与医学的出现密切相关，所谓运动训练者'gymnasts'，即掌握解剖、影响运动成绩的遗传法则和丰富运动经验等医学知识的专业教练员或训练者"[2]。综上所述，我们也发现，当赛会成为全社会的中心生活方式，运动训练也不单是竞技，还是一种社会文化载体。

古代运动训练资料较少，据记载，"公元前 5 世纪末，雅典就有许多角力学校，供贤者和其他老师及运动员使用"[3]。Rachel Sargent 认为，腓勒司多斯和盖仑在运动训练实践、项目选材和训练负荷认识等方面有较深入的探讨，如腓勒司多斯在其训练手册中提道："摔跤手们根据体型的不同，被称作'狗熊''狮子'，而个人的性格不同，参加的项目也不同，如黏液质型人适合摔跤、胆汁质型选手容易感情用事，甚至有精神错乱的危险[4]。"同时，他和 Gardiner 推断，早在公元前 4 世纪或更早就出现了专业训练甚至以运动训练为生的职业。学者们在出土的古陶器和建筑的绘画中收集一些详细信息发现，古希腊时期运动训练活动与体育馆"gymnasium"有关，其词源"gymnasts"原意是"裸体作息的人"，并引申为"裸体运动的训练者"，即教练员，"gymnasion"其字面意思是"裸体场所"，后来特指裸体运动员的专属地，最后引申为训练裸体运动员身心的场所[5]。与现代体育场馆一样，此时的"专属地"大部分都设有一个开放的跑道"xystos"，内侧是标枪和铁饼场地，还设有用于摔跤、拳击、古希腊搏击（拳击和摔跤融合的项目）和其他重竞技项目的训练、比赛场馆，叫"palaestra"：该

---

[1] Stephen G. Miller. Ancient Greek Athletics [M]. New Haven：Yale University，2004：13-20.
[2] E. Norman Gardiner. Athlecics of the Ancient World [M] New York：Courier Dover Publications，2002：89.
[3] E. Norman Gardiner. Athlecics of the Ancient World [M]. New York：Courier Dover Publications，2002：89.
[4] Kyle D G. Athletics in ancient Athens [M]. Leiden：Brill，1993：55-59.
[5] Stephen G. Miller. Ancient Greek Athletics [M]. New Haven：Yale University，2004：13-20.

第三章 古代运动训练思想的孕育（公元前776年—公元1895年）

场馆中设计了各种小功能房，如冷热水浴室、蒸汽浴室、厕所、医务室，所有这些均是提供给运动员训练前准备和训练后恢复的专属场所。

可见，此时已经将运动损伤和运动恢复纳入运动训练内容。此外，古希腊期间开始注意到运动训练的"阶段化"，负责青少年阶段的基础训练者称为训练者"paidotribes"，后期的训练执行者"gymnasts"称为教练或训练专家[1]，当时教练员一般由退役运动员担任，很多运动员训练的目的便是成为教练员。此外，柏拉图曾记载了公元前5世纪，雅典有一批运动队各自带领一批运动员进行一般性的运动训练，但到了一定运动水平，或运动员有了钱以后，便开始出现"个性化训练"[2]。个性化训练推动了教练员职业的需求，教练员也逐渐成为运动训练中不可或缺的角色，甚至很多运动员获得荣誉后，将启蒙教练"paidotribes"和后期教练"gymnasts"的塑像置于自己的塑像旁[3]。

综上可知，早期就出现了运动选材、运动损伤与恢复，以及在教练员辅助下的"个性化训练"，但是这些"训练理论与方法"在得到大家的认识和推广之后，产生的训练效应有限，而正是这种大规模的社会化活动遭遇效应有限的效率瓶颈后，也催生了一些先哲们来研究和发展运动训练"科学"。其中，最早记入史册的当属卢修斯·弗拉维奥·腓勒司多斯（Lucius Flavius Philostratus，170—247年）的经典著作《体操训练手册》（*Gymnastics*）和盖仑（120—200年）的《卫生保健学》。盖仑在其著作《卫生保健学》中专门论述了运动训练的相关理论与方法。第二章"训练与按摩"详细介绍了训练与按摩的目标、实践和方法。盖仑指出，"运动训练负荷必须有一定强度，该负荷强度应增加呼吸频率"[4]，同时，还总结出了身体不同部位的训练方法：腿部主要是走和跑，手部主要是非正式拳击训练，臀部主要是负重体前屈的伸背拉练习。此外，首次将训练分成三种主要类型。

（1）力量训练。一般训练，不考虑速度而注重力量的训练，如挖土、劈柴、耕地、划船、割草、爬绳，静力或运动中尤其是爬山时进行负重训练；专项训练，以摔跤为例，包括竭力摆脱搂抱，将对手举起，双手搂抱对手脖子，将其摔

---

[1] E. Norman Gardiner. Athlecics of the Ancient World [M]. New York: Courier Dover Publications, 2002: 89.
[2] E. Norman Gardiner. Athlecics of the Ancient World [M]. New York: Courier Dover Publications, 2002: 89.
[3] Gialourēs N. The Eternal Olympics: The art and history of sport [M]. New York: Aristide d Caratzas Pub, 1979: 118, 114.
[4] Sigerist, Henry E, Green. A translation of Galen's Hygiene: (De sanitate tuenda) [M]. New York: Literary Licensing, LLC, 1951: 53-54.

倒等，以发展专项力量。不仅如此，力量训练的超负荷原则在古希腊时的摔跤手训练中就有所提及，"公元前 6 世纪，一位获得 32 次摔跤冠军（奥运会和希腊其他赛会）的摔跤手 Milo，每天通过搬运小牛进行负重力量训练，并坚持到小牛长成为大牛"[1]。

（2）速度训练。其主要方法有跑步、格斗项目的快拳法（shadow boxing）、快速刺拳、打沙袋、带球快速折返跑。

（3）爆发力训练（综合力量和速度）。主要方法有挖掘、猛投铁饼、连续纵跳、快速持续投掷重武器、负重盔甲快速跑等。此外，盖仑还强调"不容忽视，那些进行爆发力训练的运动员应注意间歇的短暂休息"[2]。并且，盖仑已经注意到人体完成运动的三大基本能力：力量、速度和二者的组合（现在的"爆发力"：速度与力量的最佳组合是竞技的核心能力之一）。除盖仑的一般训练体系（通常包括跑、走、跳、摔跤、体操、举重）外，希腊运动员已开始区别一般训练和专项训练。以跑步专项训练为例，据 Paleologos 研究发现，跑步训练包括倒步跑、环形跑、折返跑（从 100 英尺开始递减距离直至 0）[3]、沙地等变阻跑、跳跃跑、跳绳跑[4]。

在训练周期的安排上，古希腊教练和运动员们也有类似现代运动训练的"周期划分"观念。据腓勒司多斯记载，自公元前 472 年之后，奥运会前一个月，运动员们在希腊埃利斯城集中训练（此前的运动员赛前只放松和娱乐），赛前每人都宣誓刻苦训练并达到一定水平：已经做好了 10 个月的充分训练准备[5]。由此可见，此时，奥运前的训练时间跨度，与大多数现代运动训练的年度周期十分接近。

据史料记载，随着训练和竞赛实践经验的总结，在罗马帝国统治希腊之后，人们开始提出更加细化和合理的小周期训练——"四天训练计划（称为 Tetras 训练系统）：第一天简单练习，为训练而训练；第二天竭力性大负荷训练，产生极

---

[1] http：//www.britannica.com/EBchecked/topic/383062/Milo-of-Croton.
[2] Robinson. Sources of the History of Greek Athletics [M]. Atlanta：Ares Pub，1955：181-212.
[3] 100 英尺＝30.48 米。
[4] Fred Wilt. How They Train：Long Distances [M]. Los Altos：Tafnews Press，1973：118.
[5] Bourne, Nicholas. Fast science：A history of training theory and methods for elite runners through 1975 [M]. Ann Arbor ProQuest，2008：66.

第三章 古代运动训练思想的孕育（公元前776年—公元1895年）

度疲劳；第三天小负荷或休息的放松恢复训练；第四天中等负荷训练"[1]。然而，在一些人采纳四天小周期训练（尤其是赛前一个月）的同时，腓勒司多斯提出了反对意见。因为此前一位夺得冠军的摔跤手酒后按此计划训练，招致运动猝死。由此，腓勒司多斯认为这种训练过于僵化，指出按照固定的四天系统训练，忽视了运动员的饮食状况、精神状态和疲劳程度等起训状态，这将会对整个运动训练过程造成危害，故建议取消。当时的教练员们也有不赞成固定训练计划的，强调根据一系列特定条件而变动训练安排[2]。从现代运动训练的视角审视，小周期训练，以及力竭性大负荷训练已具备较高的科学"含金量"，但因当时的认识水平有限，虽然在运动训练实践中发现了"科学的影子"，最终还是为愚昧所阉割，分析其原因，或可归为将训练负荷模糊等同于力竭和极度疲劳，而无确切的训练量和训练强度的标准，以及没有训练状态诊断的客观评定指标。

《体操训练手册》大约写于公元220年，腓勒司多斯与宫廷关系密切，曾效力于罗马、大不列颠和雅典，在其手稿中，涉及运动训练及其相关的多个内容：

①不同古奥运项目的起源。

②现代竞技性质的退化。

③运动训练方法[3]：过度训练的处理，喝酒过多和性行为过度的处理，体能不佳时身体信号，四分系统（tetrad system），运动设备、服装、日光浴的好处；净化体液（四种体液说），消耗体内多余物质，使僵硬部位放松且更发达，强化和预热身体各部位，这些都是运动训练科学的内容。

④教练员和医生一样应掌握如下知识：第一，饮食知识以及不同类型食物对身体的作用；第二，解剖学；第三，不同训练内容的效果；第四，具体的运动训练处方，包括最佳运动员类型的选材、不同运动员个体的训练内容与训练量、如何提高肌肉质量、训练频率与强度、训练持续和间歇方式、露天训练的优点；第五，分辨人体竞技状态的影响因素是训练引起的生理疲劳、心理疲劳还是精神疲劳[4]。

⑤初步意识到父代运动能力的遗传特征。

---

[1] Waldo E. Sweet. Sport and Recreation in Ancient Greece：A Sourcebook with Translations [M]. New York：Oxford University Press, 1987：225, 229.

[2] Bourne, Nicholas. Fast science：A history of training theory and methods for elite runners through 1975 [M]. Ann Arbor ProQuest, 2008：66.

[3] Robinson. Sources of the History of Greek Athletics [M]. Atlanta：Ares Pub, 1955：181-212.

[4] Robinson. Sources of the History of Greek Athletics [M]. Atlanta：Ares Pub, 1955：181-212.

⑥早期的运动训练监控方法：通过皮肤的颜色和质量判断是否过度训练，训练过程中身体温度是否过热或过冷，评估最佳肌肉张力、肌肉损伤、肌肉疼痛或局部疲劳，并通过按摩等手段予以缓解以提高竞技能力[1]。

从腓勒司多斯的《训练手册》可以看出古代运动训练及其注意事项的大致内容。不仅如此，古希腊对运动训练中饮食营养的补充极为重视，要求必须按规定饮食，如吃猪肉时要选择猪的饲养地和饲养方式，只吃橡树和山茱萸果实饲养的猪肉，杜绝甜点，进食后必须严格执行运动训练计划[2]。在运动恢复方面，公元前5世纪随着医学的出现，教练员将药物按摩视作重要的训练环节。用特有油软膏或橄榄油涂抹在运动员身上，在训练前后进行按摩，"以此治疗损伤，促进恢复，放松肢体的僵硬度"[3]，但也有人认为这是一种宗教仪式。可见，古希腊运动训练理论范式与古代西医密不可分，且对运动训练活动已经有了较为清晰的认识，其中不乏蕴含着许多现代运动训练"科学"的基因[4]，诸如运动饮食的营养补充、按摩恢复、基础体能训练、训练分期、划分一般与专项训练，以及针对性训练处方等。由此，我们也推论，历时1168年之久的古奥运会，在古代西医等科学背景下，结合运动训练经验的总结，已初步形成了一套自成体系的运动训练理论与方法，尤其在运动训练的方法论体系上为现代运动训练奠定了基础，后人或主要在对古代西医"科学"的理论范式上不断突破，而带来运动训练理论不断向科学之路迈进。

综上所述，在上古原始时期东西方都存在隐性"运动训练"活动，出现之始并非独立的活动而是融为一种生存形式，再到后来则是一种抵抗疾病的"医药"，而早期印度和中国古医学首先满足了保障原始"运动训练"对身体或生命的健康需求。古希腊的古奥运会诞生了为提高竞技能力为目的的现代运动训练活动，并主导着现代运动训练理论与方法的"硬核"。体育赛会自古（公元前2000年）就是希腊人聚"精"会"神"的一种娱神方式，为赛会而准备的运动训练

---

[1] Waldo E. Sweet, Sport and Recreation in Ancient Greece: A Sourcebook with Translations [M]. New York: Oxford University Press, 1987: 223, 78, 219.

[2] Waldo E. Sweet, Sport and Recreation in Ancient Greece: A Sourcebook with Translations [M]. New York: Oxford University Press, 1987: 223, 78, 219.

[3] Georgoulis, Anastasios. Herodicus, the father of sports medicine [J]. Knee Surgery, Sports Traumatology, Arthroscopy, 2007, 15 (3): 315-318.

[4] 胡海旭, 万发达, 杜长亮, 等. 中西方运动训练哲学萌芽的特征比较 [J]. 北京体育大学学报, 2014, 37 (12): 120-126.

第三章 古代运动训练思想的孕育（公元前776年—公元1895年）

活动也成为古希腊人的主要生活方式之一：为娱神（神、英雄和死者）而塑造健美的肉体，为战争而做军事准备，也映射到运动训练活动中，尤其是后者。当赛会成为全社会的中心生活方式，运动训练也不单是竞技本身而是一种社会文化的载体。古奥运源自战乱和文化的"黑暗"也因战争掠夺与文化的侵蚀而消失。历经千年之久的运动训练活动在古代奥运会期间就自成一套较为完备的训练理论与方法体系，尤其是在运动训练的方法论上为现代运动训练所传习，后人则主要在科学解释运动训练的理论范式上取得更大突破与进展。由此，或告诫运动训练理论与方法的理论研究者与实践者们，运动训练的科学解释"范式"更值得后人关注、研究和创新。

二、中世纪至现代奥运会期间运动训练活动与社会

中世纪至文艺复兴经历了大约1300年（在公元500—1800年），这是一个极为特殊的时期，之前有古代奥运会（公元前776年起至公元394年止，共举行了293届，历时1168年）的勃兴与衰落，之后不到百年的1896年又重新燃起了现代奥运会圣火。那么，夹杂在没有奥运赛会烘托、体育活动包括运动训练又备受歧视的中世纪至文艺复兴时期，普罗大众先前被千年古代奥运会浸润而成的运动训练"基因"是否会因为这一时期社会观念的转向而销声匿迹呢？在文艺复兴之后的数十年中，现代夏季奥运会的复兴似乎是一个姗姗来迟的历史见证。这些不可否认的事实，让我们隐约觉察到体育运动并未被西方世界的人们遗忘，运动训练之火似乎也从未熄灭。

约公元5世纪罗马帝国逐渐瓦解，并亡于蛮族之手，随即中世纪沦为野蛮人的世界并被称为黑暗时代（Dark Ages）。野蛮人造就野蛮的社会文化制度，先前古希腊、古罗马依靠贵族所维系的哲学、医学和科学，乃至社会制度也由于蛮夷之人的践踏而随之消亡。事实上，自公元前30年古罗马帝国崛起之后，就开始摒弃古希腊社会意识中极为重要的"理性思想和经验方法"，并由此转向实用的"务实精神"，进而导致罗马人在科学上几乎没有建树，"他们所作的只是吸收、保存和传播希腊知识"[1]。奴隶制度带来尖锐的阶级斗争，造成整个中世纪的混乱局面，于是一系列对付野蛮的独裁社会的建制应运而生。

---

[1] 郝刘祥. 中世纪希腊科学的传播及其与宗教的关系 [J]. 自然辩证法通讯，2003，25（3）：65-71，110-111.

最终，统治者在古罗马帝国的废墟中发现基督教的实用价值，并随即成为此时治国安邦的上乘法器，用以左右人们精神和行为生活。为了巩固和发展基督教义及其治理威力，公元8世纪时，卡尔大帝（Charlemagne，742—514年）号令在宫廷和各地修道院设立"经院"，招收王侯贵族子弟学古典哲学和发扬基督教义。基督教的一些基本信条，如"上帝存在""三位一体""基督救赎""上帝恩典"等都试图将人的理性限制到最小，不仅如此，"这种神秘主义的虔信精神到了中世纪中期逐渐为一种浮躁的逻辑论证风气所取代，后来更进一步沦落为一种浅薄而滑稽的感性直观，其结果造成了中世纪基督教神学的困窘"[1]。

困窘的主要方面表现为一些教条观念深入人心，如"人生则沦为赎罪过程，灵肉分离且只看重灵魂，肉体是罪恶的根源，一旦它妨碍了灵魂的善举就该去死"等。这种"将灵魂与肉体相对立，宣扬肉体的不幸是心灵的幸福，肉体的幸福是心灵的不幸""肉体越是满足尘世的欲望，心灵就越是陷入罪恶的深渊""心灵不应受肉体的主宰而应寄托于天堂，唯有下地狱的人才是肉体支配心灵，害了心灵的结果"[2]等作为中世纪传播和号召禁欲主义人生的准则，在这种情况下，曾经以增进身心健康为主旋律的体育锻炼活动毫无立锥之地。

不仅如此，基督教的胜利，还是希腊化时代以来各种神秘教义相互倾轧的顶峰，同时也是科学和理性思想逐步衰微的标志[3]。在中世纪基督教义的种种背景下，注重理性的医学被搁置一边而无人问津。由此可见，人们对待肉体的态度也决定了中世纪的体育和运动训练活动在欧洲被时代唾弃的命运。

令人惊奇的是，体育或与身体运动相关的活动无论何时总是能如水般顺势而成，应运而生。难怪有学者提出"体育有其独立的运行结构、组织结构和价值体系、社会适应性。在全面性结构的主导下，体育服从于整个社会发展"[4]。

中世纪正是如此。中世纪对肉体诅咒的同时，却产生了吻合当时时代主流的封建"骑士"制度，骑士身处上层社会，有研究为证："欧洲的中世纪，出现了骑士和贵族身份相结合的现象，骑士认为自己有贵族血统，贵族往往把自己的出生挂靠到祖先的骑士身份上，从而形成了特征鲜明的贵族意识，并且骑士具有所

---

[1]赵林.中世纪基督教神学的演变[J].武汉大学学报（哲学社会科学版），1995（2）：23-27.
[2]孙葆丽.试论基督教禁欲主义及其对欧洲中世纪体育发展的影响[J].北京体育学院学报，1992（1）：75-79.
[3]赵林.中世纪基督教神学的演变[J].武汉大学学报（哲学社会科学版），1995（2）：23-27.
[4]郝勤，张新.体育赛事简史[M].北京：人民体育出版社，2013：89.

第三章 古代运动训练思想的孕育（公元前776年—公元1895年）

谓的贵族生活观念。"[1]

可见，骑士阶层携带的运动训练内容在整个中世纪社会犹如一盏明灯，吸引着能人志士投身其中，也成就了运动训练的文化基因延绵不绝。骑士正是在矛盾重重的国度中为强化国王统治国家的工具性需要而产生的，林恩·怀特也认为查理·马特改革和9—11世纪的军事技术革新，导致了骑士和封建贵族的产生，更为确切的是，"骑士原则和基督教原则相结合，使得骑士具有一种超越自己利益的宗教意识"[2]，经过复杂仪式的训练而选拔出来的骑士成为虔敬上帝和效忠领主的特有群体，他们对中世纪的影响不言而喻。

毫不讳言，骑士制度是封建制度的精华，与修道院制度同为黑暗时代的两盏明灯，使历时数百年之久的黑暗时代平添生趣，这是中世纪社会的一大特色[3]。虽然"1130年教皇英诺森二世在克莱芒宗教大会上颁布了严禁骑士比武的命令，规定死于骑士比武者不得在教堂安葬。这项禁令在很长一段时间内成为教会对待骑士比武的官方态度，长期为罗马教廷所坚持。但在现实生活中，罗马教廷出于政治利益考虑，尤其是十字军'圣战'需要，往往又允许骑士体育的训练活动存在，在十字军时期的圣殿骑士团等教会武装团体中，这种骑士体育训练都广泛存在"[4]。

事实表明，这种兼顾统治者集体和个体双向需求的骑士新阶层，也正是顺其自然地成为携带体育活动和运动训练信息的重要载体，涉及的运动训练主要来自比武大会的需要，而比武大会是骑士制度的一个重要内容，比武的形式包括两军、两个或三个小组、两人之间骑在马上或不骑马的相互拼搏等，这正是体育竞技的重要体现。

总体看来，13世纪之前的比武大赛基本上以实战训练的原则为主，通过模仿战争的方式锻炼参赛者适应战场上可能会遇到的各种情况；在13世纪以后（火药的发明及其以后火炮的广泛使用），比武大赛向庆典和仪式转变，参赛者往往借此表现自己的勇敢和武功技巧，更侧重追求观众的赞赏和博取荣誉[5]。骑士训练以比武或战争模拟为手段，主要是长枪、弓箭、剑的刺杀训练和骑术、

---

[1] 艾伦·B.科班.中世纪大学：发展与组织 [M].济南：山东教育出版社，2013.
[2] 马克垚.中西封建社会比较研究 [M].北京：学林出版社，1997：45-76.
[3] 倪世光.西欧中世纪的比武大赛及其原因 [J].东北师大学报，2003（4）：59-66.
[4] 方方，张晓华.神圣与世俗之间的身体——以体育运动为视角的中世纪基督教身体观研究 [J].社会科学战线，2018（3）：237-241.
[5] 倪世光.西欧中世纪的比武大赛及其原因 [J].东北师大学报，2003（4）：59-66.

游泳、爬越、跳高、击剑、摔跤等军体内容。可见,骑士教育无疑就是封建制度下的变向军事教育,军事训练更是骑士教育的中心内容。

在文艺复兴的推动下,"人的发现"不断张扬人类自信,自然科学取得的巨大进展,也导致资本主义迅速成长。于是,在思想领域展开了反对封建专制统治和教会思想束缚的斗争,由此掀起了"启蒙运动"(18 世纪初至 1789 年法国大革命)[1],其中提倡的人文主义强烈反对禁欲主义,竭力证明"个人自由"和"个人幸福"是人生目的,主张"灵肉一致",注重身体和精神的统一关系,注重身体的均衡与协调发展,重视身体的健康和健美,这种思想的兴起和确立,使传统的道德标准和美与丑的观念发生了根本变化,为近代体育的兴起作好了最为基础的思想准备[2]。

文艺复兴和启蒙运动对封建制度的整体突破,又为资本主义兴起和发展铺平了道路,前期科学成果的不断积累,及其对于社会的理性实践的不断深入,更加激发了人们对现实世界的物质需求,而 19 世纪中叶,达尔文的进化论一经提出更是强化了唯物主义世界观而推崇人的主导地位[3]。

由此,西方世界在经历了科学革命(1450—1749 年)的基础上向工业化世界(1750—1899 年)全面进发。工业化带来社会化大生产,不同于先前简单体力劳动就能胜任的务农阶段,如熟悉各种技术操作和整体分工协作等工业化生产的职业素质需要通过额外的教育予以培训和培养,体育运动中固有的一些属性也将体育的作用放大到整个社会、经济、政治和文化领域。

正值此时,1762 年卢梭在《爱弥儿》中提出"体育(L'Education physique)"这一新概念描述对爱弥儿进行身体的养护、培养和训练等身体教育过程,将此前的"体操(gymnastica)"融入社会化教育中,赋予原始体育教育的新功能。这也正是卢梭提倡的"自然主义"中强调通过个人经验来学习这一思想的重要体现。

不仅如此,资本主义工业化世界使得早期的乡村生活一去不复返,繁重的体力劳动为新型的社会化分工协作等工业劳作所代替,生产力随之跃向一个新水平,物质生活越来越丰富的同时闲暇也随之增加。素有游戏基因的体操或体育的另一功能——运动休闲,随即受到追捧。体育为人们提供了多种休闲方式,各种

---

[1] 徐新. 西方文化史:从文明初始至启蒙运动 [M]. 北京:北京大学出版社,2002:55-63.
[2] 孙葆丽. 试论文艺复兴运动与近代体育的关系 [J]. 北京体育学院学报,1989 (2):13-16.
[3] 冷明祥. 达尔文的进化论与辩证自然观 [J]. 江苏社会科学,1990 (3):22-25.

第三章　古代运动训练思想的孕育（公元前776年—公元1895年）

舞蹈流行，舞蹈曾在16世纪的意大利非常流行并成为社交政治的润滑剂，也被认为是消耗体液、恢复肌肤的良好途径，赛马甚至成为美国的第一项现代运动[1]。

此外，一项起源于19世纪20年代、兴盛于19世纪40年代和19世纪50年代的"徒步"比赛运动（包括跑步和步行）则吸引大批观众去比赛场地观看和参与，直到19世纪80年代才被业余田径比赛取代[2]。

人们对多种体育运动的需求为体育的职业化发展创造可能，加上交通、通讯、制造业等科技成果的转化和扩大伴随着城市化进程的不断壮大而日新月异，为体育比赛的交通转运、观众人口、媒体宣传等提供了充足条件，由此助推了职业化体育的勃兴。不到50年（1840—1885年）的时间体育便从非正式、业余活动转变成为有组织的社会生活，并以成立职业棒球队、男子体育竞赛联盟（赛艇、棒球、足球、田径）、各种正式的体育协会，以及体育与健康促进的社会呼吁渐涨为标志[3]。

自启蒙运动之后，带来资本主义全面胜利的工业化和城市化社会的体育相较于古代的医疗、军事和竞技体育已大有不同，古特曼在其《从仪式到纪录：现代体育的本质》一书中列出现代体育的7大特征：世俗化、平等化、职业化、理性化（为提高成绩而训练）、科层化、量化、记录化[4]。在黑暗时代之后的理性化浪潮中，体育也日趋走向理性化，甚至出现了与前期截然相反的世界竞技运动热潮，运动训练理论与方法也随着科学革命和工业化的巨大"成就"日益走向科学化之路。

重启现代奥运会在某种程度上为体育运动重新"正名"，更利于合法地分享科学革命和工业化的成果。体育的多种目的（尤其是娱乐、竞技、夺标）也由此合法化并合规律化，以运动训练进行社会分工的职业也日益走上历史舞台。自古以来，从事运动训练的运动员（athlete）就是一个"为奖赏而战"的斗

---

[1] Melvin L. Adelman. The first modern sport in American：harness racing in New York City 1825—1870 [J]. Journal of Sport History, 1982（1）：5-32.

[2] Benjamin G. Rader. American sports：from the age of folk games to the age of televised sports [M]. Englewood Cliffs, NJ：Prentice Hall, 2004：45.

[3] Riess S A. Sport in industrial America, 1850—1920 [M]. Hoboken：John Wiley & Sons, 2012：78-80.

[4] 阿伦·古特曼. 从仪式到纪录：现代体育的本质 [M]. 华勇民，钟小鑫，蔡芳乐，编译. 北京：北京体育大学出版社，2012：20-25.

士[1-2]，古希腊为精神荣誉而战远远胜过为物质利益而战，但显性荣誉背后依然脱离不了物质的回馈，这种以外在利益为目的的运动训练在中世纪，乃至18世纪、19世纪资本主义改革的工业化时代之前，在以身体健康为主要运动目标的历史背景下被长期予以抵制和否定，直到工业化后的商业化发展，才重新激起社会对竞技运动训练的关注。

总之，与中世纪截然不同，灵肉一致的思潮洗刷了之前对运动训练的痛恶与嫌弃，文艺复兴时期的人们认为："一个坏的灵魂裹在一个美丽的躯体内是罕见的，因此外在的美是内在美的真正体现。"[3] 16世纪法国出版的《人的体貌》一书中也主张男子应该体格魁梧，粗壮结实[4]。这种从哲学、神学和审美角度形成的灵肉一致观及由此而引发的对人身体的重视，对教育和社会生活产生了重要的影响。加上工业化社会的来临为身体活动的"健康教育""完人教育""社会化属性塑造""休闲娱乐"等注入了新的内涵，而更加受到社会的普遍接受而复兴。

在神学统治的时代，盲目信仰、禁欲主义成为至上的美德和追求，人类失去了真实的自我和真实的生活[5]。然而，随着人类理性的冲击，强化了人们对天文、地理的科学认识，进而爆发对抗神学，重估人类自我的浪潮——文艺复兴。

文艺复兴起源于14世纪的意大利，之后逐渐扩展到欧洲各国，进入16世纪达到了全盛时期，曾被誉为"人的发现"的伟大时代：发现了人类主体性；拥有能力和自由的个体及其丰富的主体个性；坚持灵肉一致，人的自然欲求的现实合理性；发展科学，弘扬人类主体创造性的精神动力的理性至上性[6]。它开启了西方工业文明时代人本精神和科学理性精神的大门[7]。

至此，基本形成了西方科学自成体系的理性人本精神和科学研究方法，正如爱因斯坦所言："西方科学的发展是以两个伟大的成就为基础，即希腊哲学家发

---

[1] 王大庆. 从奥林匹亚赛会看古希腊人的平等观念 [J]. 史学理论研究, 2011 (2): 44-54, 158.
[2] Norman Gardiner E. Athlecics of the Ancient World [M]. New York: Courier Dover Publications, 2002: 89.
[3] 乔治·维加莱洛. 人体美丽史：文艺复兴~二十世纪 [M]. 关虹, 译. 长沙：湖南文艺出版社, 2007.
[4] 爱德华·傅克斯. 欧洲风化史：文艺复兴时代 [M]. 侯焕闳, 译. 北京：海豚出版社, 2012.
[5] Finley M I, Ancient History, Evidence and Models [M]. New York: Viking Penuin Inc., 1986: 3.
[6] 韩庆祥, 王勤. 从文艺复兴"人的发现"到现代"人文精神的反思"——近现代西方人的问题研究的清理与总结 [J]. 北京大学学报（哲学社会科学版）, 1999 (6): 13-24.
[7] 韩庆祥, 王勤. 从文艺复兴"人的发现"到现代"人文精神的反思"——近现代西方人的问题研究的清理与总结 [J]. 北京大学学报（哲学社会科学版）, 1999 (6): 13-24.

第三章　古代运动训练思想的孕育（公元前776年—公元1895年）

明的形式逻辑体系（在欧几里得几何学中），以及通过系统的实验发现有可能找出因果关系（在文艺复兴时期）。"

值得一提的是，文艺复兴更带来了对肉体的认知和重视，致使肉体趋向解放，中世纪的哲学家圣汤姆斯·阿奎那（St. Thomas Aquinas，1225—1274年）提出的"身体健康和娱乐有益于社会和道德的发展""身体和精神都是认识事物的方式""人是灵肉的复合体""肉体是灵性的载体"，犹太人伟大哲学家迈蒙尼德（Moses Maimonides，1135—1204年）同样所指的"体育运动是维持健康的最佳途径"[1] 等随之成为主流，并且在科学取向上开始关注人体科学，如1543年安德烈亚斯·维萨留斯的伟大著作《论人体的构造》和1628年威廉·哈维关于血液循环理论的《心血运动论》，它们都为运动训练理论与方法的发展提供了科学基础和研究向导[2]。

自此，体育锻炼，抑或运动训练重新被视作人类自我发展的重要组成，并且在实验科学的思潮下得到更为具体的关注和发展，囿于中世纪对肉体的抑制和摧残，体育锻炼仅保留着武士文化中的运动训练，此时的运动训练开始转化为更能惠及百姓的健康促进和医疗预防康复的手段。虽然文艺复兴带来肉体的回归和人体科学的发展，但此时的人体科学依然以盖仑医学为主导[3]。

事实上，盖仑医学学说的影响一直到19世纪中叶[4]，直到达尔文提出进化论，并推翻包括盖仑在内的特创论等唯心主义形而上学在生物学中的统治地位，第一次对整个生物界的产生、发展，作出了唯物的、规律性的解释。

盖仑医学主导时期，关注运动与健康，并提倡运动训练的代表是著名医生和学者美尔库里亚利斯（Hieronymus Mercurialis，1530—1606年，生于意大利弗利，1555年获医学学士学位，随后前往罗马学习亚里士多德、希波克拉底、盖仑的古代经典哲学理论），他专注于医疗康复与运动研究，是文艺复兴时期对运动与医学知识有过高度概括的代表人物[5]，于1569年以拉丁文首次出版经典著作《体操术》（De Arte Gymnastica），其内容沿袭了希波克拉底、盖仑、腓勒司多斯

---

[1] http：//instructional1.calstatela.edu/dfrankl/CURR/kin375/k260ch5.htm，2013/8/7.
[2] Fred Wilt. How They Train：Long Distances [M]. Los Altos：Tafnews Press，1973：118.
[3] Bourne, Nicholas. Fast science：A history of training theory and methods for elite runners through 1975 [M]. Ann Arbor：ProQuest，2008：66.
[4] Berryman J W. Exercise and the medical tradition from Hippocrates through antebellum America：a review essay [J]. Sport and exercise science：Essays in the history of sports medicine，1992：1-56.
[5] Mercuriale G, Coriolano C. De arte gymnastica [M]. Firenze：Frisius，2008：15-19.

（西方运动训练理论先驱[1]）和另一位研究公元4世纪军事训练的军事家维吉提乌斯的思想，以及一些哲学、历史学、教育学和政治学学者的观点，《体操术》几乎是一本关于运动与健康的百科全书式著作[2]，其影响力很快波及整个欧洲，它分别于1573年、1577年、1587年、1601年和1672年在威尼斯、巴黎、阿姆斯特再版，1864年布伦德尔博士首次将其翻译成英文，并综合其他古代医学观点写成《肌肉及其古代起源录》一书[3]，2012年又出新版拉丁文版。

文艺复兴之后通过对古希腊哲学和科学巨匠们思想的重新认识、学习和发展造就了这样一本著作，而此时"体育（gymnastics）"已成为人文主义教育的一部分，更加推动了该著作及其思想的深远影响，此书几乎奠定了16世纪至17世纪，乃至18世纪欧洲体育文化及其相关的研究基础。其内容精要如下：

①对规律性体育运动进行了分类：医疗体育、军事体育和竞技体育。

②描述了舞蹈、球类运动、散步、跑步、跳跃、铁饼、哑铃、投掷、唱歌、骑马、游泳、摔跤、拳击、钓鱼和打猎运动及其对身体健康的好处[4]。

③只有改变呼吸频率（与中国传统养生调息几乎相反）的运动强度，且积极自愿（心理的作用）运动时，才既可保护健康，又可促进健康。

④体育对身体健康有预防和治疗的效用，应根据个人体格和健康水平有差别地进行体育锻炼。

⑤体育并非为训练而训练，同样，为娱乐而训练，是对体育运动自身和人体健康本身的伤害。他甚至认为，"那种为训练而训练的体育，会使运动员像体育馆的石柱子一样僵化、麻木、迟钝"[5]，这一观念亦非无本之源，柏拉图也曾认为运动员是那种死气沉沉的、缓慢的、空闲的、懒惰的、患有眩晕和疾病缠身的形象[6]，同样，希波克拉底和盖仑也认为由于运动员训练必须禁欲，使得运动

---

[1] 胡海旭，万发达，杜长亮，等. 中西方运动训练哲学萌芽的特征比较 [J]. 北京体育大学学报，2014，37（12）：120-126.

[2] 罗斯纳，等. 科学年表 [M]. 郭元林，李世新，译. 北京：科学出版社，2007：134-144.

[3] McIntosh P C. Hieronymus Mercurialis' De Arte Gymnastica': classification and dogma in physical education in the sixteenth century [J]. The British journal of sports history，1984，1（1）：73-84.

[4] http://www.lulu.com/shop/search.ep?contributorId=1091160，2013/8/6.

[5] Gialourēs N. The Eternal Olympics：The art and history of sport [M]. New York：Aristide d Caratzas Pub，1979：114，118.

[6] Bourne, Nicholas. Fast science：A history of training theory and methods for elite runners through 1975 [M]. Ann Arbor：ProQuest，2008：72-80.

第三章　古代运动训练思想的孕育（公元前776年—公元1895年）

员变得迟钝和懒散，这些观念甚至影响19世纪和20世纪英国高校运动员训练活动[1]。于是，书中提倡为战争作准备的军事体育训练（身体从属于政治的合法性[2]）和为保持和促进健康的纯正的体育锻炼。

⑥提出运动训练的目的、持续时间和运动强度的不同，会造成运动效用的高低不同。

⑦强化了人们的康复体育意识[3]。由此可见，美尔库里亚利斯的体育运动哲学是从人体健康的医学观和为军事服务的政治观出发，提倡为维持健康和促进健康的运动训练（体育锻炼）和军事准备的运动训练（军事训练）才是合法的，而以竞技、娱乐为目的的运动训练没有合法的生存土壤，是有害健康且无用的。限于当时的社会需要和科学水平，中世纪之后的主流认识，从运动训练（体育锻炼和军事训练）的目的来判断其科学性与否是合理的，但也存在一定的局限性，他所描述的为竞技和娱乐而运动训练的负面结果很可能是一种"过度训练"症状或是训练不当造成的[4]，乃片面认识。

综上所述，西方历经中世纪的黑暗时期，重"灵"轻"肉"的社会文化"特色"，更是将与人的肉体不可剥离的运动训练活动压制于社会最低层，按照当时流行的基督教身体观，"运动训练"活动本应该毫无生存土壤，然而，事实并非如此，骑士制度诞生了为上层社会量身打造的运动训练活动，并开展得如火如荼。毋庸讳言，不管社会主流政治或文化对身体活动的歧视和敌意有多么强烈，适合时宜的"运动训练"活动总能如水般应运而生，且生机勃勃。一旦文艺复兴将对待肉身的态度推向高度颂扬的另一"相向"时期，运动训练的生命样态迅速回归，并迎来启蒙运动之后，运动训练对人和人体的身心"完人塑造"功效，进而将运动训练或体育锻炼延展到竞技娱乐、教育、健康"医药"等多元功能的具体文化生活中的时期，这其中对运动训练理论与方法的科学认识和运动训练实践的不断检验，则是推动运动训练活动在社会大背景中健康持续发展的

---

[1] Berryman J W. Exercise and the medical tradition from Hippocrates through antebellum America: a review essay [J]. Sport and exercise science: Essays in the history of sports medicine, 1992: 1-56.

[2] Price S R F. Religions of the ancient Greeks [M]. Cambridge : Cambridge University Press, 1999: 170-171.

[3] Bourne, Nicholas. Fast science : A history of training theory and methods for elite runners through 1975 [M]. Ann Arbor: ProQuest, 2008: 72.

[4] Moss I. Finley and Henri W. Pleket, The Olympic Games: the first thousand years [M]. London: Chatto and Windus, 1976.

重要动力和科学指南。

第三节 运动训练哲学萌芽与古代科学的关系

公元前776年古代奥运会诞生之前体育活动和体育相关背景科学就已初露端倪，尤其是印度草医学、古印度瑜伽和中国的传统医学，此时中草药技术和针灸就已经存在。毋庸置疑，东西方在古代就出现了"运动训练"活动，只不过出现之始不是独立的活动，而是融为一种生存形式，再到后来则是一种抵抗疾病的"医药"，如印度医学中的瑜伽术、巴比伦医学中的体操疗法和按摩法、中国医学中的华佗五禽戏都是古代医学中的重要内容[1]等也为证。然而，真正符合当代竞技体育观念中以竞技取胜为目的（为正式竞赛而训练）的运动训练活动则发轫于公元前776年伊始的古代奥运会。不容忽视的是，无论是古代，还是现代奥运会衍生而来的真正意义的运动训练活动无不源自古代相关"科学与文化"的积淀和传承，无不携带着古代原始"运动训练活动"的科学与文化基因。

上文论述中可知，东西方古代就出现了运动训练活动，只不过出现之始不是独立的活动而是融为一种生存形式，再到后来则是一种抵抗疾病的"医药"，如印度医学中的瑜伽术、巴比伦医学中的体操疗法和按摩法、中国医学中的华佗五禽戏都是古代医学中的重要内容[2]，自从古代奥运会兴起之后真正意义上的西方运动训练（为正式竞赛而训练）才开始萌芽。被公认为西方运动训练理论先驱的有三位[3-5]：①运动医学之父赫罗狄库（Herodicus，公元前480年前后）；②西方医学之父希波克拉底（Hippocrates，公元前460—370年）；③第一位古典运动医师盖仑（Galen，约公元120—200年）。

赫罗狄库曾是一名体育教师和教练员，之后在尼多斯医学学派（与希波克拉底故乡科斯岛的医学学派被誉为古希腊最具代表的医学学派）专门学习古代医学。其医学背景已经有一定的理论体系：公元前7世纪古希腊开始从先前神庙医

---

[1] 中国科学技术协会. 中国中西医结合学科史 [M]. 北京：中国科学技术出版社，2010：8-11.
[2] 中国科学技术协会. 中国中西医结合学科史 [M]. 北京：中国科学技术出版社，2010：8-11.
[3] Bourne, Nicholas. Fast science：A history of training theory and methods for elite runners through 1975 [M]. Ann Arbor：ProQuest，2008：42-46.
[4] E. Norman Gardiner. Athlecics of the Ancient World [M]. New York：Courier Dover Publications，2002：89.
[5] Berryman J W. Exercise and the medical tradition from Hippocrates through antebellum America：a review essay [J]. Sport and exercise science：Essays in the history of sports medicine，1992：1-56.

第三章 古代运动训练思想的孕育（公元前776年—公元1895年）

学的唯心主义开始向唯物主义与自然辩证法转变，至公元前5世纪前后基本上认为万物皆由"土、气、火、水"所生成的"四元素说"，健康则是四元素平衡的结果[1]。赫罗狄库通过研习前人医学并基于亲身指导摔跤和拳击运动员训练时力量可以通过专门训练显著增强的特点而主张"重竞技术"的健康效用。因此，提出自己的医学观点：不良的健康是饮食摄入和身体运动不平衡造成的，提倡节制饮食、坚持身体活动和规律性运动训练的医疗处方[2]。

希波克拉底的科斯医学学派（Cos School）是古希腊四大医学流派中对后世西方医学影响最大的。在哲学上，希波克拉底信奉四元素学说，认为身体由"气（风）、土（地）、火、水"构成，每一种元素都有自己的特质，即冷、热、干、湿。他将四元素理论引入医学理论后发展为"四体液病理学说"（血液、黏液、黄胆、黑胆），四种体液决定了人体的性质，配合均衡与否决定身体健康与否。希波克拉底学派认为人体与自然的统一，注意患病受人的个性特征、环境因素和生活方式的影响，强调预防，讲求卫生。他还注重人的"自然疗能"，希波克拉底有一句经典名言："人间最好的医生乃是阳光、空气和运动。"他还指出，"我们应该以食物为药，饮食是你首选的医疗方式。"药物疗法的主要目的是促进病态物质的排除，调整体液平衡，所以常用到催吐剂、利尿剂及放血疗法[3]。

鉴于希波克拉底的体液平衡、人与自然统一以及"自然疗能"的理论主张，其著作《健康生活法则》（*Regimen in Health*）论述的健康预防法则包括按季节时令的合理饮食，冬天快步走，夏天慢步走，主张呕吐清肠道；运动和饮食性质刚好相反，共同维持健康，认识不同身体活动（自然和人为的身体活动）对身体的消耗和积累性质，根据饮食、病人的体格、季节、天气、地区、年份选择不同性质运动（与希波克拉底致病因素多元分析：体液的失调，摄生因素，营养因素，遗传因素，气候因素，季节因素，生活习惯，体质因素，空气传播等相关[4]；运动类别分为自然性运动（看、听、说、想、走），强度（人为的）性运动（跑步、摔跤、不发力的拳击、球类游戏等），穿着外套跑步提高身体热量和跑步时摆臂的好处，如何避免过度训练的疲劳疼痛；生病诊断方法是检查运动

---

[1] 中国科学技术协会. 中国中西医结合学科史 [M]. 北京：中国科学技术出版社，2010：12.
[2] Georgoulis, Anastasios. Herodicus, the father of sports medicine [J]. Knee Surgery, Sports Traumatology, Arthroscopy, 2007, 15 (3)：315-318.
[3] Georgoulis, Anastasios. Herodicus, the father of sports medicine [J]. Knee Surgery, Sports Traumatology, Arthroscopy, 2007, 15 (3)：315-318.
[4] 刘虹. 论希波克拉底的医学哲学思想 [J]. 医学与哲学，2004，25 (12)：25-27.

与饮食的平衡关系：运动大于饮食或运动小于饮食都会生病。正如希波克拉底受到赫罗狄库的医学影响一样，盖仑也深受希波克拉底的影响。

盖仑是古罗马最优秀的医学代表，生于小亚细亚的帕加马，在前往罗马和亚历山大之前在此学医，后来成为一名格斗士外科医生[1]，其《卫生学》的医学理论至少在文艺复兴之前占据西方医学的主导地位[2]。盖仑继承了希波克拉底的四体液说，重视解剖学，认为器官的生成与其功能是完全一致的，机体各部分都与某种预定的目的相适应，以柏拉图的三种灵气说为基础提出血液运动的"潮汐说"：自然灵储存于肝，供给营养；生命灵储存于左心，使人生存；动物灵储存于脑，使人产生感觉与运动，其基本理论是生命来自"气"，后来的作家将盖仑的气与灵魂相结合。虽然盖仑也重视病史，但他敏于观察，更重视药物治疗[3]，此外盖仑医学提倡唯心主义特创论，并且盖仑尤其注重解剖和实验方法，这成为西医发展的根基。

公元 5 世纪罗马帝国衰败后，科学与医学皆沦为神学的婢女。盖仑之后的医学家顶多只是注释或编纂盖仑或古代医学学说，直到文艺复兴之后才开始受到挑战，医学界开始对四体液学说提出质疑[4]，以瑞士的帕拉西沙（Paracelsus, 1493—1541 年）和意大利的维萨留斯（A Vesalius, 1514—1564 年）为代表。西医开始以新的解剖学和细胞学取代了体液说，尤其是 17 世纪末显微镜的发明与应用，1858 年，医学教皇微耳和（R Virchow）出版《细胞病理学》时提出，"一切细胞均来自细胞"，细胞不仅是正常生理单位，也是病变的单位。直到 20 世纪中期，抗体、神经传递物质和内分泌的发现之后，体液重新为西医权威所接受[5]。

运动训练活动与一般的运动锻炼目的不同，需要一定的社会文化土壤。以公元前 8 世纪的古希腊奥运为出现独立的运动训练活动起始点，它比古希腊科学的诞生晚了 200 年（在世界文明的大多数方面，领先的是爱奥尼亚诸城市，这儿的科学研究始于公元前 624 至公元前 548 年的哲学家泰利斯，据说他也曾在埃及学

---

[1] http：//readanddigest.com/ancient-roman-gladiators/2013.8.09.
[2] Ackerknecht E H. Aspects of the history of therapeutics [J]. Bulletin of the History of Medicine, 1961 (36)：389-419.
[3] 中国科学技术协会. 中国中西医结合学科史 [M]. 北京：中国科学技术出版社, 2010：14.
[4] 陈仁勇, 林永金. 四种体液兴衰史 [J]. 科学月刊, 1994.
[5] 陈仁勇, 林永金. 四种体液兴衰史 [J]. 科学月刊, 1994.

第三章 古代运动训练思想的孕育（公元前776年—公元1895年）

习并到东方旅行过[1]），而与运动训练相关的科学（医学）直到300年后才由希波克拉底所开创。值得一提的是，医学对运动的青睐是一个长期的传统[2]，甚至起源医学的一些理论经验就是源于古希腊竞技运动员（如摔跤和拳击）的运动训练实践。希波克拉底之前（公元前5世纪）的运动训练活动鲜有记载，从公元前6世纪的摔跤手Milo利用肩扛小牛训练的传说中可知，运动训练应该循序渐进和坚持不懈，而自公元前472年之后奥运会前一个月运动员们在希腊埃利斯城集中训练（此前，运动员赛前只娱乐）[3] 可知坚持赛前的完整训练也是公元前5世纪之后才公认的。此外，牛和羊是古希腊的主要祭祀用品[4]，希波克拉底之前的运动训练与医学一样充满神秘的"神力"迁移效用，训练皆和巫术相结合，尚不存在运动训练的科学理论和方法。

当赫罗狄库对古希腊运动医学进行密切关注和归纳以及希波克拉底第一次对古希腊医学集大成之后，"运动"开始被正名为关乎人类"生死"的哲学命题（文明是从人类为了解自己身体的结构并维持身体赖以存在的生命而进行的努力中演进而来的[5]）纳入医学体系，因此引发人们对运动的深入思考，赫罗狄库从古希腊运动员的训练实践中总结成功经验，启发人们寻求健康与运动的关联，成为运动医学的思想源泉，也是后来医学思想的一支源流。

赫罗狄库的理论更多的是一种运动训练经验的总结和推导。开始出现理论指导运动训练活动应该从希波克拉底的"四体液学说"开始，如训练前后冷热水浴和蒸汽浴与其体液平衡原理[6]：火（热）—血液（心）—热湿—多血质（活泼型）；水（冷）—黏液（脑）—冷湿—黏液质（镇静型）；风（干）—黄胆（肝）—热平—胆汁质（兴奋型），冷水浴对应水、热水浴对应火、蒸汽浴对应风，分别起到活泼、镇定和兴奋运动员在运动训练前准备和运动训练后的恢复作用。教练员用"火"（指运动锻炼）把他们自己的营养夺取，并输入空气，当（竞技者）变得疲劳时，就要对他们进行叩打、按摩，排除不需要的东西，然后

---

[1] G. 埃利奥特·史密斯. 人类史 [M]. 李申, 储光明, 陈茅, 等, 译. 北京: 社会科学文献出版社, 2002: 354.
[2] D W Masterson. The ancient Greek origins of sports medicine [J]. Br J Sports Med, 1976 (10): 196-202.
[3] Stephen G. Miller. Ancient Greek Athletics [M]. New Haven: Yale university, 2004: 111.
[4] 杨德煜. 古希腊人的神秘祭祀略考 [J]. 宁波大学学报（人文科学版）, 2010 (6): 47-51.
[5] G. 埃利奥特·史密斯. 人类史 [M]. 李申, 储光明, 陈茅, 等, 译. 北京: 社会科学文献出版社, 2002: 5.
[6] 范行准. 中国医学史略 [M]. 北京: 中医古籍出版社, 1986: 30-55.

从别的地方得到"水"（指物质营养的补充）再使竞技者增强[1]。根据体质和自然环境解释训练过程，设计个性化训练等都与体液学说有一定关系，但诸如分阶段训练、循序渐进、赛前训练的时期等使得运动训练渐趋科学化的原则或方法或更多是一种积累的经验总结，没有理论解释之源。

公元 200 年之后盖仑医学主导时期得益于盖仑的格斗士医师的实践经验，运动训练在他的实践和理论影响下得到了较好的发展。他对运动训练强度，不同方法的训练效果，力量、速度和爆发力（认为是力量与速度的组合）三个训练内容及其训练方法手段进行了阐述，还区分了一般训练和针对具体运动项目的专项训练方法和手段。根据现代运动训练科学标准进行判断，其内容选择大多不无"科学性"，但其具体的操作方法和程序显然是纯经验性的，并无对应的理论指导。

由此可见，运动训练方法发展至今诸如采取不同训练内容达到的训练效果本质不同，力量、速度和二者组合对人体运动的效用等均首先是源自实践的经验逻辑，并非所谓科学化训练阶段的产物。科学性是可重复并且经得起实证检验的，如当时提出的年度周期训练方法，由于具体实施欠缺科学性而遭到质疑，并对这一"僵化训练"予以禁止而将分期训练理论扼杀于襁褓之中。

但不容否认，经验化的运动训练蕴含着不少科学的基因，在盖仑思想及其观察与实验方法的引领下，后期较具影响力的运动训练实践方面的人物腓勒司多斯论及运动训练方面的内容具备如下特点：

①运动训练理论依旧是四体液学说。

②明确教练员的医生角色。

③意识到运动训练的多种影响因素系统：父代遗传效应、饮食（非常注重饮食的性质）、训练个性化、训练量与强度、运动训练监控（皮肤颜色和体温监控是否过度训练）、按摩放松的恢复训练、影响运动训练效果的生理、心理与精神疲劳。腓氏相较于盖仑运动训练理论是一样的，但其运动训练方法体系更加全面和系统。其中，饮食理论与方法完全以四体液学说为理论先导，其他内容也如盖仑对待医学的态度大都是对运动训练实践的试验归纳，经验性即科学性，已然勾勒出运动训练的大体轮廓，虽然不尽精确，但为运动训练人员提供了方法论

---

[1]熊晓正，林登辕.元气论与代谢说——中希古代健康观念的比较[J].北京体育大学学报，2007，30（10）：1297-1302.

第三章 古代运动训练思想的孕育（公元前776年—公元1895年）

基础。

综上所述，千年以来运动训练的后继者们主要在运动训练理论解释范式上有所进展而趋向"科学"，历时一千多年的古希腊奥运会期间就已提出了相对而言较完备的运动训练方法论体系。在盖仑随后的中世纪乃至文艺复兴和启蒙运动至工业化世界之前运动训练的重心已然从有到无，再从无到体育锻炼，到19世纪上叶在各种运动比赛如赛艇（1829年牛津与剑桥赛艇开赛）、跑步、摔跤、拳击等开展得如火如荼，据Bell's Life报道，仅1840年就有600多场赛事[1]，可见竞技运动训练活动再次复苏。事实上，"19世纪的训练理论与实践大多源自盖仑和其他古希腊学者"[2]，法国运动训练科学史专家伊波利特·丹纳也指出19世纪70年代英国绅士们的抱负培养和养生之道皆效仿希腊运动员[3]：特制饮食和系统严谨的运动训练，以随时准备通过赛艇和板球的竞技规则参加比赛获取荣誉。可见，其运动训练理论与方法的发展并没有显著超越盖仑和胼氏等古希腊学者，具体而言，即运动训练理论核心是"四体液学说"，方法包括合理饮食、系统训练、充足睡眠，其中清洗肠道、出汗、放血是平衡体液的重要手段。

希腊古奥运会伊始正值中国的春秋战国时期并逐渐由奴隶社会向封建社会过渡、中世纪对应南北朝至宋朝、文艺复兴对应元朝至元朝晚期、启蒙运动对应清朝中期、科学革命对应明朝初至清朝中期、工业化对应清朝中期至近代。其间，中国长期处于封建时期，出现体育运动的形态有[4]：

①养生运动。以导引、行气为特征，延年益寿、祛病强身为目的，如气功、导引术、六禽戏、五禽戏。

②武术运动。以技击、攻防为主要特征，主要目的是控制对手，兼有修身养性、保健养生、表演娱人、比武争雄、卖艺营生等目的，如手搏、角抵、剑术等。

③嬉戏运动。亦即游戏，以比赛、游戏为主要特征，主要目的是愉悦身心，如蹴鞠、捶丸、投壶、拔河、龙舟竞渡、射猎、踢毽子、放风筝等（最受欢迎、最为普及的古代体育活动）。

---

[1] Blaine D P. An encyclopaedia of rural sports [M]. London: Longman, Brown, Green, Longmans & Roberts, 1858.

[2] Sinclair S J. The code of health and longevity [M]. Edinburgh: Mundell, Doig, and Stevenson, Edinburgh, 1806.

[3] Jenkyns R. The Victorians and Ancient Greece [M]. Cambridge, MA: Harvard University Press, 1980.

[4] 徐元民. 体育史（第三版）[M]. 台北：品度股份有限公司，2010：62-200.

④礼乐运动。以身体活动表达仪式与规矩对人施加教化为主要特征,其目的是为统治者树立敬天与事人的"治民伦理",如射礼、投壶礼(乃射礼的变体,其礼教性重于技艺性,在礼制的规范下行君子之争,并修德、观德,使参与者保持和平、谦让的良好人际关系,达到娱宾、讲义、修身的效果,也有人认为是为不善于射者所设)、田礼、乐舞、百戏等。中国古代体育运动和西方体育运动在健身医药、军事武备的功能上一样,但古希腊竞技娱神,对人素质的教育功能与中国自娱悦心,崇礼教化功能不同,导致体育运动的特点也不尽相同。西方体育强调个体释放能量以求外胜而外王的刚猛,多展现对抗和竞技的人人分级;而中国体育则强调个体积蓄能量以成内圣而外王的阴柔,多展现修身和养性的天人合一。

现代运动训练理论与方法主要以西方体育运动特点而产生和发展,为了能从侧面突出与说明奥林匹克运动员训练理论与方法的特性,本书对中国古代体育运动也作一个简要论述,供读者们参考。中国古代体育运动特点的"运动训练理论"则表现出另一种"范式"——中医。明朝之后的周易与中医,其训练方法也自成体系。战国至秦汉时期,中国医学理论体系逐渐形成,从中医与古代体育运动的发展历史中不难看出,中国古代养生体育一直和中医理论相互影响,而形成于明清时期的武术理论体系更是与中医密不可分。

何谓中医理论?最早的医学巨著《黄帝内经》视人与自然为整体,人体本身为整体,通过大经小络、经别经筋互相联系,协调统一;中医坚持古代朴素辩证法,认为物质有阴阳,阴阳概括了一切事物的两个方面。利用五行学说阐明人体脏腑的内外联系,采用取象比类的方法按照事物不同的性能、作用和形态等,将人体脏腑分别归属木、火、土、金、水,使看似复杂的事物条分缕析,以生克制化解释生理和病理的关系,通过生克制化把五行连接成统一的整体;中医重视经络学说,它是人体内运行气血的通路,脏腑通过经络来联系和协调。精气神既是脏腑的物质基础,又是脏腑活动的表现。黄帝内经在分析病因、病理时,除注意外部侵袭、人体正气盛衰之外,还十分重视精神因素,指出了七情与社会因素对健康的影响[1]。中医与古代体育的这种"体用关系"在养生和武术运动中最为显著。《庄子刻意篇》曰:"吹呴呼吸,吐故纳新,熊经鸟申,为寿而已矣;

---

[1] 中国科学技术协会. 中国中西医结合学科史 [M]. 北京:中国科学技术出版社,2010:21.

第三章 古代运动训练思想的孕育（公元前776年—公元1895年）

此导引之士，养形之人，彭祖寿考者之所好也。"[1]

可见，早在春秋战国时期就已经有"熊经鸟申"的二禽戏简单导引养生术。据公元前168年的《导引图》推算秦汉时期就已普及较成体系的养生运动。养生运动与中医有历史同源特征，二者关注同类话题：长寿与健康。西医素有运动医学之说，中医的养生医学（中医导引）也历史悠久，而武术更是有"拳起于易，理成于医""精拳者必精于道，精道者必精于医"的拳谚为证。

养生运动（中医导引）践行天人合一的中华文化，以中医五行、藏象、气血、经络等学说来解释其功用[2]，通过手、眼、身、法、步来模拟禽兽的动作、姿势和神态的运动方法加以验证。

养生运动与西方的体操术是中西方古代体育的"异名同构"体，西方体育以四体液学说倡导吃动平衡，中方则以五行、藏象、气血、经络等学说倡导运动以消浊气、通血脉、消谷物食益（多吃）。运动训练（练习）方法上西方讲求外力作用导致呼吸频率增加对健康有益，中方则以形、意、气相合，讲求"元气"养护的腹式呼吸深度。

此外，在健康与养生思想理论方面，中西方均重视自然与环境的影响，事实上，古代中西医存在相同的整体观和朴素系统思想，不仅如此，"中国和希腊同一时期，即公元前300年至公元200年（战国末年到东汉末），两个文明的变化趋势和科学、医学文献都相似。当时的希腊人和中国人都相信人体和国家的结构是与宇宙的结构相似的（但希腊未达成共识）（Nathan Sivin，2005年）"。公元2世纪同时期的盖仑和张仲景的不同哲学观才致使二者的范式分道扬镳[3]，或与不同社会中人们获得生计的方式有关。

由此，养生运动的训练理论与方法可归纳为中医理论和动物行为仿真模拟的训练方法。与西方注重人体结构和动作特点采用直接有针对的体操方法不同，中国注重取象比类，重意传神的抽象行为模拟，亦即西方重大强度体能的直接刺激，中国重低强度心理和意念能量的间接刺激。佩尔斯将心理活动定义成"全人的活动，它以低于身体活动所需之能量运作。当强度变弱时，身体的行为转变成

---

[1] 陈鼓应. 庄子今注今译 [M]. 北京：中华书局，1983：455.
[2] 张继, 沈澍农. 中国传统哲学与中医导引五禽戏发展探源 [J]. 南京中医药大学学报（社会科学版），2011（1）：26-29.
[3] 聂普葆. 张仲景和盖仑的比较研究——兼论中西医学分道扬镳的历史标志 [J]. 中医药学报，1990（2）：2-6.

心理的行为（Perls，1973 年）"，而庄子认为"通天下一气耳"，人的形体生命也是"气之聚也"，身、心皆是因气而生、因气而起，身、心并不是对立的二元结构，而是可以借由气以相互贯通的一个整体，而古之真人修养达到全身一气流行之后，其精神作用于形体，使得形体功能增强[1]亦为证。

武术运动因其多元功能，表现攻防技击，控制对手等特征而呈现另一种景象，尤其明清之后武术理论体系的完善使其成为与西方竞技运动训练相对应的重要运动训练理论与方法"范式"。据江百龙先生考证[2]，中国武术论著（也代表自成体系的武术运动训练理论与方法）发展经历了先秦、秦汉至宋元、明清3大阶段。先秦就出现论述攻防哲理的著述，运动训练以经验总结为主，更注重战法，秦汉至宋元期间由于"焚书坑儒""罢黜百家，独尊儒术"等失去了先秦"百家争鸣"的学术自由风气而走向低谷，明清（公元16世纪初至19世纪初）之际的政治、经济、文化复苏和武举、武学及抗倭战事促成武术理论鼎盛发展。

通过考察明清武术理论，发现其训练理论与养生运动均以中医理论为本源，且清代开始借鉴周易，丰富了武术理论的另一哲理层；训练方法上注重武技（武术的技击理论与方法）和战术（习以兵法）的训练和哲理参悟，这与武术理论著述渐趋成熟丰富的明清之际"立武学，用武举"中对"兵法"和"策略"的高度重视有直接关系。拳为源，刀、枪、剑、棍为主要器械的武术总体可知拳术训练在武术训练方法中极具代表性。一方面，为展现中国民族传统体育运动的"运动训练理论与方法"特点；另一方面，为更好理解中西体育运动文化差异，以及促进民族传统体育从业者理解奥林匹克运动训练文化，推动中西体育文化交流发展，笔者试以对话的方式，根据现代运动训练学的解释视角，将以拳为主的武术运动训练方法特征阐述如下：

其一，竞技能力水平发展阶段及其特点。练精化气（着熟），练气化神（懂劲），练神还虚（神明）[3]，由原来的无序到自身内在的有序。这一点是同时期西方运动训练所欠缺的。

其二，训练内容。四击，踢、打、摔（跌）、拿；八法，手法（上肢的攻防变化方法）、眼法（百拳之法以眼为纲）、身法（狭义指以腰为轴心的形体运动

---

[1] 谢明阳. 庄子气论的思想体系 [J]. 鹅湖月刊, 24 (3): 18-24.
[2] 江百龙, 林鑫海. 明清武术古籍拳学论析 [M]. 北京: 人民体育出版社, 2008: 4-7, 50.
[3] 周伟良. 传统武术训练理论论绎 [D]. 上海: 上海体育学院, 2000: 40-50.

第三章 古代运动训练思想的孕育（公元前776年—公元1895年）

方法[1]，广义包括头、躯干、四肢在内的整个人体运动方法[2]）、步法（脚步移动步法轻灵而又稳定），以及精神（练精化气，练气化神，练神还虚）、气（无论练功习技，首先养气，气沛则神完，神完则力足，力足则百体舒泰而筋骨强健，心灵性巧[3]）、力（乃劲力，劲分明劲、化劲、暗劲。力出于血、肉、皮、骨，劲与意气相合，走于膜、络、筋、脉，是故"劲由于筋，力由于骨"[4]。劲是武术体能训练中的核心，具有整体性、瞬间性、协调性和随机性[5]）、功（以练气为主的内功，包括点穴在内的以排打、抓插等为主要方法的硬功，以练习纵跳为主的轻功[6]）。

其三，训练负荷。如桩功训练时，训练时间由少至多，倦则少息再站，酸苦到极点才可休息。习弹腿以踢远礤石为度。尽力为度。合四梢即舌抵前齿，发欲冲冠，齿欲断筋，甲欲透骨[7]。同时提出"过力不长功，过力必伤身"的适度原则。

其四，训练方法手段。如体能训练：①明朝唐顺之编撰的《武编·拳》[8]中对腿法训练的论述。习踌腿虚腿：悬米袋或蒲团，踌腿高踢去，复还，以俱腰力为主度；习踌腿实腿：用柱，以踌腿踢柱上，尽力为度；钩腿：腿脚弯向里，习踌腿则有力；习弹腿：用三尺长凳竖立，或用石墩，在平地上学，以踢远礤石为度。②清朝《苌氏武技书》介绍桩功练习[9]，学拳前脚横立，大足指心气宜往内勾，后脚竖立，后跟往外一拧。两膝相对，既无不牢之病，裆亦护得住了；铁板桥功[10]：宜幼年习之，毛竹架三个架，架面极窄，绕以绳缕，分别架于颈、腰、足，无事之时便睡卧其上，日久自然，再将中间一架抽去，初去时，片刻不能耐，然久而久之，亦如卧于平板相似矣。若再于腹之上加以重物，使之挺劲不垂，则人行其上，亦如桥梁无异。③排打功[11]：坚物对全身进行排打，使皮肉

---

[1] 江百龙，林鑫海. 明清武术古籍拳学论析 [M]. 北京：人民体育出版社，2008：50.
[2] 周伟良. 传统武术训练理论论绎 [D]. 上海：上海体育学院，2000：91.
[3] 无谷. 少林寺资料集续编 [M]. 北京：书目文献出版社，1984：55.
[4] 周伟良. 传统武术训练理论论绎 [D]. 上海：上海体育学院，2000：46-58.
[5] 周伟良. 传统武术训练理论论绎 [D]. 上海：上海体育学院，2000：40-50.
[6] 周伟良. 传统武术训练理论论绎 [D]. 上海：上海体育学院，2000：100-108.
[7] 马国兴. 古拳论诠释 [M]. 太原：山西科学技术出版社，2001：218.
[8] 江百龙，林鑫海. 明清武术古籍拳学论析 [M]. 北京：人民体育出版社，2008：24.
[9] 江百龙，林鑫海. 明清武术古籍拳学论析 [M]. 北京：人民体育出版社，2008：316.
[10] 金一明. 古拳谱丛书（第三辑）：中国技击精华 [M]. 太原：山西科学技术出版社，2003：41-42.
[11] 金一明. 古拳谱丛书（第三辑）：中国技击精华 [M]. 太原：山西科学技术出版社，2003：41-42.

筋膜坚壮；掌臂功：以意领气，任督气充，遍满全身，石袋从肩至手、指依次排打，百日后，臂腕指掌硬如铁石等；技能训练如单势技法、复势技法、联势技法中的拆招和喂招训练等。

其五，训练标准。①六合即心与意合、意与气合、气与力合（内三合），手与足合、肘与膝合、肩与胯合（外三合）。②明三节即手肘肩为梢节、腰腹（头、心、丹田）为中节、足膝胯为根节，梢节起，中节随，根节追，且以不动之腰脊催动动之手足。③统四梢即发为血之梢，甲为筋之梢，舌为肉之梢，齿为骨之梢。④合五行等。

其六，训练效果。动如涛，静如岳，起如猿，落如雀，站如松，立如鸡，转如轮，折如弓，轻如叶，重如铁，缓如鹰，疾如风等。

其七，训练时机。《梅花拳秘谱》四时行功加减论认为，四季气候不同，人的气血也随之变化：春夏之季，人体气血活跃，故习武量可逐渐加大，至秋冬，乃人体气血收藏，故系无量要有所控制。并在解气交换时，如身体品奥，亦当减练；孙禄堂认为，"学人欲练神化之功者，须择天时、地利、气候、方向而练之"等[1]。

其八，技击战术。如拳打一阴一阳；拳打劲力变化；忌正面迎敌，双手齐出；武技欲精、欲多、用欲熟、欲骏（行招用手及时到位，恰到好处）、欲狠（坚决果敢不留情面），同精者，法多获胜；精多者，熟者胜；精多熟者，狠者胜[2]；远身用手，近身用肘；上法者以手为妙，进法者以足为妙，总之以身法为妙[3]；凡手战之道，内实精神，外示安仪，见之似好妇，夺之似惧虎[4]。拳势与拳法的辩证即外显拳脚动形或各种架势（势）和内藏攻防机变或击打技巧规则（法），注重内外相合，常持主动，做到势中有法，法中有势等。

综上所述，中国传统运动训练中对"竞技能力"的要求因其克敌制胜，注重攻防技击的目的而与现代争取团体竞赛名次和量化成绩的竞技能力显著不同。前者关乎生死哲学，后者关注级差度量。武术运动训练偏向周易与中医的整体性的关系哲学论释，在训练内容上讲求基本动作的同时更注重一体性技法和战法，没有明显突出诸如体能（身体形态、机体机能、运动素质）、技能、心理、战

---

[1] 周伟良. 传统武术训练理论论绎 [D]. 上海：上海体育学院，2000：81-83.
[2] 马国兴. 古拳论诠释 [M]. 太原：山西科学技术出版社，2001：173-175.
[3] 马国兴. 古拳论诠释 [M]. 太原：山西科学技术出版社，2001：217.
[4] 周伟良. 传统武术训练理论论绎 [D]. 上海：上海体育学院，2000：75.

第三章 古代运动训练思想的孕育（公元前776年—公元1895年）

术、智能的单一关系，而是"一阴一阳是为拳"的二维对立统一关系。

根据现代运动训练方法中练习动作、运动负荷、过程安排、信息媒体、外部条件5个要素分析中国古代武术训练方法发现，古人偏重信息媒体（口诀）、外部条件（时机、辅助设备）、简单练习动作的训练方法要素，对现代"科学性"较强的训练要素——运动负荷和过程安排并不看重，多以定性取象比类和主观感受来衡量，且尤为注重主观感受，这种感受多以太极、阴阳、五行和八卦学说比附人体，更基于中医关于人体的解释确实难以与现代科学标准寻求共鸣。

然而，历经数千年关于人体技击运动的思想体系也必然存在不容忽视的科学瑰宝，譬如其"以不动之腰脊催动动之手足"中强调核心力量和核心稳定性训练的重要性已成为西方运动训练体系中最新训练理念之一，中华武术训练中的"内劲""力气"训练是否与西方以"力量"为主的体能训练有所同？这些和同样历经千年之久的古希腊奥运会竞技运动训练的方法论体系至今依然被沿用的事实相比的确值得正视和反思，但是需要深入中西方理论机制进行深层次的比较与解析，寻找适用于现代奥林匹克运动训练的契合机理与实操程序、方式方法等，本研究认为，在没有科学发掘和证实传统武术训练中的现代运动训练理论与方法是否自成体系，是否具有现代运动训练的借鉴价值之前依然要专注于西方主流。

本章小结

正因为文明是从人类为了解自己身体的结构并维持身体赖以存在的生命而进行的努力中演进而来，于是，运动训练在这一演进中逐渐跻身为关乎人类"生死"的重要哲学命题而纳入医学体系。医学的起源和发展与运动训练活动水乳交融，成为人类身体和生命实践中不可或缺的组成，现代意义上的运动训练正是基于这一前提下由西医"科学"发展而来，由于中医范式的不同带来中国传统的"运动训练哲学"被淹没纵然可惜。然而，在传统武术的现代化发展之路上，诸多干扰因素让人难辨真伪，其本质技击与现代搏击技术相比也存在许多值得反省、优化之处。在更加清楚地验证出传统武术训练理论与方法与奥林匹克运动源流之间异同，厘清科学融合路径之前，本书暂搁笔待议。

第四章 Chapter 4
近代运动训练理论与方法的形成
（1896年—20世纪40年代）

古代奥运会被终止了将近1500年之久，之前所积累而成的运动训练相关理论与方法，不仅没有被历史遗弃，而是以另一种形态在人类社会中得以传承，直到与现代奥运会再次对接，并融入其中，从而焕发出新的勃勃生机。现代夏季奥运会早期，即1896—1940年，是现代运动训练理论与方法形成的一个特殊时期，其间，奥运会方兴未艾，同时又遭遇"一战""二战"的洗礼，正是这样一个特殊时期，也激发了科学的迅速发展，为运动训练理论与方法的形成奠定了科学与社会基础。

第一节 近代运动训练理论与方法概况

直到19世纪后半叶，以盖仑等古代医学理论指导古代运动训练理论才开始受到挑战。1855年，曾在巴黎学习击剑、体操和医学的苏格兰人阿奇博尔德麦克拉伦开办了一家体操训练馆来培训多种运动项目。其间，他将自身的医学理论与运动实践相结合并专注于运动训练理论与方法研究，终于在1858年成为远近闻名的体育科学研究领域的权威，1865年出版《体育的系统》，1866年出版《运动训练理论与实践》，虽然这两本著作主要以赛艇为研究对象，但其中很多训练原则被应用到其他运动项目的运动训练中[1]。阿氏发觉古代运动训练理论与方法存在局限性，随着18世纪末至19世纪中叶关于人体和动物生理学、解剖学、病

---

[1] Berryman J W. Sport and exercise science: Essays in the history of sports medicine [M]. Chicago: University of Illinois Press, 1992: 76.

第四章 近代运动训练理论与方法的形成（1896年—20世纪40年代）

理解剖学、氧气与呼吸原理、细胞理论等的提出和完善，在其研究中他首次对传统运动训练进行了质疑和披露，并指出对运动员进行清洗、催吐、逼汗、限制体液、吃半成品肉食等方法都毫无依据，这样只会使运动员遭到身体残害。

19世纪60年代法国和德国科学家先后对机体代谢过程进行了解释，运动训练专家Westhall等此时也专门提出了"过度训练"和"训练不足"等焦点问题，并尝试进行生理学解释[1]。

1874年，阿氏在《运动训练理论与实践》第二版序言部分明确指出，"这种伤害行为必须废除，被动出汗的训练方法也不宜采用，并提出内脂理论[2]"。根据"内脂理论"他主张长跑运动员大量饮水补充出汗和呼吸的水分丢失，而不是相反，并将体渴分两种形式：全身对液体的需求的一般体渴，口、喉咙和其他呼吸道黏液组织的干渴的局部体渴，后者由于尘土、热等刺激造成，漱口、含吸柠檬即解渴，而并非饮水填满胃肠[3]。

不难看出，实验生理学和解剖生理学，尤其是病理解剖学等最富成就的19世纪生命科学理论为近代运动训练理论与方法的科学化奠定了基础。医学史也明确指出，"20世纪药物学的突破使得西医引来治疗学的时代，而这些成就均源自实验医学的兴起"[4]，就运动训练理论发展的科学内史而言，医学治疗学同样也会带来运动训练理论与方法发展的新时代。

此外，尤为重要的是，19世纪乃至20世纪早期工业化世界主导的科学发现也与该时期的运动训练息息相关。物理学的基本规律为所有自然科学所遵循，尤其能量守恒原理（热力学第一定律）把热学、力学、电学及化学等各种物质运动形式连成一体，使物理学达到了空前的综合与统一。

"19世纪末，经典物理学的机械自然观开始成为所有自然科学学科的主导思想"[5]。能量守恒原理由此被广泛应用于包括人体生理和运动能力等多个领域的

---

[1] Berryman J W. Sport and exercise science：Essays in the history of sports medicine [M]. Chicago：University of Illinois Press，1992：76.

[2] 麦克拉伦指出，"通过多穿厚衣服逼汗减重并没有作用到脂肪组织"，改变脂肪组织是一种内部过程，在于改变呼吸、加速循环、增强体内能源物质的燃烧作用。

[3] Berryman J W. Sport and exercise science：Essays in the history of sports medicine [M]. Chicago：University of Illinois Press，1992：77.

[4] 中国科学技术协会. 中国中西医结合学科史 [M]. 北京：中国科学技术出版社，2010：19.

[5] http：//www.ihns.ac.cn/kxcb/kpwz/200909/t20090916_2486535.html 中国科学院自然科学史研究所.

科学解释[1],对人体生理机制和运动训练方法的认识带来革命性的影响。但是,由于能量守恒原理提出之初受到当时机械自然观的影响,其表述不够确切和完整,赫尔姆霍茨因此把这一定律命名为"力"的守恒定律,19世纪60年虽然用"能量守恒定律"代替了"力的守恒定律",但仍然是从量上去说明运动的不灭[2],即物质的运动既不能凭空产生,也不能无影无踪地消灭,而只能相互转化,在转化过程中,有着严格的量的关系[3](表4-1)。

表4-1 近代运动训练理论与方法相关大事记

20世纪:1900—1949年	
20世纪药物学的突破使得西医引来治疗学的时代,而这些成就均源自19世纪实验医学的兴起	
1900年	Karl Landsteiner发现血凝现象及四种血型
1901年	从肾上腺上成功分离肾上腺素,并最终与神经递质相区分。也是第一次成功提取纯的荷尔蒙
1902年	Walter Sutton证实染色体具有个体性,且成对出现(分别来自父母),染色体的个性特征证明了细胞学与孟德尔遗传之间的联系
1903年	第一次环法赛举行,百年后成为世界上最著名的自行车赛
1905年	Stevens美国遗传学者发现染色体与性别遗传之间的特征。发现X和Y,女性是XX,男性是XY。她和Wison分别发现昆虫的x染色体与性别之间的关系
1905年	第一期曼岛摩托艇赛举行,现在依然是世界上最著名的赛事之一
1907年	巴甫洛夫发现条件反射,行为心理学,奠定了生理学的心理学研究
1909年	法国生理学家Jean Mayer第一次用胰岛素命名胰岛细胞激素
1909年	印第安纳高速路建成,第1届印第安纳汽车赛成功举办
1914年	德裔美籍化学家弗里茨·李普曼说明ATP(三磷酸腺苷)在细胞中的作用:从食物氧化到能量消耗过程,它都是化学能量的载体
1920年	国家足球联盟NFL(美国职业橄榄球大联盟)生效
1921年	美国医生和药物学家奥托·洛伊试验证明,植物性神经系统的神经在受到刺激时,将释放一种化学物质,奠定了神经活动的化学基础,后来被证实为乙酰胆碱

---

[1] Russett C E, Russett C E. Sexual Science: The Victorian Constuction of Womanhood [M]. Cambridge: Harvard University Press, 2009: 106.
[2] 马克思,恩格斯. 马克思恩格斯选集(第三卷)[M]. 北京:人民出版社,1972:53.
[3] 自然辩证法讲座第四讲:运动的基本形式 [J]. 曲阜师院学报(自然科学版),1979(2):5-13.

第四章　近代运动训练理论与方法的形成（1896年—20世纪40年代）

续表

1923 年	德国出生的 Joseph Pilates 作为运动训练计划发展人在纽约开了第一家工作室
1928 年	苏格兰细菌学家 Alexander Fleming 发现青霉素。这是第一个抗菌素，开创对抗疾病和感染特效药的新纪元
1928 年	荷兰阿姆斯特丹奥运会第一次开设女性运动项目
1930 年	德国人发现合成代谢类固醇，20 世纪 50 年代之后开始用于体育
1930 年	第 1 届足球世界杯在乌拉圭举行，后来成为仅次于奥运会的第二大受欢迎赛事
1932 年	泰勒推出匡威全明星篮球鞋，成为最受欢迎的篮球鞋而风靡全球 40 年
1934 年	爱荷华州的乔治尼森制作了第一个蹦床准备推向市场
1935 年	Effa Manley 成为第一位拥有和管理天天职业棒球俱乐部的女性，并运营黑人联盟鹰队
1935 年	Gunder Hägg 瑞典中长跑运动员，1 英里、2 英里、3 英里、1500 米、2000 米、3000 米、5000 米世界纪录创造者，发明"法特莱克训练法"
1935 年	生于匈牙利的美国化学家阿尔伯特·圣乔奇对肌肉的生物化学特征特性研究提出肌肉蛋白质肌动蛋白和肌球蛋白，并证明它们化合形成肌动蛋白。当在肌动蛋白的纤维中加入 ATP 时，这些纤维会收缩
1935—1940 年	德国 400 米、800 米世界纪录运动员 Harbig 的教练 Gerschler 和德国著名心脏专家 Herbert Reindell 提出"间歇训练法"
1946 年	布洛赫和珀塞尔发现核磁共振技术
1947 年	Jackie Robinson 成为第一个参加棒球主联盟的黑人球员
1948 年	美国生物学家艾尔弗雷德·米尔斯基在染色体中发现 RNA（核糖核酸）
1948 年	为残疾人举办的斯托克曼德维尔运动会在英格兰举行
1936—1948 年	Glenn Cunningham 发明"重复训练法"
1949 年	美式壁球运动诞生，20 世纪 70 年代在北美非常流行

注：主要依据利萨·罗斯纳的《科学年表》和 K. Lee Lerner 等的《运动科学大世界》编制；1 英里 = 1609.344 米。

第二节　近代运动训练理论与方法形成的社会和科学背景

一、近代运动训练活动国际化的社会背景

因西方占据近现代运动训练理论与方法的主导地位，近代运动训练活动也以西方英、美两国最为典型和最具影响力。1885—1917 年美国体育运动进入"组

织化时代"[1]。美国社会经历着前所未有的工业化和科技化进程，城市不断兴起、大批移民运动、大兴交通、工业化而来的贫富差距显著扩大等，之前的田园式乡土生活一去不复返，取而代之为工业和科技大旗下的工厂化和机械化程序所笼罩，这种巨变迫使人们渴望逃离工作，去沐浴休闲时光，体育也瞬间成为人们不可多得的休闲食粮。

正值此时，体育教育也开始进驻公共教育课程体系，1885 年 William G. Anderson 创立美国体育发展协会（AAAPE）以促进体育教育的职业化发展，其课程减少此前的体操和一般锻炼，增加组织性的体育运动。此外，体育运动偏好由此前的娱乐参与者，转向娱乐观众，由室内走向户外，一些如棒球、足球、网球、田径等项目迅疾受宠。美国也因此由"体操时代"步入"竞技时代"，因为"竞技"的好处不在于肌肉而是道德教育[2]。这种转变也是因 1916—1930 年，对学校体育教育内容和目标范围的争鸣，以寻求理论解释所引发的，其结果是：由 19 世纪体育的肌肉教育（研究主要以古代医学为背景）转向体育以"游戏理论"（play theory）（心理学和教育学为基础的社会和行为发展）为基础的社会效能、个性发展教育转变，这种转变使得体育教育明确了以运动为主要载体，以团体或竞赛项目为主要形式的样态。19 世纪末校际间体育比赛的不断规模化迎来美国东、南部各大学体育比赛热情高涨，国内和国际之间的校际比赛随之受到热捧，1905—1910 年 NCAA（美国全国大学体育协会）成立。同样，19 世纪的英国也一直以"运动国度"而著称[3]。

国际体育比赛的序幕首先由英美之间拉开，1894 年第 1 届国际校际比赛在牛津大学和耶鲁大学之间成功上演，最终到访的客场美国队败北。此次失败刺痛了美国民众的神经，包括政府在内开始为渴望竞赛获胜而厉兵秣马[4]。1895 年美、英两国再次对抗，耶鲁大学的 Michael Murphy 教练带领美国纽约田径俱乐部在 11 个运动项目上完胜英国伦敦田径俱乐部，Murphy 自此也名声大噪。

此后，他一直致力于田径和足球运动训练的研究，其执教成绩斐然，并发明

---

[1] Swanson R A, Spears B M. History of sport and physical education in the United States [M]. Dubuque, IO: Brown & Benchmark, 1995: 177-230.

[2] Berryman J W. Sport and exercise science: Essays in the history of sports medicine [M]. Chicago: University of Illinois Press, 1992: 111.

[3] Berryman J W. Sport and exercise science: Essays in the history of sports medicine [M]. Chicago: University of Illinois Press, 1992: 82.

[4] W. H. Grenfell, Oxford v. Yale [J]. The Fortnightly Review, 1894 (56): 368.

第四章　近代运动训练理论与方法的形成（1896年—20世纪40年代）

蹲踞式起跑，一度被誉为"美国田径之父"，是促使运动训练方法向科学化迈进的权威运动训练专家[1]。耶鲁的运动训练与竞赛氛围，甚至因 Murphy 的成功而成为全美和世界大学的中心，美国人对国际间比赛开始越发重视，政府也采取官方政策鼓励专业教练指导业余训练，鼓励训练经费的投入，很多大学都开始专注于运动训练以随时能外出赢得胜利。起初，为保持运动成绩的领先地位，致使很多成功教练的所谓运动训练"科学"经常秘而不宣，如当时希尔曼在《竞技和业余羽毛球杂志》中呼吁美国田径的科学教练和训练计划绝不可落入英国人之手[2]。美国为夺取锦标，彰显国家和民族优越性，引起政府政策的干预，很快美国在各大国际赛事上屡获佳绩，相反，英国则不像美国那样全身心地投入，而是以一种"娱乐的绅士态度"对待运动训练活动，并试图向全世界宣扬竞技运动的"娱乐性"。

随着20世纪早期美国在国际体育竞赛上不断斩金夺银，尤其美国在第1届现代奥运会上的优异表现，诱使其他国家的教练员和运动训练者们都纷纷学习美国运动训练方法[3]，如 Dietrich Quanz 指出德国在1896年之后开始学习美国运动训练方法，1910年医学院学生和奥运冠军 Martin Brustmann 通过比较研究得出美国的训练方法比英国要科学，由此更是促发了英国教练们从美国引进训练方法体系。曾经很长一段时期，英国人认为自己在速度和力量上天生就不如美国的种族优劣性观点占据主导，但通过学习之后发现，美国运动训练的科学性在于"关注细节，借助于专家和各种设备，强化运动训练活动的组织和管理，且20世纪10年代开始的职业化训练为运动员和教练员们更长时间系统训练提供了保障，并非其人种优势[4]"。运动训练活动的国际化交流也由此展开，到20世纪前叶运动训练界普遍认为，运动训练活动职业化和系统化是提高运动成绩的法宝[5]。

事实上，此时运动训练科学化程度确实处于"经验训练"水平上，选拔教练员并没有统一的执教水平考核之说，过去的运动经历和名声是执教上岗的唯一

---

[1] Berryman J W. Sport and exercise science：Essays in the history of sports medicine [M]. Chicago：University of Illinois Press, 1992：92-96.

[2] Montague Shearman. International Athletics [J]. Badminton Magzine, 1895：573.

[3] George. Training for Athletics [M]. Chicago：University of Illinois Press, 1902：82.

[4] Berryman J W. Sport and exercise science：Essays in the history of sports medicine [M]. Chicago：University of Illinois Press, 1992：84-86.

[5] Berryman J W. Sport and exercise science：Essays in the history of sports medicine [M]. Chicago：University of Illinois Press, 1992：84-86.

标准，运动训练理论和方法主要来自观察和经验，而并非有计划系统控制的训练。Murphy 教练也认为，美国运动训练的成功的主要原因不是其他，而在于 19 世纪 70 年代以来大量体育人口的成长，成千上万的俱乐部为有天赋的运动人才提供了训练场所，创造训练机会[1]。虽然，教练员的训练科学性尚未形成，但此时的运动训练科学化探索已经为研究者们所青睐，正处于运动训练方法理论化形成期。

概言之，"一战"和"二战"的战乱给社会带来全面的萧条，数以万计的无业者充斥着社会每一角落，无业游民唯一能做的就是从一个角落游荡到另一个角落，体育以旅游娱乐的社会角色迅速崛起，成为人们生活中不可或缺的一部分。此外，进入 20 世纪经济和技术逐渐复兴的黄金时期，工作日减少，闲暇越来越充裕。因战乱而呼唤英雄出现的社会心理有增无减，体育正是英雄辈出的另一战场。各种运动赛事，通过营销广告向观众兜售运动英雄，体育旅游和娱乐业空前受宠，到经济萧条期结束之际，各种运动项目在社会各个部门随处可见。正如历史学家 Benjamin 对战后组织化体育运动的描述："某些方面，体育在美国生活中与商业、政治、道德、种族、宗教等体制有同等地位。"[2] 体育运动的重要角色引起国家与民族的重视，英美之间国际比赛也由此展开，为夺取比赛的胜利致使教练员和运动员争相学习国际上成功的训练理论与方法，进而引发运动训练活动的国际化发展，美国耶鲁大学的 Michael Murphy 教练是这一时期的关键人物，纵然他在运动训练界名声显赫，但他认为此时运动训练理论与方法尚未形成科学体系。

二、运动训练理论与方法形成的科学背景

19 世纪末 20 世纪初，随着人的发现，神灵的没落，导致实用主义成为主旋律，注重经济发展给人类带来丰厚的物质享受，更致使人们偏好科学的实践与应用，而经典物理学的机械论，也为工业化社会的发展提供了强大的自信。正如一些哲学家们所言："一切无法经受实验检验的理论，我们均应将它斥之为形而上学，并加以摒弃，而一切能够经受实验检验的理论，则完全可以被确定为真理。

---

[1] http://en.wikipedia.org/wiki/Mike_Murphy_(trainer_and_coach), 2013/9/20.
[2] Benjamin G. Rader. American Sports: From the Age of Folk Games to the Age of Televised Sports (6th Edition)[M]. New Jersey: Prentice Hall, 2008: 89.

第四章　近代运动训练理论与方法的形成（1896年—20世纪40年代）

证实的问题是一个科学的原则问题，科学认识的方法则是归纳法。"[1]

就运动训练理论而言，主导西方运动训练活动数千年之久的四体液学说的理论"范式"[2]的相关理论，由于其缺乏近代科学标准而为新的理论范式——以物理学和化学为解释基础的生理学和病理学所取代，而19世纪最伟大发现——能量守恒原理，不仅被直接用于非有机物质系统，其支持者还将其应用于人体系统，将人体生物学和生理学功能与非有机系统进行比较，Mayer于19世纪50年代指出："热功当量是科学解释生理学的本质[3]。"可应用于身体工作的人体生理学研究中[4]。于是，出现以能量守恒为理论前提的研究范式。但此时的能量守恒定律中机械论占据主导，即仅仅认识到能量守恒中量的守恒。总体而言，"物质和能量代谢"的重新定义基本上颠覆了传统体液学说的训练思想。

19世纪中期Gmelin首次用"代谢"来说明食物的化学转换过程；1842年Libeig提出运动导致肌肉组织的物质消耗，它可以通过尿液排泄来计算；Fick和Wislicensus提出脂肪和碳水化合物提供肌肉能量的假设，直到19世纪末Weston和Flint通过实验采集数据的化学和统计学分析时指出："即便运动者进食所有必需的食物，肌肉系统在运动过程中依然会消耗自身物质。"

此外，1862年Costa对"士兵心脏"的研究提出，士兵的军事训练引起心脏体积增大和心律失常等，致使人们关注运动对心脏的负面影响，并直接波及医学界和运动训练界对"运动员心脏"的初步看法：运动训练会导致心脏的病理性肥大[5]。由此，引发人们对运动对心脏有负面影响的关注，加上19世纪末竞技运动取代体操，使得社会中校际足球、赛艇等竞技运动比赛突现高潮，甚至泛滥，这也直接导致当时的运动损伤频频发生，又恰逢此时美国心脏病死亡率不断攀升，基于这些背景，许多医生将美国心脏病的高死亡率，归因于运动员心脏病理性[6]。与此同时，竞技比赛缺乏正确监督和规则引导，一时间，尤其青年们

---

[1] 郑祥福.20世纪西方科学哲学发展述评[J].国外社会科学，2002（5）：2-7.

[2] 胡海旭，万发达，杜长亮，等.中西方运动训练哲学萌芽的特征比较[J].北京体育大学学报，2014，37（12）：120-126.

[3] Russett C E, Russett C E. Sexual Science: The Victorian Constuction of Womanhood [M]. Cambridge: Harvard University Press, 2009.

[4] De La Mettrie J O, Bussey G C, II F. Man a machine [M]. Chicago: Open court publishing Company, 1912.

[5] Alfred Strengel. A review of the history of cardiac pathology with especial reference to modern conceptions of Mycardial disease [J]. Philadelphia medical journal, 1900 (6): 698-706.

[6] Alfred Strengel. A review of the history of cardiac pathology with especial reference to modern conceptions of Mycardial disease [J]. Philadelphia medical journal, 1900 (6): 698-706.

为获得胜利而不择手段，且有报道称竞技运动会影响性能力（古希腊的观念）、威胁种族繁衍等[1]各种负面消息，更是强化了人们对"运动员心脏"的负面认识：运动对心脏造成功能性损害，而应当摈弃当时的竞技运动风气。直到20世纪初，才有研究指出"运动不仅对身体没有伤害，而且有益"，一定程度上，才肯定了运动训练的积极作用[2]。

此外，除了运动员心脏引起人们的特殊关注外，一些运动相关的其他科学问题也引起了国际上生理学家、医学家和体育学家们的关注与探究。如德国生理学家 Leo Zuntz 通过马和自行车训练研究耗氧量；法国的 Phillipe Tissie 以自行车冠军为研究对象探讨耐力；英国著名外科医生 Sir T. Lauder 专门研究了力量训练对用力部位和全身血液循环的影响；哈佛大学运动委员会专门聘请了 Darling 博士，以学校赛艇代表队运动员为对象，研究当时颇具争议的"过度训练"生理反应问题，随后，研究了运动员的代谢过程，提出"心脏和骨骼肌有相同的功能"[3]。

我们发现，上述关于运动训练理论与方法的探讨，均是古希腊和中世纪所不存在的[4]。因为，两个时期处于不同的科学观：运动训练中的"四体液学说"，被取而代之为"以物理学和化学为基础的代谢系统和循环系统理论"，从这一时期人们对耗氧量、血液循环、运动性心脏、过度训练等研究中可发现这种变换。但与此同时，19世纪最伟大的发现之一能量守恒定律将"力"（19世纪末恩格斯才将能量守恒定律只注重量的方面的缺陷，全面阐述为能量的量的守恒，和质的转化相结合[5]）作为物理学中的基本概念，并仅仅关注能量中量的守恒，而忽视质的转变。正因为人们接受了能量守恒在人体运动中的支配律，认为力量或能量是不可再生或增值的，此类研究也毫无价值，力量训练也被视作代谢和循环系统之外，没有引起同等关注。

同时，上述研究者更多的是医生或生理学家，因其缺乏运动训练经验，而没有将其研究结论与训练计划、训练内容相结合，致使更多地停留于一般的理论探

---

[1] Alfred Strengel. A review of the history of cardiac pathology with especial reference to modern conceptions of Mycardial disease [J]. Philadelphia medical journal, 1900 (6): 698-706.

[2] Alfred Strengel. A review of the history of cardiac pathology with especial reference to modern conceptions of Mycardial disease [J]. Philadelphia medical journal, 1900 (6): 698-706.

[3] Thibault J. L'Influence du mouvement sportif sur l'évolution de l'éducation physique dans l'enseignement secondaire français: étude historique et critique [M]. Paris: J. Vrin, 1972.

[4] 胡海旭, 万发达, 杜长亮, 等. 中西方运动训练哲学萌芽的特征比较 [J]. 北京体育大学学报, 2014, 37 (12): 120-126.

[5] 吴延涪. 恩格斯论能量守恒与转化定律及其哲学意义 [J]. 教学与研究, 1962 (3): 11-14.

第四章 近代运动训练理论与方法的形成（1896年—20世纪40年代）

讨层面。然而，同样对于运动训练者们而言，根据"训练"一词出现在 19 世纪和 20 世纪初期可知，"训练"很可能是教练员和运动员基于热力学规律背景下提出的。而此时的运动训练，也与手艺操练（drill）同义，即通过反复的技能训练改善技术，提高协调、精确性和应用性能等量的关系[1]。由此可见，此时的运动训练并非通过具体的、有针对性的计划来提高物理性爆发力、速度、耐力、灵敏[2]等质的关系，而主要依靠"运动能力的遗传天赋"[3]，即对机械论指导下能量守恒原理中量的守恒的应用。

直到 20 世纪 20 年代人体测量作为体育科学的重要内容，才发现这种能量守恒原则的变更，并逐渐向能量守恒与转化定律递进。如 Rogers 提出力量测量是体力的主要变量，它由 10 个指标组成，命名为力量指数，这是对运动训练理论与方法史上关于力量训练合法性和重要性的一次科学肯定。于是，提出竞技运动员的潜力可以用竞技指数来测量：竞技指数＝力量指数×身体健康指数×IQ（智商）。他还从身心之间存在相关性提出，竞技的目的不是获胜而是道德的生活[4]。

由此可知，人们对运动训练的生理和心理的交互效用开始有所关注，不仅如此，在 20 世纪初—20 世纪 20 年代运动员营养摄入及其理论广受争鸣，人们普遍认为，蛋白质是体力劳动者和运动员必需大量摄入的物质，对此前一段时期关于蛋白质不仅是一种肌肉收缩的能源物质，而且对生长、修复作用的物质进行了裁定，认为不是蛋白质而是碳水化合物、糖类才是肌肉能源物质，蛋白质主要是对组织的修复作用。蛋白质摄入需求也引起人们对运动员的肉食主义和素食主义[5]争论，大量案例发现，素食主义的运动员，在径赛项目上获胜比例远高于肉食主义者，其深层原因或是素食主义者生活规律、具有坚定的人生信条、求胜

---

[1] 胡海旭，万发达，杜长亮，等. 中西方运动训练哲学萌芽的特征比较［J］. 北京体育大学学报，2014，37（12）：120-126.

[2] Gabler H, Göhner U. Für einen besseren Sport：Themen, Entwicklungen und Perspektiven aus Sport und Sportwissenschaft［M］. Tübingen：Institut für Sportwissenschaft der Universität Tübingen, 1990：264.

[3] Beamish R, Ritchie I. From Fixed Capacities to Performance-Enhancement：The Paradigm Shift in the Science of 'Training' and the Use of Performance-Enhancing Substances［J］. Sport in History, 2005, 25（3）：412-433.

[4] Rogers F R. Tests and measurement programs in the redirection of physical education［M］. New York：Bureau of Publications, Teachers College, Columbia University, 1927.

[5] 因古希腊倡导天然素食的哲学家毕达哥拉斯而得名，于1817年传入美国，19世纪30年代经圣经基督教传播开。

欲强，进而将比赛视作自我身体和精神的超越[1]；而肉食者则无此特性，他们甚至有酗酒等不良生活习惯，且将比赛仅仅视作一项体育活动。探究疲劳的本质一直是19世纪后十年中的热点[2]，心理生理学也成为人们关注的领域，20世纪初开始更是出现了运动心理学的相关探索，将具有天赋的运动员分为竞技动机型和竞技力量型，确立了竞技运动中生理与心理的相互作用，1933年Herbert Herxheiner在著作《运动医学的基础》[3]中阐述了当时的很多心理学问题都为运动医学所共同关注，如催眠、赛前焦虑、意志力、过度训练、chocking等。

第三节 近代运动训练理论与方法的形成及其特征（Ⅰ期1896—1920年）

19世纪70年代之后的运动训练观念发生重大变化，传统体育目的和运动训练均受到全球业余训练和体育教育向学科和科学定位的挑战。自19世纪中后叶出现运动的生理学研究和代谢概念，David Martin教授在其论文"生理学是解释运动训练的科学基础"中指出："体内环境的'动态平衡'确立了生理学学科地位，但直到1995年才发文明确生理学同样应作为运动训练的生理基础。"[4] 被誉为"运动训练科学启蒙"的Roberta Park提出："1800—1914年运动训练经历了传统依靠刻苦训练到实践验证的科学训练。"[5] 虽然Lupton在其著作《跑步纪录》[6]中描述了19世纪后叶人们开始关注生理学、解剖学和化学在训练中的应用，并依然延续古希腊规律睡眠、合理饮食和休息的训练体系，但在训练理论与方法应用上，尚处于摸索启蒙期，技术指导也只是初步和业余水平。

19世纪末的运动训练依然没有完全进入科学训练阶段，只在一些训练的理

---

[1] Whorton J C. Muscular vegetarianism: the debate over diet and athletic performance in the progressive era [J]. Journal of Sport History, 1981, 8 (2): 58-75.

[2] Beckmann J. Höchstleistungen als Folge mißglückter Selbstregulation [J]. Handlungskontrolle und soziale Prozesse im Sport, 1987: 52-63.

[3] Berryman J W. Sport and exercise science: Essays in the history of sports medicine [M]. Chicago: University of Illinois Press, 1992: 261.

[4] Martin D E. Physiology – its role in explaining athletic performance [J]. New Studies in Athletics, 1995 (1): 9-12.

[5] Park R J. Athletes and their training in Britain and America, 1800—1914 [J]. Sport and exercise science: Essays in the history of sports medicine, 1992: 57-108.

[6] Lupton J I, Lupton J M K. The Pedestrian′s Record: To which is Added a Description of the External Human Form [M]. London: WH Allen, 1890.

第四章 近代运动训练理论与方法的形成（1896年—20世纪40年代）

论认识上进行修正，如 Archibald Maclaren 对原有的促泻、逼汗等训练方法给予摒弃，而提倡训练后摄入大量水分等[1]。在 1896 年至 20 世纪 20 年代的 20 余年中，已经开始有专门研究运动训练理论与方法的学术共同体，但直到 1920 年之后，运动医学才正式确立为指导运动训练的系统性科学，"一战"之前科学应用于运动训练，仅局限于医学和生理学杂志中，教练员训练手册中尚是空白[2]。

总体而言，运用科学提高竞技能力的训练理论与方法是近期才出现的，19 世纪和 20 世纪早期的科学家研究运动训练多是基于能量守恒原理的"量的守恒"的"自然方法"，或者主要源自经验的总结，运动成绩提高有赖于精确和优越的动作完成，而非竞技能力改造与提高（能量守恒与转化中"质"的转化）。田径教练和工厂主管以相同的观念看待人的运作能力，即提高工作效率，而非拓展人的工作能力，这和盖仑传统的体液平衡有其相通之处：关注身体均衡有序的"机械量化关系"和"自然法则"中寻求身体运作效率，亦如工业化效率。由此也可看出，运动训练往往对科学理论不太敏感，尤其对新理论的学习更显迟钝。

在运动训练理论与方法上的代表性人物及其内容如下：

其一，1898 年，西方校际运动协会以"斯伯丁运动训练图书馆"[3] 作为参考出版了《运动训练指导手册》，为各运动项目提供当时最优化的训练方法。其中"一般训练"章节的训练指导如下[4]：①训练原则：区别对待（性格、体格、能力而选择不同负荷），避免过度训练，提倡适度训练（宁训练不足，不训练过度）。②训练体系：严格遵循睡眠、饮食和训练的训练程序（与 2000 多年前古希腊一样）。7 点或 7 点 30 分起床吃完早饭后开始训练。③训练准备：以短跑为例，正式训练之前最少进行 2 周的慢跑热身训练。④训练负荷：每天 4~7 次全力训练，每次跑 20 码，次间间歇。⑤比赛安排：最多每周 1 次选拔赛。

其二，运动训练界的领军人物，美国运动训练权威 Murphy（1861—1913）的训练理论与方法如下[5]：①训练问题：如何最佳饮食、跑得更快、跳得更高。

---

[1] Bourne N D. Fast science: a history of training theory and methods for elite runners through 1975 [M]. Ann Arbor: ProQuest, 2008: 96.

[2] James C. Wharton. the ahtlete's heart: the medical debate over athleticism 1870—1920 [J]. Journal of sport history, 1982 (9): 33.

[3] Levine P. AG Spalding and the rise of baseball. The promise of American sport [M]. Oxford: Oxford University Press, 1986.

[4] Ed W. Moulton. How to train: handbook of the western intercollegiate athletic association [M]. New York: American sports publishing Co. 1898: 88-90.

[5] Hillman S K. Introduction to athletic training [M]. Champaign: Human kinetics, 2000: 48-66.

②训练要素：与盖仑相似，以"非自然（non-natural）理论"，即人体健康与疾病以空气与环境、饮与食、睡与醒、运动与休息、存储与释放、心灵的激情为基础，这六要素应均衡，否则会生病，因而注重清肠胃、深呼吸、足够睡眠（至少8小时）、沐浴、按摩和拉伸等训练细节。③训练量：任何比赛前的训练周期8~10周足够。④训练内容及负荷：以1~2英里中长跑为例，秋冬季最好是越野跑，距离慢慢加至3英里或以上。2周之后提高跑速，3~4周后增加距离，每周训练2次；对于长跑而言，多选择四分之一英里全速跑，每周一次全程即可。

其三，哈佛大学医生和教练 Paul Withington 于1914年对1895年 Nouman Bingham 的《竞技运动手册》和《户外运动》进行更新，并重版为《竞技运动全书》[1]。本书主要是研究大学和高中的青少年运动训练，收录了13个项目的运动员、教练员的训练方法、技术训练和训练计划。他本人主要负责足球和田赛部分，内容包括：①训练理念：使受训者的身心达到最佳状态以经受竞赛的压力。②训练强度：避免过度训练，尽可能少的额外训练达到良好的身体状况，每天训练1小时足够。③训练要素：有时间规律的训练、睡眠、饮食，低兴奋性和超负荷，适度的运动训练指导。

其四，Keene Fitzpatrick 在《竞技运动全书》负责"长跑训练"章节[2]，提出：①青少年长跑起训时间：16岁，否则大强度的长跑训练会损伤心肺。②训练原则：稳定且个性化的跑步方式，注重恢复。③训练负荷：先越野走，适应（因人而异）之后开始项目全程训练，此时需以速度训练为核心。每周2~3次全程然后休息1~2天。此时的负荷较为模糊，注重个性化和恢复。

其五，奥运奖牌得主 Kenneth Doherty 教练在其著作《田径训练指南》中对1885—1920年田径训练进行了总结：训练准备期为8~10周。但本书主要介绍的是经验性手段，缺乏训练细节，对过度训练顾虑过多，并且教练们缺乏交流而信息闭塞。

其六，一英里世界纪录4:16.8创造者 Joe Binks 的训练：①一周训练一个晚上，冬夏季30分钟一次。②短跑为例，60~80码冲刺跑5组，然后以不同节奏（慢速、中速、快速）跑400码或600码。另一名4:14.4的纪录创造者 John Paul Jones 采用的训练方法：①训练内容：夏季通过棒球和网球进行训练，秋冬以越

---

[1] Paul Withington, The book of athletics [M]. Boston: Lothrop, Lee and Shephard and Co, 1914: 50-70.

[2] Paul Withington, The book of athletics [M]. Boston: Lothrop, Lee and Shephard and Co, 1914: 174-185.

第四章 近代运动训练理论与方法的形成（1896年—20世纪40年代）

野跑为主。②训练量：直到赛季开始才专项训练，其他时间只做一般的游戏和慢跑训练。③训练强度：只在晚上做100次或更多的卧推进行力量训练；④训练频率：一周训练4~5天。

概言之，该时期训练负荷和训练量较小，或者只安排极少量的极限负荷训练，是因为顾虑大负荷和过度训练，对"运动员心脏"（训练者的心脏表现为少搏、经常发出低沉不清的声音、心律不齐等）的认识尚存疑虑，人们普遍认为运动过程中，心跳加速导致心脏的压力增大，并且越发将运动训练的注意力转移到能量守恒中的量的关系的训练上，即机械效率。

"一战"后，随着运动的社会地位空前提升，运动竞赛对运动训练提出更高、更强烈的需求，进而激发人们对训练负荷的不断尝试和突破，但此时的医学专家们依然认为，为争胜致使运动员突破自身极限使得心、肺和神经系统长期受压迫，必然会造成肌肉和重要器官等的身体伤害，这种伤害是高风险的。

因此，20世纪初的很长一段时间，大多医生心目中的运动员心脏是病态的[1]。运动竞技因此也遭到摒弃，运动员甚至被视为如同吸毒者般的道德败坏者。虽然与此同时也有一批运动训练的医学倡导者，从统计学角度指出运动训练对健康的积极促进作用，如医生John Edward Morgan 和 E. H Bradford 博士，都分别从对剑桥大学和哈佛大学赛艇运动员的研究发现，心脏病、肺部疾病、总死亡率等都比一般人低[2]。真正客观认识"运动员心脏"的机制，则到1912年R. Tait McKenzie 发表论文"运动对心脏的影响"之后，确立了运动与心脏的积极关联，证明心搏音和心律不齐与一般的心脏功能不同，并非一种病态表现。其观点在后来的十余年中逐渐被认可和证实，运动是提高心脏功能的一种良好途径，而"运动员心脏"由此才被正名为"功能性超级心脏"[3]。然而，直到1940年专家们才普遍接受运动员心脏不存在健康隐患这一观点[4]。

自古希腊以来运动训练便对医生和医学有尊敬之传统，医生对运动与心脏的

---

[1] Robert Coughlin. the athletic life in relation to degenerative changes in the cardiovascular system [J]. Medical record, 1910 (77): 577.

[2] James C. Wharton. the ahtlete's heart: the medical debate over athleticism 1870—1920 [J]. Journal of sport history, 1982 (9): 33.

[3] James C. Wharton. the ahtlete's heart: the medical debate over athleticism 1870—1920 [J]. Journal of sport history, 1982 (9): 49.

[4] James C. Wharton. the ahtlete's heart: the medical debate over athleticism 1870—1920 [J]. Journal of sport history, 1982 (9): 39.

认识，也深刻影响着教练员与运动员的训练认识，长期以来，因为"运动员心脏"的病态解释而对大负荷训练的"理性回避"占据着运动训练方法发展史，而竞技运动在19世纪末，因运动员心脏而引发的其他道德上的谴责，加上工业化时期，人们对能量守恒定律的笃信，更是阻挡了运动训练理论与方法向大负荷训练来增强运动能力的前进步伐。只有运动员心脏物质层的问题得到科学认识，运动训练活动道德层的认同才得以实现。运动训练连同竞技运动在经受科学和社会的拷问下曲折前进，直到20世纪初对运动员心脏病态认识的全面纠错，运动训练可增强人体运动能力的认识开始为人们所接受，并大力汲取能量守恒与转化原理，进而推动运动训练理论与方法的发展，大负荷训练的重要运动训练原则才被接受，并一直影响至今。

第四节 近代运动训练理论与方法的形成及其特征（Ⅱ期20世纪20年代—20世纪40年代末）

20世纪初，人们对运动员心脏的科学认识极大地促进了运动训练负荷的变革，与"一战"之前相比，大负荷训练开始成为主导的训练原则之一，由此也带来20世纪20年代—20世纪40年代运动训练观念和训练理论与方法的变化。运动训练理论与方法的变革成为提高运动成绩的主要原因，田径是运动之母，也是反映运动成绩的客观尺度，以1英里、800米和1500米世界纪录为例，1英里跑由1917年的4:12.6增至1937年的4:06.4，再到1945年的4:01.4；800米由1:51.9到1:46.6；1500米由3:54.7到3:43.0[1]。

然而，大负荷训练哲学的突破为运动训练的理论与方法提出了新的问题：如何测定大负荷，大到多少才合理等。其中，运动生理学在回答这些问题时扮演着重要角色。以1922年Archibald Vivian Hill博士发现肌肉中耗氧与乳酸代谢之间具有相关性而获得生理学诺贝尔奖为分水岭，进而将运动训练等体育活动中的生理学研究与应用推向了新时代。Hill指出"运动训练、身体锻炼、飞行训练和其他身体工作都需要人体生理学的知识"，并亲自带领其同事研究发现了以摄氧量来评价能量消耗，以肌肉力量和速度复合来计算肌肉爆发力，并提出运动员群体

---

[1] Lawson G. World record breakers in track & field athletics [M]. Champaign, IL: Human Kinetics, 1997: 59-69.

第四章　近代运动训练理论与方法的形成（1896年—20世纪40年代）

才出现运动平台期、氧债、最大摄氧量、乳酸阈等理论[1]。更为重要的是，通过 Hill 的研究发现[2-3]：

其一，原有能量守恒定律来解释生理机制的观念是存疑的。

其二，不容忽视 Hill 的肌肉生理学在运动训练中的应用潜力。

不出所料，Hill 的这些结论被应用于新的生理学范式和运动科学，由此真正开启了运动训练的生理学时代。

受到 Hill 的影响，1923 年 Arthur H. Steinhaus 在乔治威廉学院建立 YMCA（基督教青年会）体育运动生理实验室，专门研究体育锻炼的生理学问题，1933 年 Steinhaus 发表论文论述了运动对肌肉、循环、恢复、内分泌和中枢神经系统然的影响，引入"训练状态"的假设，说明器官对运动产生适应性变化，如血压和心脏肥大，耐力项目可提高心脏肌力，但停训后会消退等，以形成运动表现和后期训练基础，该研究对 20 世纪 30 年代和 20 世纪 40 年代的运动生理学产生深远影响[4]，无论是对体育锻炼，还是竞技体育运动训练都奠定了科学基础。

1935 年，生理学教授 Adrian Gordon 和 Joseph A. Dye 在其著作《运动及其生理学》[5]一书中专门论述了运动训练的生理适应机制，所谓"过度训练"是指无法通过休息和进食补偿能量消耗的过渡状态，并由春田学院研究出通过水平和垂直位心率变化在 20~48 次/分时表征为过度训练。此外，还提出运动训练不可立即中断，即便不在竞赛期，训练依然要按照常规训练计划执行，这完全打破"一战"之前的赛前训练 10 个月的周期原则，"二战"前 8~10 周准备期也为秋冬季训练所代替[6]，训练量由此提升。直到 1928 年，波士顿医院医学实验室，对马拉松运动员高强度训练，引起乳酸生理变化的相关研究，提出大强度运动训练后的休息期器官仍可恢复到正常内环境状态，且运动成绩会增长，才标志着运

---

[1] D R Bassett. Scientific contributions of A. V Hill exercise physiology pioneer [J]. Journal of applied physiology, 2002（5）：1567-1583.

[2] Wrynn A M. The Grand Tour：American Exercise Science and Sports Medicine Encounters the World, 1926—1966 [J]. International Sports Studies, 2002, 24（2）：8.

[3] Beamish R, Ritchie I. From fixed capacities to performance-enhancement：the paradigm shift in the science of 'training' and the use of performance-enhancing substances [J]. Sport in History, 2005, 25（3）：412-433.

[4] Massengale J D, Swanson R A. The history of exercise and sport science [M]. Champaign：Human Kinetics Publishers, 1997：388.

[5] Adrian G G, Joseph A D. Exercise and its physiology [M]. New York：A. S Barnes and Co. , 1935：87-90.

[6] Pihkala L. Allgemeine Richtlinien für das athletische Training [M]. New York：Olms-Weidmann, 1937.

动训练生理的应用取得突破[1]。1930年Pikhala研究指出，达成运动训练的成效需要关注不同的身体素质（包括爆发力、力量和速度），合理安排训练和间歇，集中每一训练阶段中的训练强度而不是训练量[2]。

综上所述，Hill为代表的运动生理学相关理论逐渐成为20世纪20年代—20世纪40年代运动训练的理论支柱，也带来人们对能量守恒定律应用于运动训练的重新认识。其研究内容包括最大摄氧量、乳酸生成、神经肌肉、爆发力、肌肉收缩、心率监控、运动引起心脏功能与形态的适应性变化、恢复等涉及能量代谢系统、骨骼肌系统、循环系统、神经系统等，至今依然是运动生理学和运动训练关注的问题，其中一个显著变化是运动训练可以改造人体机能，提高运动能力，即后来恩格斯所言的"能量守恒中质的转化"在运动训练中的应用。这一时期运动训练相关理论的生理科学基础格局基本成型，虽然各种基础理论研究尚处于相对独立的状态，没有形成针对提高运动成绩的系统理论，亦即尚未将心脏、代谢和血液等相关理论综合来监控运动训练的前现代化时期，但业已形成了运动训练理论体系逐渐向运动训练方法的应用转化的阶段特征。20世纪20年代—20世纪40年代运动训练理论体系的初步形成也拉开了20世纪运动训练科学的序幕。

进入科学训练阶段，传统的教练哲学也因此发生变动，以若干优秀教练员运动训练个案为例。

（1）Clyde Littlefield（1892—1981），1920—1933年担任得克萨斯大学田径、足球和篮球教练，执教24年获得4项世界纪录和5项全国纪录，41个赛季中获得25次冠军，1933年在其著作《田径运动员》中论述了其训练哲学[3]：

①优秀的田径队是一个逐渐训练的缓慢提高过程，而训练就像建造房子需要好的构造。

②训练量因人而异，强壮体格者比瘦弱者需要更多量的训练，瘦弱者的训练应谨慎到每一天的训练计划。

③宁可训练不足，防止过度训练。

④赛前2天进行减量训练比持续训练效果好。

---

[1] Bock A V, et al. studies in muscular activity: Dynamic changes occurring in man at work [J]. Journal of physiology, 1928（2）：136-161.

[2] Pihkala L. Allgemeine Richtlinien für das athletische Training [M]. New York: Olms-Weidmann, 1937.

[3] D'Souza D. Track and field athletics injuries--a one-year survey [J]. British journal of sports medicine, 1994, 28（3）：197-202.

第四章　近代运动训练理论与方法的形成（1896年—20世纪40年代）

⑤注重无赛季的结构性（训练量和强度的积累）训练，秋季虽不参加比赛，但每周应按计划训练3次，秋季跑步运动员（除短跑）都应该进行越野跑或步行训练。Littlefield 带领运动队和个人成功的秘诀更在于：极为注重训练细节。他随时记录运动员的技能和速度水平、个性特点、身体状况以及休息期间的体重、饮食、肠胃情况、睡眠和精神状态，通过监控体重变化和训练前后心率变化来评价训练方法和训练效果（体重下降是训练不当的信号，尤其过度训练），并制定指数图表。分析发现，Littlefield 提倡训练的循序渐进性和训练量与强度的训练结构变化，细化生理监控，且训练量和强度有所提高。

（2）Brutus Hamilton（1900—1970），他和 Vince Lombardi、Woody Hayes、John Wooden、James Counsilman、Percy Cerutty 一道被誉为20世纪最伟大的"哲学家教练"[1]，同时，他也是一位杰出的运动员，曾获得1920年奥运会十项全能亚军和五项全能第6名、1924年奥运会五项全能第7名；随后在肯萨斯大学（1932）和加利福尼亚大学执教，带领运动员打破2项世界纪录、获得7枚奥运奖牌和7次全国高校冠军；1932年和1936年，担任美国田径奥运代表队助理教练，取得1932和1936年十项全能冠军，1952年身为主教练带队获得14枚奥运金牌[2]。Hamilton 极力反对当时的职业化大强度的全年训练，并说道："我们生活在一个制造胜利，突破纪录的时代，职业化大强度训练为校际竞技所青睐……胜利固然也重要，但往往无济于事，失败同样重要。"[3]此外，他十分强调竞技是弘扬人文主义的过程：注重人的因素，如教练员和运动员之间的关系及心理在方法和技术等运动训练科学组成中对成绩提高的作用，"运动训练始终是教练员与运动员的人的交流而非没有人性的计算机复印……随着教练经验的增加我越是发现关注人的思想、意愿、决定、参与竞技的心理更为重要，甚至比提高运动技术更重要"[4]。

（3）Dean Bartlett Crowell（1879—1962），被誉为"冠军生产者"。曾是足球和跳高、铅球、短跑等其他田径项目的运动员，随后担任足球教练和田径教练，

---

[1] Walton G M. Beyond winning: The timeless wisdom of great philosopher coaches [M]. Champaign, IL: Leisure Pr, 1992: 111.

[2] http://www.usatf.org/halloffame/tf/showBio.asp?HOFIDs=66. 2013/10/06.

[3] Walton G M. Beyond winning: The timeless wisdom of great philosopher coaches [M]. Champaign, IL: Leisure Pr, 1992: 117.

[4] Walton G M. Beyond winning: The timeless wisdom of great philosopher coaches [M]. Champaign, IL: Leisure Pr, 1992: 120.

带领运动员打破 14 项个人和 3 项接力赛世界纪录，获得 10 枚奥运金牌，培养了 32 名美国奥运梦之队队员，同时也是世界百米最快飞人 Charley Paddock 的教练[1]。其著作《田径冠军技术：教练员、运动员和观众指南》被称作"20 世纪前半叶最伟大的教练员用书"，Crowell 认为美国奥运成功在于对竞技运动项目普及、群众参与度高和系统研发科学的运动技术，而训练方法可以归纳成一个词：适度。其他观点如下[2]：①训练并非抑制饮食、睡眠等生活爱好，乏味服从。②运动员是教练员最好的老师。③强调训练动机、树立自信，鼓舞运动员参与训练的重要性。④运动员心脏是良性的，反对过度训练等。通过三位教练哲学的分析发现 Crowell 是前两者的集大成者，兼顾精确化的科学技术和个性化的人文艺术，运动训练由此被提升到科学与艺术相结合的高度，同时也说明运动训练大负荷的提高更需要人文关怀来护航。

此外，值得注意的是，该时期出现了法特莱克、间歇训练等经典训练方法。科学理论的发展是敢于挑战传统。20 世纪初，医学、生理学、化学、分子生物学、心理学等探索生命奥秘的科学体系渐趋成熟和普及，以人体和生命为实践主体的运动训练活动也由此产生一些科学性较强的训练方法，它们集中反映在训练负荷（训练量、训练强度）和能力生成（训练密度）等变量上。运动员心脏曾一度制约着大负荷训练，训练负荷的突破也一时成为焦点，创新的训练方法随之诞生：

(1) 夺得奥运 9 金 3 银，以及 12 年打破 25 项世界纪录的芬兰中长跑运动员 Paavo Nurmi，首先将训练强度和训练量提高到一个超常水平[3]，虽然大负荷训练（与当今的训练负荷相比依然适中）是在其 12 年长期的训练和参赛过程中，根据训练负荷变化产生成绩波动的实践中总结而来，但他所采用的早、中、晚全天训练的大训练量、多距离、多节奏训练内容，且尽可能加大强度训练比例的训练方法是对当时训练方法界存在的一种经验的肯定，并成为 20 世纪 30 年代间歇训练方法的雏形。

(2) 瑞典中长跑运动员 Gunder Hagg"二战"期间打破了 15 项世界纪录，是 Roger Bnnister 之前 1 英里（4:01.4）世界纪录保持者，退役之前他将 1500

---

[1] William Heuman. Famous Coaches [M]. New York：Mead&Company, 1968：57.

[2] William Heuman. Famous Coaches [M]. New York：Mead&Company, 1968, 59-66.

[3] Wilt F. How They Train：Half Mile to Six Mile [M]. Los Angeles：Track & Field News, Incorporated, 1959.：65-66.

第四章　近代运动训练理论与方法的形成（1896年—20世纪40年代）

米、2000米、3000米、5000米、1英里、2英里、3英里成绩分别提高了4.8秒、5秒、7.8秒、10.6秒、5秒、10.4秒、10秒[1]，其成绩得益于他对Paavo Nurmi训练方法的总结并创立的"法特莱克训练法"，原意是"速度游戏（speed-play）"，即变换跑步训练节奏：高步频跑、大步幅跑和放松跑。他将枯燥的耐力跑训练，从田径跑道训练形式变换成以越野跑（树林、山地等大自然中）为主的训练形式，不仅大幅提高了训练量，该身心融入自然的快乐体验也极大地提高了运动员的训练兴趣。这种被称为"速度游戏"的训练方法也正是该时期关注运动员思想意识、精神心理等主动意愿的训练哲学的实践创举，因此，也被誉为"20世纪以来运动训练领域中最诱人的发现，成为径赛运动训练方法的一次革命"[2]。

（3）800米（1:46.6）和400米（46.0）世界纪录数年保持者，德国人Rudolph Harbig及其教练Woldemar Gerschler提出"间歇训练法"。他们通过研究Nrumi的训练方法，发现其"低速度训练"太多并强化"速度训练"，同时还发现法特莱克训练法中对"训练量（距离）"和"训练密度（恢复时间）"的界定模糊而不精确。于是，发展出一种新的训练方法体系，"设定训练量、训练节奏和恢复时间的训练，具体包括负荷量（跑动距离）、间歇、负荷强度（重复跑和跑步时长）、间歇方式（恢复期的运动形式）"[3]。

1935—1940年Gerschler和德国心脏专家Herbert Reindell博士通过自行车实验进一步将间歇训练法的负荷强度、时间间歇及距离发展如下：强度为心率达到170~180次/分，间歇时间不超过90秒至心率下降到120~125次/分再进行下一组训练，训练距离则根据90秒间歇是否能使心率下降到120~125次/分进行调整[4]。该方法一直到1970年依然是训练必备的法宝。法特莱克法和间歇训练法的诞生将训练负荷推向一个新的高度，此时的运动训练大都采用定量负荷和间歇恢复交替的方法，引入生理学进行训练监控，此外，训练内容上也出现了一个新的突破，即负重训练。自古希腊以来，人们普遍认为力量训练会使得人体僵化和

---

[1] Quercetani R L. Athletics: A History of Modern Track and Field Athletics (1860—2000): Men and Women [M]. Milan: SEP Editrice, 2000: 146-148.
[2] Mollet R. Interval Training [J]. How They Train: Half Mile to Six Mile, 1958: 97-101.
[3] Doherty K. Interval Training [J]. Track and Field News, 1956: 11-13.
[4] Gerschler W. Interval training [J]. Track Technique, 1962, 13: 391-396.

笨拙的观念让很多教练员敬而远之[1]，然而在 800 米、1500 米和 1 英里冠军纪录创造者 Glenn Cunningham（1936—1948）的成功训练经验中包括采用多种形式训练速度和节奏，制订周密的周计划，此外加入下蹲和挺举等基本的负重训练提高力量，这也是 20 世纪关注力量训练的开端。

本章小结

回顾 20 世纪前 30 年，经历了世界大战及战后的社会动荡，科学也由此发生了巨大变革，尤其生理学和医学的快速发展为运动训练活动提供了科学指南。

首开先河和最直接应用于运动训练的理论是与心脏相关的代谢系统和循环系统的生理学理论，对运动员心脏长达数十年的争论与认同也促进了这一理论体系的完善，加之 Hill 在肌肉生理学的重要发现更是促成运动训练的生理学观念：适宜的运动训练可以带来人体机能的改善和运动能力的增长。人们逐渐从体液学说转向能量守恒定律再到现在的能量守恒与转化定律指导运动训练的大方向上。由此，也产生了经典的法特莱克训练法和间歇训练法，它们正是对运动员心脏等运动性生理适应的训练方法设计和应用。难怪有学者称"间歇训练是现代运动生理学理论和知识应用于运动训练的典范"[2]，现代运动训练也终于与科学有了正式联姻并孕育了第一个运动训练方法科学胚胎。德国学者 Klaus Carl 将运动训练与运动医学的"现代化"与"前现代化"进行划分，认为 20 世纪 30 年代早期尚处于前现代化时期[3]，间歇训练法正是这两个时期的重要界标。

其次，生理学和医学中虽然已经解释了肌肉收缩产生动力的原理，鉴于人们关于力量有害的历史成见和能量守恒的量化"科学"观念，力量训练在运动训练理论与方法中依然几乎为空白。所幸的是，无论是出于对科学的信任还是对训练实践的创造，这一时期已经出现负重训练或力量训练的尝试并初见成效，这也证实了直接来自运动训练实践的方法往往会领先于理论的事实；此外，其他学科理论与运动训练活动的直接联姻尚不明晰，就人体而言，心理学与运动训练的结

---

[1] Kiell P J. American Miler: The Life and Times of Glenn Cunningham [M]. New York : Breakaway Books, 2006.
[2] 陈小平，褚云芳. 田径运动训练经典理论与方法的演变与发展 [J]. 体育科学, 2013, 33 (4): 91-97.
[3] Berryman J W. Sport and exercise science: Essays in the history of sports medicine [M]. Chicago: University of Illinois Press, 1992: 243.

第四章 近代运动训练理论与方法的形成（1896年—20世纪40年代）

合也是这一时期各著名教练员和运动员的主要成功经验之一。

西方科学自文艺复兴摒弃灵肉分离和重灵轻肉的传统之后，灵肉合一的科学思潮由此得到认可和传承。人体是一个复杂的构成，运动训练活动更是一个复杂的系统，在自然科学理论所不能顾及和解释的部分，心理往往成为解释未知的又一领域，该时期的运动训练哲学家们显然意识到这一点，诸如"战胜自我，用思想和心理控制自我""心理就是一切""关注运动员主动性""激发训练激情"等无不成为成功取胜的重要法宝。

不容否认，心理因素是除生理机能之外另一个影响训练成效的重要方面。

最后，我们还发现，运动训练职业化程度越高，运动员参与训练的负荷越增加，同时推动训练理论的科学化程度也越高。近代是运动训练职业化和科学化启蒙时期，也直接导致了1917—1945年围绕运动训练的"训练量、训练强度和训练密度"三大要素展开的争论[1]，但三大要素的提高并非有效训练负荷就一定增加，对三大要素的训练负荷与有效训练负荷的认识是20世纪后半叶的重点。

---

[1] Bourne, Nicholas. Fast science：A history of training theory and methods for elite runners through 1975 [M]. Ann Arbor：ProQuest, 2008：176.

第五章 Chapter 5
现代运动训练理论与方法的发展
（20世纪50年代—21世纪10年代）

自从运动训练实践诞生以来，人们一直都试图寻找提高运动训练效果的机制原理来揭示运动训练过程，以便更好地指导运动训练活动。值得注意的是，在经历两次世界大战后，全世界对运动训练的关注度似乎更加强烈。战后的世界，面临急剧矛盾冲突后的内部结构调整，同样，压制已久的科学创造成果与社会改革力量，均迎来了应用推广与全面释放的大好时机。科学社会的全面繁荣为体育科学，尤其是为携带国家政治基因的竞技体育运动训练活动，注入了全新的动力。

第一节 现代运动训练理论与方法概况

1950年前后是一个强烈对比的时期，广岛和长崎的两颗原子弹同时震惊了生活世界和科学世界。人们立刻意识到，科学家们不可囿于狭小的实验室，应有的政治感和社会责任感被充分激发。科学体系日益繁杂，产生了许多新的科学理论或学科分支，这也更需要研究团队的密切合作和更加充裕的资金支持。生命科学就是其中一个典型，由于在20世纪前半叶已经在微生物学、化学和遗传学方面取得了重大进展，支持运动训练理论与方法的运动生理学得以快速发展，由此奠定了现代运动训练的科学基础。

此外，战后的冷战冲突带给社会、科学、文化等多方面的影响，科学家之间思想、理论和科研的交流由于苏联、东欧与西方之间因通讯终止而被阻断。美国、苏联之间各自为营的政治、军事、经济持续暗中较量，最典型的就是由太空计划引发一系列高端科学及其产品的问世，加倍激发了人们对数学和科学的追捧。20世纪80年代，诸如中国、日本和印度也加入了太空计划行列（中国在这

第五章　现代运动训练理论与方法的发展（20世纪50年代—21世纪10年代）

一时段的1984年获得第一枚奥运会金牌），全球范围内，超前规模的科技研究投入迎来了真正的"大科学时代"[1]。

与此同时，人们也发现，科学并不能远离政治、社会和道德等事务，这种影响同样波及竞技体育之中。国际竞技体育早已成为苏美国家政治较量的另一校场，由此异化引发诸如业余原则的丧失、兴奋剂泛滥、体育道德沦丧、奥运会政治抵抗等新的问题。值此期间的运动训练理论与方法，一方面经受着异化考验；另一方面也得益于社会、政治、经济和生理学、心理学、数学等的科学诸因素的综合影响，使得运动训练进入快速发展时期。

进入21世纪，人类社会迈进了一个激荡人心的科学时代。各种领域的科学前沿不断得以突破，微芯片、火箭、计算机数据库、信息技术、人工智能（如机器学习、深度学习、强化学习）、物联网、5G技术、大数据、仿真技术、电子显微镜、基因等新技术新方法不断为人体、物体、天体带来空前深度的揭秘，素来不容缺失科技元素的运动训练更是得益于这类高端科技的交叉引进，屡破运动成绩纪录，不断挑战着人类运动极限。人们一方面面临运动训练理论与方法范式革命的强烈诉求，跨学科的多源、异构、多模态信息数据亟待整合挖掘与学习分析，企图捷足先登，再破极限；另一方面也遭遇人与机器、人性与非人性、科技与伦理等边界模糊的两难纠葛。对于旁观者而言，似乎不再担心运动成绩无法提高，而是担心因此所面临的"伦理问题、世界政治问题以及政治化领域中的挑战"[2]。

从20世纪50年代至今，科技发展逐步显示出黄金时代的到来[3]，科学发展也已"从综合到不断的分化，又从分化到更高端的综合"，自然科学与社会科学的不断整合、科学高度的分化与高度整体化的统一，以及科学社会化、数学化等已成为21世纪科学的总体特征，由此也带来更为深入、全面、系统的运动训练理论与方法的产生与发展。具体概况见表5-1。

---

[1] 斯潘根贝格, 莫泽. 科学的旅程 [M]. 郭奕玲, 陈蓉霞, 沈慧君, 译. 北京：北京大学出版社, 2008：188-200.

[2] 斯潘根贝格, 莫泽. 科学的旅程 [M]. 郭奕玲, 陈蓉霞, 沈慧君, 译. 北京：北京大学出版社, 2008：188-200.

[3] 刘阳. 论21世纪科学发展的必然趋势 [J]. 齐鲁学刊, 2006（2）：120-123.

表 5-1　现代运动训练理论与方法相关大事记

年份	重要事件
1950 年	第 1 届马加比厄运动会在以色列举行，犹太人的奥运会，自 1957 年每四年一届
1951 年	罗斯福富兰克林获取 DNA 衍射的 X-射线
1953 年	英格兰生理学家安德鲁·赫胥黎和艾伦·霍奇金证明，当神经冲动沿轴突传导时，动作电位使轴突内部相对于周围膜表面的极性发生反向。神经冲动被描述为与钠离子和钾离子在这种膜内外分布情况变化有关的去极化波
1954 年	英格兰分子生物学家 Francis Crick 和美国生物学家 James Watson 宣布发现基本遗传物质 DNA 的双螺旋结构
1954 年	NBA 规定投篮的 24 秒违例
1954 年	英格兰的一位医学学士 Bnnister 成为第一位 1 英里跑进 4 分的人，和对手澳大利亚的 Landy，美国的 Santee 成为第一位破 4 分的人，成为体育史的重要一笔
1956 年	Lyon 提出正常女性有一个 X 染色体不活跃，此假设很好地解释了一些性别疾病
1956 年	以麦卡赛、明斯基、罗切斯特和申农等为首的一批有远见卓识的年轻科学家一起聚会，首次提出了"人工智能"这一术语，它标志着"人工智能"这门新兴学科的正式诞生
1957 年	生于罗马尼亚的美国生物学家 george palade 发现核糖体，它包含 RNA，证明核糖体是细胞中合成蛋白质的场所
1957 年	英格兰分子生物学家 francis Crick 和南非化学家 sydney brenner 提出在蛋白质形成过程中，氨基酸有核苷酸分子而来，并发现核糖体接受 mRNA 作为指导它们合成蛋白质的密码
1959 年	证明 DNA 复制是半保留的
1959 年	Dyatona 500 汽车赛首次在 Daytona 高速路举办
1960 年	1960 年后，生物力学时代来临
20 世纪 50 年代	奥地利塞利（Selye）提出生物"应激理论"
1950—1960 年	Lydiard 美国 800 米，1500 米世界冠军和 1960 年代美国游泳之父康希尔曼博士发明"马拉松训练法"
20 世纪 50 年代	美国俄勒冈大学的田径教练鲍曼（William Bowerman）提出"鲍曼训练系统（Bowerman System）"的田径中长跑训练体系，其核心内容为"大负荷—轻负荷交替训练法"，较早明确强调恢复的重要性以及训练与恢复对应关系

第五章 现代运动训练理论与方法的发展（20世纪50年代—21世纪10年代）

续表

年份	重要事件
20世纪40年代—1960年	力量组合器械进行系统的抗阻训练（重量训练，力量训练），春田学院的Karpovich博士和其他运动生理学家通过长期实证改变此前"19世纪初至20世纪50年代认为力量训练会使运动员变得缓慢、不协调、肌肉僵硬"的观念，带来力量训练的革命
1961年	生于奥地利的英国生物化学家Max perutz测定出血红蛋白的结构
1961年	体育大世界成为美国每周体育节目的重大突破，该节目一直播到1998年
1962年	英国人因发现DNA双螺旋结构以及这一结构在遗传信息的复制和传递过程中的所起的重要作用获得诺贝尔医学奖或生理学奖
1965年	福罗里达州大学的罗伯特凯德博士推出第一款运动饮料Gatorade，并成为世界上销量最大的运动饮料
1965年	原始的滑雪板在美国出现
1965年	医学和生理学诺贝尔奖办法给发现遗传控制酶和+H47病毒合成
1965年	发现信使核糖核酸（messenger RNA，mRNA），它把遗传信息传递给核糖体，而核糖体是合成蛋白质的场所
1967年	瑞士运动生理学家萨丁（Saltin）和阿斯特拉德（Astrand）对瑞典国家队中长跑运动员进行了最大摄氧量的测试
1967年	欧洲田径锦标赛开始进行性别测定
1967年	Switzer成为第一位参加并完成波士顿马拉松的女性
1968年	帆板运动进入人们视野
1968年	美国跳远运动员Bob Beamon在1968年墨西哥奥运会上将世界纪录推进了53厘米
20世纪60年代	美国学者瓦萨曼（Wassermann）和德国学者马达尔（Mader）先后提出了"无氧阈"的概念
20世纪60年代至20世纪70年代	康希尔曼提出"训练负荷长期安排和竞技状态短期调控"训练理念。在实践上率先将心率、心电图和血红蛋白等生理生化指标运用于游泳训练，是最早对训练过程进行监控的运动训练专家
1968年	Dick Fosbury美国跳高运动员引入"背越式跳高"并赢得金牌
1970年	1940年苏联宇航员训练，1970年用于耐力运动员训练的"高原训练法"
1960—1970年	1960—1970年YuriVerkhoshansky苏联莫斯科航空学院跳远教练开始称为shock training，1975年美国田径教练Fred Wilt将此训练方法更名为plyo-metrics（快速伸缩复合训练或反应力量训练）
20世纪70年代	力量训练受到高度重视和系统研究
20世纪70年代	苏联雅克夫列夫（Jakowlew）的"超量恢复学说"（或于1967年）

续表

年份	重要事件
1972 年	以色列运动员被恐怖分子谋杀，酿造慕尼黑"黑色九月"
1972 年	美国田赛教练 Bowerman 设计 NIKE
1972 年	美国政府通过民权法案，女性运动员享有美国所有业余体育的同等参加权利，极大地促进了美国女性运动员研究和组织的发展
1973 年	Jobe 医生成功对美国的棒球投手汤米约翰进行肘韧带手术，由此极大地延长了大量运动员的运动寿命
1964—1975 年	苏联马特维也夫提出"运动训练分期理论"，被誉为运动训练由盲目到科学、由无序到规律的"分水岭"
1976 年	罗马尼亚体操运动员 Nadia Comaneci 获得奥运会历史上第一个满分
1976 年	国际奥运会在蒙特利尔奥运会上开始检测类固醇及其他违禁药
1976 年	人工基因合成方法成为遗传工程的重大突破
1978 年	铁人三项开赛
1982 年	美国食品和药物管理局批准了第一个基因工程药物，人工合成胰岛素
1983 年	Andrews 医生继续发展关节镜外科技术，对运动损伤和康复时效均有极大的促进作用
1984 年	公牛队选中乔丹
1986 年	前马拉松世界级运动员 Maxwell 发明了能量棒，受到耐力运动员普遍欢迎
1986 年	Lemond 成为美国第一位获得环法赛冠军的运动员
1988 年	加拿大运动员本·约翰逊被取消 100 米奥运金牌和世界纪录保持者资格
1988 年	人类基因工程通过对人类的全部 DNA 序列进行解码决定
1989 年	美国科学家得到第一幅 DNA 分子视觉图像
20 世纪 80 年代	加拿大班尼斯特（Banister）提出"疲劳—适应双曲线模型"
1992 年	美国 Kersee 在西班牙巴塞罗那奥运会上获得金牌，成为最具成就女运动员之一
1994 年	美国通过膳食补充健康促进计划，旨在规范美国的市场补给
1998 年	环法自行车赛上发现兴奋剂 EPO（促红细胞生成素），也是第一次检出血液兴奋剂，极大地伤害了环法赛，甚至涉及阿姆斯特朗
1999 年	WADA（世界反兴奋剂机构）成立
2000 年	英格兰伦敦和美国首都华盛顿从事"人类基因组计划"研究的科学家们宣布：他们已绘制完毕人类 DNA 整个结构的第一份草图
2000 年	德国伯尔（J. Perl）的荟萃（元）模型（Meta-model）

第五章 现代运动训练理论与方法的发展（20世纪50年代—21世纪10年代）

续表

年份	重要事件
1985—2000年	Panjabi（1985），美国旧金山脊柱研究所（1989），Panjabi（1992），Kibler（2000）提出"核心稳定性"和"核心力量训练"
2001年	老虎伍兹成为第一位同时获得高尔夫四大冠军赛选手
2003年	磁共振成像技术MRI获得诺贝尔奖，是评估运动员损伤的重大技术突破
2003年	美国兴奋剂丑闻BAL-CO涉及多种兴奋剂和多名运动员
2003年	2001年的研究后，国家卫生研究院的人类基因组计划完成了一个更为完整的基因系列，并发表于Nature
2005年	棒球联盟运动员被传票进行类固醇检测
1995—2005年	美国Gambetta V（1995）Boyle M.（2003）等提出"功能训练"
1985—2005年	维尔赫尚斯提出与"运动训练分期"理论不同的"板块系统"理论，伊苏林于2007年正式出版《板块分期》一书
2006年	环法赛上的优秀车手被怀疑违禁药提高运动成绩，遭到西班牙体育警方调查
1994—2007年	西班牙学者穆吉卡提出"赛前减量训练"理论与方法
2018—2020年	西班牙学者穆吉卡、加拿大学者图德·邦帕、中国杨国庆研究员提出"整合分期"理论（模式）
西方运动训练无论是物理还是化学诊断，其原理都是物理和化学的知识，其手段是实验方法。技术控制了训练，陷入技术决定论，人文精神丧失	

注：主要依据利萨·罗斯纳《科学年表》和K. Lee Lerner等的《运动科学大世界》编制。

第二节　现代运动训练理论与方法形成的社会和科学背景

一、现代运动训练高度分化和精化的社会缘由

两次世界大战结束后，全球进入一个和平发展的新时期。随着人们的物质生活日益富裕起来，科技和健康同时得到关注，教育和就业机会得以提高，人们对消除性别和种族隔阂的呼声愈发高涨，不时爆发的人权运动促使整个社会开始向公民权利合法化、女权平等化转型。在这种社会背景中，有组织化的体育运动逐渐为社会各阶层积极广泛参与，进而战后的职业化体育成为美国体育生活的主导[1]。随

---

[1] Rader B G. American sports: From the age of folk games to the age of televised sports [M]. Englewood Cliffs, NJ: Prentice Hall, 1990: 253-272.

着职业运动队的不断增加，出现各大运动项目体育联盟，无数运动队为参加赛事频繁巡回于各大城市之间，由此衍生出新型的体育商业营销方式。

到20世纪50年代末，90%的美国家庭拥有电视机等新媒体，更是将体育比赛随时直播或转播到千家万户，体育竞赛的巨大商业市场衍生日益攀升的商业价值，为运动训练人员提供了充足的资金支持，助推职业化体育的快速发展，专门从事运动训练和竞赛的教练员、运动员、运营商等人数不断攀升，由此而来的运动训练与比赛活动的分工也日益细化和社会化。

20世纪50年代前后，美国竞技体育屡破纪录曾傲视世界体坛，但是，随着美苏冷战出现两极化格局，美国优势逐渐受到苏联的冲击与挑战，冷战升温更是加剧了体育作为一种政治手段在美苏之间相互争持与抗衡，各自为了争夺世界大赛奖牌，如奥运会、世锦赛，纷纷在国内广而告之，对运动训练与参赛进行全面总动员。

分庭抗礼的结果是苏联从1952年赫尔辛基奥运会上竞技实力就开始大放异彩，随后，在1956—1976年的6届奥运会上，曾4次战胜美国代表队[1]。

冷战的历史背景形成于1947年杜鲁门主义出台之后，以美国和北约为首的西方集团，以苏联和华沙为首的东方集团，两大阵营全面拉开对垒序幕，由于长期且不断升级的政治和军事冲突愈演愈烈，最后完全演变成苏联与美国在军事和政治上的两极化抗衡。

然而，战后和平共处的夙愿使得两个超级大国将视野之一集中到竞技体育上寻求政治平衡，体育进而很快成为两国交锋较量的"战场"之一，苏联更是将其视为击败美国的无硝烟的战争。

为迅速壮大竞技体育的全球势力和影响，1948年苏联共产党中央委员会推行合作社的群众体育文化，着手打造全球超级体育大国[2]。在全国选拔优秀运动天才，网罗科学研究人才展开运动训练科学探索，目的是能进行系统科学的训练以争取世界竞技体育的统治地位。

1951年苏联加入IOC（国际奥林匹克委员会），并决定参加1952年赫尔辛基奥运会，这成为苏联奥运历史的重要转折点。虽然他们在技术上遵守IAAF（国际田径联合会）业余原则，但是在资金和运动员工作分配方面却给予国家层面的

---

[1] Riordan J. The rise and fall of Soviet Olympic champions [J]. Olympika: The International Journal of Olympic Studies, 1993, 2: 25-44.
[2] Senn A E. Power, politics, and the Olympic Games [M]. Champaign, IL: Human Kinetics, 1999, 43: 54.

第五章　现代运动训练理论与方法的发展（20世纪50年代—21世纪10年代）

特殊待遇。

这一时期，在苏联社会中有运动员、教练员、体育医务人员、体育组织、记者等通过谈论竞技体育而谋生[1]。有学者在苏联体育成功的典范中就提道："1987年苏联有190万人参与到不同的体育运动中，35万多全职人员专职于体育文化活动，包括教练员、体育教育人员、运动科学研究人员等，组建了130多个体育科研机构，200多个高中级体育教育机构培训专业体育人才。"[2]

与此同时，美国政府虽然也很重视竞技体育的发展，但是与苏联不同，他们更多的是依靠自愿、无组织的发展方式[3]。

在20世纪50年代至1991年苏联解体之前，运动训练理论与方法主要受到美国、苏联之间体坛争霸的影响，尤其在苏联举国重视、全民动员的背景下，亦即举国体制推动下取得了不俗的进展。这种格局也直接影响我国运动训练理论与方法的学习苏联的路径，中国运动训练学的苏联模式印记影响至今。

东欧剧变，苏联解体，也宣告着东西方对峙格局消失，之前的意识形态分野在国际舞台上相对淡化[4]。就竞技体育而言，出现多极化国家与集团，即以美国、俄罗斯、中国组成的第一集团，与英国、德国、日本、澳大利亚等组成的第二集团的集团与个体的多元发展、多元抗衡。

在新的世界格局和竞技体育格局中，体育在各国中呈现不同的管理和运行方式，大体可划分为二类：政府管理型、社会管理型和结合型。二者区别主要是政府对体育的重视程度和抓管方式是否集中，政府和社会话语权孰大孰小。一般认为，政府管理型在社会主义国家较普遍，如古巴、朝鲜和中国的竞技体育、俄罗斯儿童与青少年体育运动学校依然沿用苏联时期的政府主导训练体制；社会管理型以美国为典型代表；结合型则以俄罗斯（由政府与社会团体组织共同管理的多元化体制[5]）、英国、德国、法国、韩国和加拿大等国家为代表。对体育施以不同的管理体制会产生不同的动力源，各具特点和优劣。政府型管理体制容易使运动训练活动过度依赖政府而失去自身活力，进而时常会出现整体高效而个体失灵的局面；社会型则自身激活能力强，资源信息流动迅速而无序，除非有科技、经

---

[1] Maxwell L, Howell R. The 1952 Helsinki Olympic Games: Another Turning Point? [J]. The Modern Olympics, 1976.
[2] Shteæinbakh V, Gerlitsyn V. Soviet sport: The success story [M]. Moscow Raduga Publishers, 1987: 9-11.
[3] John G, David D. The History of the Olympics [M]. New York: Naxos AudioBooks, 2008: 56-57.
[4] 王东. 苏联解体后的国际环境 [J]. 日本学论坛, 1993 (2): 5-10.
[5] 吴舒屏. 东正教与俄罗斯体育管理机制转型新探 [J]. 西伯利亚研究, 2012, 39 (6): 54-58.

济、社会等的强大基础否则难以见效；结合型对大多数不发达国家而言则是较为适中和易行的一种方式，但难以找到平衡点。进入 21 世纪以来，随着实践深入和需求发展，新型举国体制成为中国竞技体育管理体制与运行机制的重要改革目标，其要求贯通有为政府、有效市场和有机社会，释放多元主体的综合效能。

概言之，在 20 世纪中叶前后，竞技体育的政治功能、军事功能使得政府主导得到了强化，20 世纪 70 年代—20 世纪 80 年代以来，竞技体育的经济价值功能日益凸显，使得市场主导要求突显，趋向"民营化"和"私营化"。

21 世纪全球化对国家政治和经济提出了全新的机遇与挑战，世界各国竞技体育管理模式总体上是在市场主导的同时，政府角色也在不断调整。比如，英国政府自从 1996 年亚特兰大奥运会奖牌榜排名第 36 位，甚至连阿尔及利亚、比利时和哈萨克斯坦等国家都不如的历史低谷起，被迫成立"英国体育（UK Sport）"的专门机构，2002 年还专门设立"英国体育学院（English institute of sport）"，制定"军令状战略"督办竞技体育，接下来在悉尼、雅典、北京、伦敦与里约奥运会中，英国代表团在奖牌榜上一路飙升至百年来历史最佳的亚军榜单；日本更是以东京奥运会举办为契机，制订了振兴日本竞技体育的"铃木计划"，并强调实施进程中的举国体制，在雅加达亚运会上已经趋近中国（1990 年以来差距最小），时隔 24 年，再次问鼎亚洲第二；俄罗斯为在世界大赛上获得优异成绩，强力打造"强政府"竞技体育支持方式，相继出台了《俄罗斯联邦 2020 年前体育发展战略》《2016—2020 年青少年体育发展计划》等多项政策着力提升俄罗斯竞技实力，2018 年赛季奥运项目夺金数达 32 枚，取得 2001 年以来的最好成绩。国家政府的重视必然为运动训练活动的广泛开展提供多渠道支持保障，运动训练理论与方法的研究也会因此开展得更加深入、系统和规模化。此外，社会的广泛参与也使得运动训练活动为资本逐利性所驱使，进而引发运动训练理论与方法的市场化和商业化诉求，从而推动理论与方法全面升级与全球普及的整体涌现。

二、现代运动训练理论与方法形成的科学背景

首先，这一时期分享到了 20 世纪科学与社会发展的人类文明结晶，尤其与运动训练的主体——"人"密切相关的生命科学的突飞猛进，1954 年 J D Watson 和 F Criek 提出 DNA（脱氧核糖核酸）双螺旋结构，标志着人类进入分子生物学阶段，物理和化学技术在生命科学中成为主要研究手段。遗传学迅速崛起也出现在 20 世纪四五十年代以后，20 世纪 70 年代之后神经和免疫开始趋向分子和细胞

第五章　现代运动训练理论与方法的发展（20世纪50年代—21世纪10年代）

水平，特别是古老的新陈代谢假说的化学机制得以阐明，在20世纪50年代—20世纪90年代分别解释了呼吸作用（发现三羧酸循环等）和能量代谢（发现ATP及合成、线粒体产生ATP的机制、ATP合成酶的机理和钠钾离子泵等）的作用机制。

其次，20世纪也是激素、维生素、胚胎学和固醇类研究的热点时期，尤其类固醇的研究致使20世纪中后期运动训练中兴奋剂的泛滥，20世纪50年代是滥用药物的历史节点，1965年法国和比利时颁布反兴奋剂法，1968年IOC成立药检机构开始国际范围内反兴奋剂。

此外，除了生物学相关生命科学的巨大成就，类似控制论、信息论、系统论等致使科学研究的复杂性、模糊性等视野不断拓展，在整个科学研究的特性上也出现了研究方法从低级向高级发展、研究手段由单一向综合转变、研究力量由个体向群体过渡、研究重心由欧洲向美国过渡。

就运动训练活动而言，运动训练理论首先得益于生命科学、物理、化学的不断革新而衍生新的学科与理论，到1980年几乎所有体育研究生课程都包括运动生理学、运动心理学、动作技能学、生物力学、运动管理学、运动哲学、运动史、体育社会学、身体活动教育与适应、教育学等[1]。

毋庸置疑，20世纪80年代"大科学时代"的到来，同样推动了体育与运动训练为研究对象的交叉学科的研究态势。然而，20世纪70年代中期之前，在运动训练活动的研究中东西方却各有侧重：以美国为代表的西方世界主要从科学与数学的理论视野专注于单一的训练问题，不断将运动训练理论推向分子和细胞水平。相应地，以苏联为代表的东方集团则偏重于运动训练的整体性理论，尤其是对长期的训练过程系统组织的研究[2]，走向系统论、控制论、信息论等宏观复杂水平。二者各自倾向于不同视界中的科学理论成果并转化为运动训练理论与方法，其分界点在苏联马特维也夫1964年出版问世的《运动训练分期问题》，该著作于1975年在西方得到广泛传播，进而两种截然不同的运动训练哲学才得到融合。

---

[1] John D. Massengale, Richard A. Swanson. the history of exercise and sport science [M]. Champaign：human kinetics press, 1997：8.
[2] 胡海旭, 邱锴, 李恩荆, 等. 论运动训练分期理论与板块周期的关系 [J]. 上海体育学院学报, 2013, 37 (6)：90-96.

第三节 现代运动训练理论与方法的发展及其特征
（Ⅰ期20世纪50年代初—20世纪70年代）

这一期间定量化的成绩纪录频频突破，尤其以 Roger Bannister 于1954年突破1英里速度的4分钟大关（成绩为3:59.4）成为20世纪中后叶划时代的运动传奇[1]，甚至引领了新的运动训练理论与方法范式，以现代运动训练科学性进行评价，Bannister 取得历史性突破的主要原因是"尽可能不做错误的训练"[2]。同时期还出现了许多其他的优秀运动员和教练员，他们的成绩大都得益于高科技运动器材的发明与应用，科学的训练理论与方法为教练员、运动员和各大学科研人员所重视，更为重要的是科学高效的训练理论与方法的诞生，而它们之中大都诞生于运动训练实践和运动理论相互统一的时代背景中。具体而言：

运动训练方法方面，其一，20世纪50年代的代表者 Roger Bannister 于1929年在英国出生，曾是牛津大学医学院的本科生，1954年退役后成为著名神经医学学家，其1英里成绩轨迹是1946年4:53，1949年4:11.1 和4:11.9，1951年4:08.3，1954年5月6日3:59.4[3]。破纪录前 Bnnister 进行了8个月的完整训练，1953年由于学业繁忙无法保证每周7天训练而加大训练强度，并于同年结束自我单独训练的状态开始聘请 Franz Stampfl 教练（曾是极具天赋的滑雪和标枪奥运选手）并又一次加大训练强度，与竞走冠军和5000米奥运会第五名的选手共同参训。他赛前24天的训练内容如下：

周一，4月12日：7组880码（1码=0.9144米），平均每组历时2:10，每组间歇3分钟；

周三，4月14日：3\4英里一组，历时3:02（圈速分别为61秒、61秒、60秒）；

周四，4月15日：880码一组，历时1:53；

周五至周一，4月16日至19日：攀岩；

---

[1] Krüger A. Training Theory and Why Roger Bannister was the First Four-Minute Miler [J]. Sport in History, 2006, 26 (2)：305-324.

[2] Krüger A. Training Theory and Why Roger Bannister was the First Four-Minute Miler [J]. Sport in History, 2006, 26 (2)：305-324.

[3] Bale J. Roger Bannister and the four-minute mile：Sports myth and sports history [M]. London：Routledge, 2004：84.

第五章 现代运动训练理论与方法的发展（20世纪50年代—21世纪10年代）

周四，4月22日：10组440码，每组平均历时58.9秒，首组56.3秒，末组56.3秒；

周六，4月24日：3\4英里，历时3:00，与5000米长跑同伴Chataway一起完成；

周一，4月26日：3\4英里，历时3:14；休息8分钟；3\4英里，历时3:08.6；

周三，4月28日：3\4英里，历时2:59.9，大风中完成；

周五，4月30日：最后一次，880码全力跑，历时1:54；

5月1日至6日：休息6天[1]。

前国际级中长跑运动员和前联邦德国国家田径队教练Krüger2006年在分析Bannister破纪录缘由时指出，与欧洲大陆相比北美白人传统中尤为重视1英里跑，Bannister继承了英国和剑桥的传统视1英里是体现"判断力、速度和耐力"的完美运动项目。此外，结合Krüger的分析，我们认为在训练方法的科学性方面体现了如下内容：

①波动安排负荷，高质量的间歇（小间歇3分钟，大间歇则为大强度训练之后以小强度训练调整，且施以多种形式恢复调整，赛前6天开始减量训练，前5天完全休息调整）。

②围绕成绩增长目标的周期性突出训练强度（设定1\2和1\3成绩目标，大目标中设定小目标，赛前每10天周期性上强度，强度与量度变化如图5-1所示。

---

[1] Magdalinski T. Sport, technology and the body: The nature of performance [M]. London: Routledge, 2009.

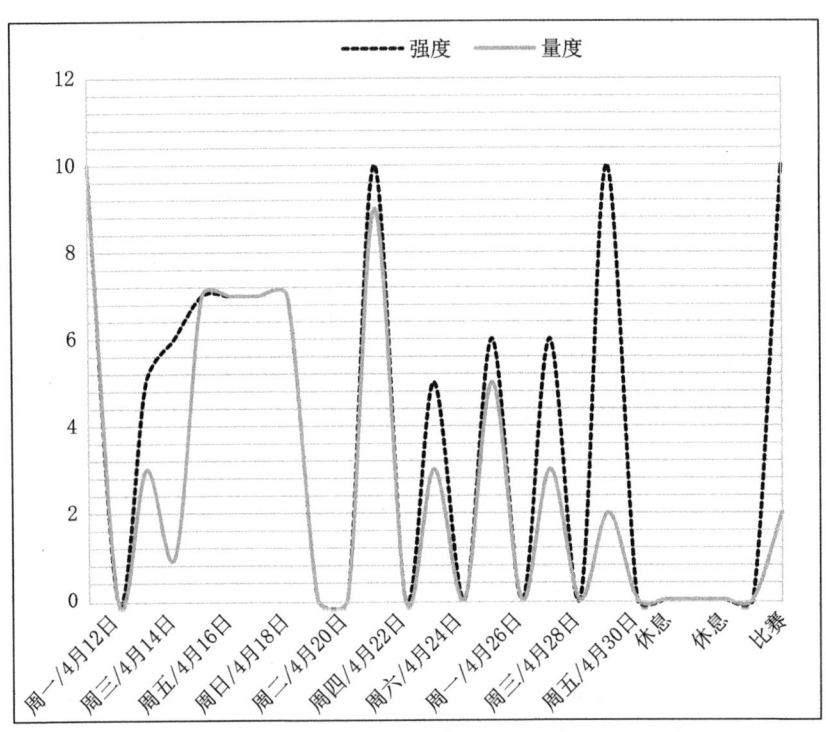

图 5-1　1954 年 1 英里破 4 分钟赛前 25 天 Roger Bannister 训练量和强度负荷安排

③经验丰富的教练。
④与不同耐力项目的运动员一起注重训练跑步节奏。
⑤选择性参赛，调整高峰竞技状态。
⑥注重运动的生物力学分析步幅。
⑦周期性涉足和攀岩、爬山进行功能性力量训练。
⑧分期安排：年度周期分为早期、中期和高峰期的中周期，再将中周期细分为月和周训练周期[1]。

与现代训练分期类似，没有特意安排"休息周"和"恢复期"，但每 3 天进行一个攀岩活动，赛前 6 天减量调整。

与此同时，Bannister 的教练 Franz Stampfl 在总结训练经验时指出[2]：
①优秀的训练乃是运动员信念使然。

---

[1] Krüger A. Training Theory and Why Roger Bannister was the First Four-Minute Miler [J]. Sport in History, 2006, 26 (2): 305-324.
[2] Stampfl F. Franz Stampfl on Running [J]. London: Herbert Jenkins, 1955.

第五章 现代运动训练理论与方法的发展（20世纪50年代—21世纪10年代）

②突破训练量和强度但不超过比赛强度和节奏，而递增训练量和强度、选择性参赛、坚定的信念和目标可预防出现过度训练。

③渐进性达到高峰竞技状态的分步如下：越野跑（小强度轻量跑的基础运动训练，提高呼吸节奏和肌肉力量）—法特莱克训练（稍高强度，同样功能）—间歇训练（接近最大强度）—重复训练（大强度，高质量的全程跑和完全恢复性间歇）—3\4全程比赛模拟训练。

其二，20世纪60年代的代表之一：澳大利亚人（在加拿大自己开设运动队）Percy Wells Cerutty。他被誉为"健体超人"（他40岁时因全身疾病身心彻底崩溃，后来自我训练康复并于51岁时跑出马拉松3.02的成绩）和冠军机器[1]，他执教的著名"Cerutty运动队"成员之一Herb Elliott分别夺得1960年1500米和1964年800米、1500米两届奥运会3枚金牌，以及1英里和1500米前世界纪录保持者，1英里国际比赛中第一个破4分钟（3：57.9）的运动员John Landy[2]。

Cerutty训练哲学综合了斯多各学派（对痛苦或困难能默默承受）和斯巴达式（简朴而清苦的生活方式）哲学塑造自己的健身哲学（持续有规律的良好习惯与运动相结合塑造强健、壮实、健美的体魄）和训练体系[3]：

（1）自然生态化训练且法无定法的法则，反对死板的训练方案，融训练于人生之乐和生活之乐中，提倡间歇性和循环周期性训练方式，具体的、分时段变换负荷或休息或小负荷配对穿插。而提倡法特莱克训练法，在自然环境中进行训练。

（2）训练结构化，即年度分3个周期：

第一阶段：体能训练期（4—11月共6个月，体能训练创始人，主要是力量训练），内容包括沙地跑训练（深浅沙滩变换）、时常登山跑、每周2次，每次2小时的最大力量训练、穿插安排20英里以上的长跑训练（1~3英里距离的运动项目每月共计200英里左右）。

第二阶段：模拟比赛训练期（3个月左右），其内容有首先在自然环境中进

---

[1] Sims G. Why Die?: The Extraordinary Percy Cerutty, Maker of Champions [M]. Cambridge: Star Bright Book, 2003: 216-217.

[2] Black D. Percy Wells Cerutty: Evocations of the Primitive in High-Performance Sport [C] //PROCEEDINGS AND NEWSLETTER-NORTH AMERICAN SOCIETY FOR SPORT HISTORY, 1995: 45-46.

[3] Cerutty P W. Athletics: How to Become a Champion, a Discursive Text Book [M]. London: Stanley Paul, 1960: 105.

行大负荷体能训练，再逐渐减量衔接缓慢进入比赛速度的训练，且每周返回田径场用秒表计时测试一次反馈训练效果。

第三阶段：成绩转化期，此时少量或没有体能训练内容，集中于体力与脑力的调整，使运动员产生心理适应并渴望比赛。

我们发现 Cerutty 教练在强调科学训练同时，还注重人文艺术性在训练中的重要地位，他甚至认为运动训练的艺术性高于科学性。比如，他倡导个性化并体现人性特点的训练方案，重温天人合一的自然环境对训练的效用，倡导遵循人性和天性的自然训练，体力与脑力综合决定竞技能力的发展水平的整体性结构化训练思想。此外，设置竞技需要的专项化训练内容并及时反馈训练效果。最后，他对年度训练进行了有效分期和任务分工，重视最佳竞技状态的调整。

20 世纪 60 年代的代表之二：美国十项全能冠军退役运动员，密歇根大学田径教练员 John Kenneth Doherty（1905—1996 年）于 1953 年出版、1963 年再版的《现代田径训练》创立的训练体系引起极大反响[1]，其主要内容包括：

（1）专项能力并不能单靠专项自身的训练获得，最佳竞技能力训练必须包含力量训练（自己和队友抗阻和负重训练）、速度训练、耐力训练、爆发力训练、柔韧性练习和心脑意识训练[2]。

（2）基础训练是获得最佳竞技状态的前提，施加训练负荷后应休息调整以促进恢复，即超量恢复（此非后来苏联雅克夫列夫提出的超量恢复）。

20 世纪 60 年代的代表之三：20 世纪最具影响力的教练员之一，新西兰著名马拉松运动员 Arthur Lydiard 训练出 4 枚奥运金牌（800 米、1500 米、5000 米）并独创一套自己的"Lydiard 训练体系"。具体内容[3]：

（1）多种速度与距离组合的训练体系，每周训练约 300 英里，主要由 800~1000 米组成并为后期的马拉松训练铺垫，最少训练 10 周。

（2）马拉松训练法，低于最大稳定跑状态下完成（中等强度肌肉训练，通过有氧运动消除乳酸以保持节奏，此时可让呼吸和循环系统产生最佳生理适应）用以保持全程必要的速度耐力，体能训练的核心是每周 100 英里。

（3）提出包含马拉松训练法的训练体系优于间歇训练法，更能发展中长跑

---

［1］Nicholas D. Bourne. A history of training theory and methods for elite runners through 1975 [D]. Austin：The university of Texas at Austin，2008：244.
［2］Doherty K. Modern track and field [M]. Englewood Cliffs, NJ：Prentice-Hall, 1963：163.
［3］Lydiard A, Gilmour G. Running the Lydiard way [M]. Mountain View, CA：World Publications, 1978.

第五章 现代运动训练理论与方法的发展（20世纪50年代—21世纪10年代）

运动的体能需求（这种方法因芬兰教练 Pekka Vasala 追随并获得 1972 年和 1976 年两届奥运会 1500 米、5000 米和 10000 米金牌而在 20 世纪 70 年代受到追捧，但在随后的十年中成功案例越来越少）。

（4）马拉松训练过程中穿插少量递增强度的无氧能力训练以发展速度、爆发力、柔韧、技术和无氧能力，主要手段是 6 周的山地训练。

（5）后期训练主要是为期 6~10 周的速度训练，主要包括混合式递增负荷量和强度的无氧训练、短跑训练、快速放松跑训练、短跑比赛等。而赛前 10 天左右开始减少训练强度以调整高峰状态。

除上述三位中长距离项目训练理论与方法的代表之外，20 世纪 60 年代中出现一些以短跑项目为对象的训练理念，如被誉为"最励志的老师"的斯坦福大学短跑教练 Payton Jordan 1968 年在其著作《打造冠军：高质量的田径训练》[1]中指出：

①精神意志训练。挖掘人类潜能必须将精神与心理融为一体，积极训练态度与训练计划和技能同等重要。

②长距离慢跑和起伏路跑只对长跑运动员训练有利。

③中短距离跑训练中没有坚实的速度和节奏训练基础，就无法完成最后的冲刺，重复性速度训练可提高耐力和抗疲劳能力（类似现在的冲酸训练）。

④从实战出发设计训练负荷。

⑤注重全年训练安排与设计以及注重训练细节的系统训练思想。

⑥将训练分为三个阶段：赛后阶段，基础阶段，竞赛阶段。尤其赛后由多种形式的体能训练组成：体操、负重力量训练、阶梯跑、争先接力、越野比赛或自由训练（放松跑或法特莱克跑）；基础训练阶段安排大负荷量，到结束时递增负荷强度；竞赛阶段，调整体能和精神达到最佳状态，提高专项感觉和动作经济性。如果最佳状态维持太短，可加大强度训练。Jordan 的训练理念与 Lydiard 大负荷量相对立，但其最大贡献在于对运动员个性特点的塑造。

与 20 世纪 50 年代的训练有所不同，20 世纪 60 年代的训练对组成竞技能力和实现运动成绩的影响因素进行了更全面细致且深刻明确的认识，无论在科学性方面还是在人文艺术性方面都有所关注且摒弃时下过分追求"科学"定量特征

---

[1] Jordan P, Spencer B. Champions in the making: quality training for track and field [M]. Englewood: Prentice Hall, 1968.

的训练手段，从人的属性和人与自然相融中审视运动训练理论与方法的合理性，良好训练心理的重要性。重视体能训练、专项训练和人性心理、放归自然的情操塑造，并且以调控最佳竞技状态的训练过程分期思想出现，包括力量、速度、耐力的体能训练作为单独内容与专项训练一同进行，开始关注恢复，而以马拉松训练法为标志出现大负荷训练的历史拐点。同时训练内容更为多样化和个性化，此阶段是运动训练已经开始出现整合与分化相结合的训练意识，但各自存在较为零散未成体系。

其三，20世纪70年代训练体系的代表之一：Bill Bowerman。1949—1972年接替美国俄勒冈大学田径前教练Hayward，他在执教期间培养出了4位美国高校冠军，创13项世界纪录、22项美国纪录、24项NCAA（美国全国大学体育协会）纪录、数位国际运动健将和奥运冠军（主要是中长跑如400米、800米、1500米等）[1]。在继承Hayward训练思想的基础上创立"Bowerman训练系统"（也称作Oregon School或Oregon系统），该"系统"是自20世纪50年代和20世纪60年代以来训练方法的一次结晶，1974年，Bowerman将基本理念归纳为"间歇训练法与法特莱克法相结合，核心是'大负荷—轻负荷交替（Hard-Easy）'的训练，在此基础上变化发展"，为探究"恢复"的重要性，他通过实验发现无恢复的大强度训练一般只能持续1周，最多2周[2]。

我们对Bowerman训练系统的具体解读如下：

①大负荷训练与轻负荷训练1+1或1+2或2+1间隔进行，其中大负荷有间歇法跑或长距离慢跑，轻量负荷有20分钟内的跑步、游泳、负重训练或舞蹈等。

②年度周期分3个阶段（每个阶段3个月）。第一阶段（10—12月）进行一般素质训练、越野跑和基本测试；第二阶段（1—3月）上跑道之前的长跑训练夯实负荷基本适应能力并突出提高力量；第三阶段（4—6月）竞赛期主要是调整体能与心理达到最佳状态。

③负荷安排上，负荷量先适中，赛前到达顶峰，此外周比赛前减量以保证最大力量和注意力投入比赛。

④认为成功的运动训练包括如下特征：有序训练，即足够的休息，适当的饮食，先进的训练设备，注重基础训练的准备；适度训练，即注重高质量的间歇训

---

[1] http://www.the bowerman.org/about/bill-bowerman，2013/11/5.
[2] Bowerman W J, Freeman W H. High-performance training for track and field [M]. Champaign, IL: Leisure Press, 1991.

第五章 现代运动训练理论与方法的发展（20世纪50年代—21世纪10年代）

练，反对大负荷量训练，中距离跑每周慢跑不超过10英里；休息恢复，即运动员如果感到腿部酸痛、疲劳、睡眠质量不高等应立即减小负荷，否则会因过度训练而受伤或生病。Bowerman训练系统以注重恢复来提高训练效果和竞技能力的长期增长的思想最为突出，也是较早明确恢复的重要性和强调训练与恢复对应关系的理论。

20世纪70年代另一位杰出代表：游泳科学训练之父 James Counsilman 博士。他于1920年出生于巴拿马，在俄亥俄州立大学读书期间创造了50米和300码仰泳世界纪录。1943年"二战"时期成为一名空军军人，战后，在担任伊利诺伊大学游泳队助理教练期间攻读了硕士学位，1951年于爱荷华大学获得博士学位，学位论文是关于两种蛙泳（crawl stroke）的力学分析[1]。1957年，Counsilman 前往印地安纳大学担任游泳教练，其中最著名的运动员 Mark Spiz 在1972年奥运会上获得7枚游泳金牌，并打破包括100米自由泳、200米自由泳、100米蝶泳、200米蝶泳、4×100米自由泳、4×200米自由泳和4×100米混合泳共7项世界纪录，1976年担任美国奥运游泳男队主教练夺得13枚游泳金牌中的12枚，占美国金牌榜的2/3。

1968年出版《游泳的科学训练》[2]一书是20世纪70年代以来运动训练理论与方法的重要结晶。全书内容涉及划水动作的生物力学、训练原则、训练手段、游泳技能的教与学、训练的组织、冠军运动员的训练计划等，具体包括：

①运动训练的本质是通过训练负荷刺激身体各器官，使其产生生理的、解剖的、心理的适应性变化（Selye的应激理论）。引入田径训练中的间歇训练法并认为此方式是他进行游泳训练最重要的法宝。

②最佳竞技能力获得是通过训练对负荷、长进（progression）和动机的最大适应。

③训练过少将无法达到最高训练水平，过多者无法适应后续训练，且容易出现伤病，最佳负荷与适应的监控生理指标有：脉搏、心电图、血红素、尿液和血压。反对在机体完全恢复状态下进行下一次重复训练，提倡运动员应时常在一般疲劳状态下安排几天训练。

---

[1] Counsilman J E, Counsilman B E. The science of swimming [M]. Englewood Cliffs, NJ: Prentice-Hall, 1968.

[2] Counsilman J E, Counsilman B E. The science of swimming [M]. Englewood Cliffs, NJ: Prentice-Hall, 1968.

④典型的周训练安排。周一至周三 3 个连续大负荷训练，周四、周五根据前几天的训练情况安排训练负荷，周六小负荷训练（减量不减强度），周日休息或安排一些简易游泳训练，帮助恢复。

⑤康氏的"印第安纳体系"负荷特点是稳步递增（增加负荷具体表现在总游动距离、游动强度、周训练数量）到赛季末进行减量训练，为参加 3—4 月和 7—8 月室内外两个赛期的比赛，将训练周期划分为季前训练、准备期、高强度训练和减量训练四个阶段。康氏是游泳训练科学的鼻祖，其训练体系对整个运动训练理论与方法产生极大的促进作用，受 Selye 应激适应理论的影响提出在疲劳状态下继续施加负荷的小周期训练理念，康氏也是以运动生理学为理论主导的现代运动训练科学新体系的重要推动人之一。

20 世纪 70 年代在 20 世纪 60 年代大负荷训练份额不断提高的基础上引发了恢复性训练重视与科学推进，大负荷与过度训练相邻也带来训练负荷监控的精确性需求，它们的共同目标即是提高有效训练（利于运动成绩持续增长）比例。在以 20 世纪 20 年代的 Hill 的肌肉生理学和 20 世纪 50 年代 Selye 的应激理论等与运动训练活动接近的生理学科学革命的背景下，以生理学等为代表的生物学学科为主导的运动训练方法逐渐代替传统能量守恒原理主导的方法范式，提高训练负荷和注重恢复相对立统一的训练方法也更加复杂和富含科学性，现代运动训练方法渐趋成型。

运动训练理论方面，有学者将运动科学定义为"用于提高竞技运动成绩理论与实践的自然科学学科。而随着 19 世纪生理学和锻炼生理学的诞生，同时其他运动科学学科在欧洲和北美快速发展，可以说运动科学某种程度上是由生理学家和医生所催生的"[1]。生物力学学科则是由 19 世纪末法国著名生理学家 Jules Marey 在快速摄影术诞生后首先介入用来分析竞技动作的，到 20 世纪 50 年代有助于运动训练理论发展的基础学科相继成立并构成现代运动训练理论的学术基础，如运动生理学、运动训练学、运动生物力学、运动心理学、动作行为学等（表 5-2）。

---

[1] Emin E. From medicine and science to sports medicine and sport sciences: Relations, definitions, historical Roots [J]. Journal of Physical Education, 2005, 2 (20): 20-31.

第五章 现代运动训练理论与方法的发展(20世纪50年代—21世纪10年代)

表 5-2 运动训练理论与方法相关基础学科建立时间、理论基础和主要标志

学科	时期	理论基础	主要奠基人	美国主要事迹
运动生理学	20世纪40年代至20世纪60年代	化学、生理学	Thomas Cureton, David B. Drill, S. M. Harvath	哈佛疲劳实验室关闭,成立《应用生理学》,建立专业运动医学行业协会(ACSM)
运动训练(学)	20世纪50年代	解剖学	Robert Behnke, William E. Newell	职业鉴定,教育培训
运动生物力学	20世纪60年代	物理学、数学	James Hay, John cooper, Richard Nelson	动作分析
运动心理学	20世纪60年代	心理学	Rainer Martens, Daniel Landers	与北美运动心理学会(NASPSPA)合作,心理学模型应用
动作行为学	20世纪60年代	心理学、神经系统科学	Franklin Henry, Anna Espenschade, G. Lawrence Rarick	记忆沉醉理论、动作发展的一些著作
体育史学	20世纪70年代	历史学	Marvin Eyier, Guy Lewis	开创性论文的完成
体育社会学	20世纪70年代	社会学	Gerald Kenyon, George Sage	体育社会学论文、著作
临床运动生理学	20世纪70年代	生理学、病理生理学	Roy Shephard, John Holloszy	运动康复治法作为一些疾病人群
临床生物力学	20世纪80年代	物理学、数学、解剖学	John Basmajian, Peter Cavanaugh, David Winter	矫正术、糖尿病、姿势和平衡,位移,肌动电流描记器
体力活动流行病学	20世纪80年代	数学、统计学研究方法	Steve Blair, Raiph Paffenbarger	体力活动缺乏构成疾病风险研究的确立

20世纪60年代末心血管生理应用于耐力性项目运动训练成为焦点[1],包括最大摄氧量、心脏每搏量、心力储备等。人们也逐渐认识到运动生理学是教练和运动员用以指导运动训练提高运动成绩最具潜力的学科,其对机体系统(心血管系统、呼吸系统、内分泌系统、骨骼肌系统)的具体认识,多种生理现象的观测

---

[1] Blomqvist C G, Saltin B. Cardiovascular adaptations to physical training [J]. Annual Review of Physiology, 1983, 45 (1): 169-189.

(氧摄入和乳酸生成)是当前未被运用的最佳训练科学理论[1]。

1950年F M Henry和W E Berg出版的《体能训练中生理指标与运动成绩的变化》[2]是运动生理理论研究指导实践的第一部著作,其主要内容是通过测试300码、75码和150码短跑、力竭性台阶(跑箱)试验来观察心脏能力和耐力的关系。

1952年Thomas K. Cureton教授因其著作《冠军运动员体适能水平》[3]而成为体适能(Physical Fitness)研究的先驱,这项研究得到美国奥委会和医学营养委员会的支持在伊利诺伊大学体适能实验室完成,以76名游泳、跳水、田径和体操运动员测试对象,对比分析了冠军运动员与一般健康人群体适能水平特征及其差异:身体形态与结构、运动素质、心脏或代谢水平。但此著作没有将数据结果与运动成绩建立联系,没有关于最佳竞技状态时的生理指标。

综合而言,20世纪初期以运动生理学为主要研究范式对身体机能(得益于运动员心脏和心脏生理学的深入揭示)与运动之间的关系进行了探究,初步明确并证实了运动成绩与某些生理指标存在必然联系,并通过冠军运动员建立运动生理与运动成绩相关模型指导运动训练实践。

1956年Hans Selye出版的《生命的应激》[4]一书中提出的"应激理论"则是从以神经体液调节方面丰富了运动生理理论,并将心理、生理和其他影响运动训练的应激源(stressor)统一起来,进而为运动训练理论研究范式提供了更为明晰的进路。所谓应激主要表现为全身适应综合征(General Adaptation Syndrome, G.A.S)包括3个阶段:

①警觉期,出现早、机体防御机制快速动员期。

②抵抗期,人体出现各种防御手段,使机体能适应已经改变了的环境,以避免受到损害。

③衰竭期,表示机体"能源"的耗竭,防御手段已不起作用。

据此理论确立了"应激与适应的训练过程本质"。具体而言,多种形式的训练(如负重、间歇、有氧、无氧、持续、乳酸、法特莱克法等)对身体产生多

---

[1] Nicholas D. Bourne. A history of training theory and methods for elite runners through 1975 [D]. Austin: The university of Texas at Austin, 2008: 303.

[2] Henry F M, Berg W E. Physiological and performance changes in athletic conditioning [J]. Journal of applied physiology, 1950, 3 (2): 103-111.

[3] Cureton T K. Physical fitness of champion athletes [M]. Chicago: University. of Illinois Press, 1951.

[4] Selye H. The stress of life. Selye H. The Stress of Life (rev. edn.) [M]. New York: McGrawHill, 1976.

第五章 现代运动训练理论与方法的发展（20世纪50年代—21世纪10年代）

种刺激源，身体由此发生的反应和适应方式决定给运动员施加多大的训练负荷及其变化程度。

应激理论也成为现代运动训练方法设计和运用的理论基石。1960年《田径技术》的编辑 Fred Wilt 高度评价 Selye 的"应激理论"对运动训练的重要贡献，"Selye 明确了机体的适应能量是有限度的"[1]，翌年，澳大利亚游泳教练，悉尼大学生理学讲师，前马拉松运动员 Forbes Carlile 在《田径技术》中发表论文阐述"运动训练及其负荷适应"[2]，他认为训练适应是人类机体器官复杂的生理、心理和社会的综合交互作用，运动训练应考虑的应激因素有肌肉运动、饮食不足、冷热气候、细菌感染和疾病、情绪情感、休息不充分和睡眠等。应激理论也激起人们对运动员适应能力的主要应激有哪些，运动员适应不佳的征兆有哪些等问题的关注，并逐渐意识到运动训练乃将运动员身体推向生理极限求取成绩的艺术，但这样往往使运动员处于"训练与伤病"临界线，每个运动员都有其训练适应的生理极限和基因极限，应视个体裁定，避免过度训练。

Selye 的应激适应理论对运动训练的意义重大，为人们科学分析训练负荷性质及其应用提供了方向，为过度训练这一疑难问题撑起了科学调控的保护伞，为个性化训练提供了科学基础。受到应激理论提出及其在运动训练中应用的影响，运动生理学也迎来了快速发展期，Massengale and Swanson 将 1963—1976 年称为运动生理学的形成期[3]。

此外，20 世纪50 年代末至 20 世纪60 年代，人们对力量训练的正确认识，颠覆了自古希腊以来负重力量训练或抗阻训练在运动训练中几乎空白的局面。

虽然史料记载在古希腊的力量训练可追溯到古奥运会，古希腊摔跤手 Milo，负重小牛进行抗阻力量训练，并坚持到小牛长成大牛，得益于循序渐进的超负荷力量训练方法，Milo 赢得了 6 届奥运会摔跤冠军。然而，在柏拉图时期前后，人们就开始认为负重训练会使人变成石柱子一样僵硬而死气沉沉。自从古罗马到18 世纪以来就很少有力量训练的相关文献记载。即便进入 19 世纪初，人们仍然认为力量训练会使运动员变得缓慢、不协调、肌肉僵硬[4]。直到 20 世纪50 年

---

[1] Wilt F. Stress and Training. [J]. Track Technique, 1960, 1 (6): 1-16.
[2] Carlile F. The Athlete and Adaptation to Stress [J]. Track Technique, 1961 (5): 156-158.
[3] Massengale J D, Swanson R A. The history of exercise and sport science [M]. Champaign: Human Kinetics Publishers, 1997: 408.
[4] Todd T. Historical Perspective: The myth of the muscle-bound lifter [J]. Strength & Conditioning Journal, 1985, 7 (3): 37-41.

代,依然还认为力量训练不适于现代运动训练。

然而,由于:①"二战"后抗阻力量训练广泛应用于受伤士兵的康复训练奠定了现代力量训练的基础[1];② Robert(Bob)Hoffman(1898—1985年)作为一名杂志出版商、奥运会举重教练、作者、杠铃公司老板极度推崇将力量训练作为提高运动成绩的途径,并出版杂志宣传力量训练的好处,宣称没有哑铃和杠铃训练不到的动作的运动项目[2];③最为重要的是,在1940年Hoffman一行专程拜访春天学院的Peter Karpovich博士宣传大负荷负重训练的益处,并请求破除力量训练造成肌肉僵硬的迷信[3]。Karpovich博士和其他医生、教练员一样原本都认为负重力量训练会使肌肉运动变慢、僵硬和笨重[4],随后,通过20世纪40年代到20世纪50年代后期Karpovich和其他运动生理学家对力量与运动能力相关性的系列研究表明,力量训练与当时流行认识正好相反,并不会导致运动慢、僵、不协调,并列举了举重运动员速度、灵敏素质都很高。

为进一步深入推广认识力量训练的益处,1951年,Karpovich博士和William Zorbas教授选取600人(18~30岁)专门验证了一个假设:举重训练致使上肢运动速度会变慢?其结果表明举重受试者上肢运动速度比其他两组明显要快。1952年,Bruce Wilkins运用旋转的自行车测试手臂速度做了同样的研究,证实负重力量训练后手臂速度没有降低[5]。1953年,John W Masley研究表明在排球训练中加入负重力量训练后速度和协调能力均得到显著提高[6]。同时,为反驳医生和教练提出的"力量训练导致产生运动损伤的潜在高风险",Karpovich博士进行了一项31702人的实验研究发现,进行举重训练后受试者的损伤发生率很低,而且大部分是微小损伤,一般是受牵拉的肌肉和肌腱部分,并且疝气的发病率比不进行举重训练的人低20倍[7]。

---

[1] DeLorme T L. Restoration of muscle power by heavy-resistance exercises [J]. The Journal of Bone & Joint Surgery, 1945, 27 (4): 645-667.

[2] Bob Hoffman. How to Improve at Your Chosen Sport [J]. Strength and Health, 1932 (12): 180.

[3] TODD J A N, TODD T. Peter V. Karpovich: Transforming the Strength Paradigm [J]. The Journal of Strength & Conditioning Research, 2003, 17 (2): 213-220.

[4] Murray J. Weight Lifting's Non-Lifting Patron Saint." [J]. Iron Game History, 1997 (4): 3-5.

[5] Wilkin B M. The effect of weight training on speed of movement [J]. Research Quarterly. American Association for Health, Physical Education and Recreation, 1952, 23 (3): 361-369.

[6] Masley J W, Hairabedian A, Donaldson D N. Weight training in relation to strength, speed, and co-ordination [J]. Research Quarterly. American Association for Health, Physical Education and Recreation, 1953, 24 (3): 308-315.

[7] Karpovich P. Incidence of injuries in weight lifting [J]. Journal of Physical Education, 1951, 48: 81.

第五章　现代运动训练理论与方法的发展（20世纪50年代—21世纪10年代）

正是基于上述循证实验研究验证形成的合力，古老的力量训练逐渐在运动训练界受到日益青睐，20世纪50年代末—20世纪60年代，因力量训练提高运动成绩的案例不断出现，力量训练相关书籍也开始火热出版致使力量训练重新登上运动训练的历史舞台，成为运动训练内容的重要组成。

正如1960年Julian Stein指出"当前，精心设计安排的力量训练对任何运动项目的成绩影响是最大的"[1]，1974年，Gene Hooks在其著作《运动训练中的力量训练》中指出，力量训练带来田径训练方法的重大革命，由此诞生了一个提高运动成绩的新途径[2]。

不容否认，力量训练是以生理学为基础的现代运动训练理论范式下的一次革新。其为20世纪60年代开始运动训练方法体系注入了新鲜血液并形成新的力量训练理论。无独有偶，1960—1970年，苏联莫斯科航空学院跳远教练Yuri Verkhoshansky采用称为"shock training"的力量训练方法被东欧大多数运动员借鉴，且成效显著，从此该训练方法名声大振，其主要目的是发展爆发力，肌肉先做向心收缩再快速离心收缩，充分利用肌肉事先收缩的能量储备以提高爆发力。

1975年，美国田径教练Fred Wilt将此训练方法更名为"Plyometrics"（快速伸缩复合训练）。力量训练的认可与应用为运动成绩的提高增设了新的增长点，并成为现代运动训练中力量训练的重要内容之一，在运动训练理论演化史占据重要地位，并已构成当代体能训练体系的核心内容。

与此同时，20世纪初期才引入竞技运动训练理论[3]的运动心理学经过半个世纪发展到20世纪60年代也成为公认的独立学科，并用于指导运动训练理论与实践，到20世纪80年代被誉为应用运动心理学时期，20世纪90年代是与运动训练专业紧密结合时期。

早期的运动心理学成为独立学科是因为人们发现动作学习（刺激输入）和动作展现（信息输出）在运动训练中的作用，以及此前20世纪20年代前后对"心理因素"的相关研究，发现不同心理神经类型的人群适于不同的运动项目、实验科学家忽视了的人体肌肉运动潜能可以通过心理刺激来激活和抑制、各种情

---

[1] Ebben W P, Watts P B. A review of combined weight training and plyometric training modes：Complex training [J]. Strength & Conditioning Journal, 1998, 20（5）：18-27.
[2] Hooks G. Weight training in athletics and physical education [M]. Englewood：Prentice-Hall, 1974.
[3] Hoberman J M. History of the science of human performance in sport [J]. Journal of Physical Education, 1975, 38：254.

绪都会影响运动成绩等[1],运动心理学虽然曾经只用于解释生理数据变异[2],但后来开辟了运动训练的心理学范式。

此外,20世纪60年代还发展出另外一个支持运动训练的学科——运动生物力学,它采用力学和生物学相结合设计人体最佳的运动模式为运动训练提供了新的解析方式,我们认为这也是对能量守恒原理范式下运动训练方法的继承与科学化发展。Massengale and Swanson 将生物力学划分为两个时期:1960年前的运动学时代,1960年后的生物力学时代[3]。

运动生物力学对运动训练的指导在于"人体运动都有其动作规律可循,高超技艺的运动员就体现着最完美的动作规律"[4]。而所有的动作最终都遵从物理规律。运动员全凭感觉来学习动作,接受外界指令转化为高效动作,这些都需要运动员能理解精确的力学术语才能完成得更合理。生物力学衍生而来的训练理论与方法对此前自然训练和动作经济性工业化运动训练模式进行了科学规范,强调不仅要给予训练刺激而且应是正确合理的训练刺激,以提高训练效率,进而将运动训练的科学性向前推进一步。

20世纪五六十年代随着训练理论的不断完善,对运动训练活动的认识也愈加深刻,同时也越发察觉原有理论的局限带来多学科综合交叉来寻求运动训练的科学支持,尤其运动生理学、心理学和生物力学的学科独立发展的先后兴起也预示着它们是现代运动训练活动最具基础性指导的自然学科和理论体系。对新兴生物力学学科的某种重视程度上坚定了人体的机械性构造,20世纪60年代早期Dick Fosbury 发明背越式跳高技术正是生物力学的典型效用。

最后,1964年苏联功勋体育科学家马特维也夫创立"运动训练分期理论"再次成为运动训练理论史上的一大突破。战后期间,东欧运动员比美国运动员更健康,肌肉密度大,心肺功能强,参赛时表现出最佳的竞技状态,当时很多美国

---

[1] Berryman J W. Sport and exercise science: Essays in the history of sports medicine [M]. Chicago: University of Illinois Press, 1992: 255.

[2] Beamish R, Ritchie I. From fixed capacities to performance-enhancement: the paradigm shift in the science of 'training' and the use of performance-enhancing substances [J]. Sport in History, 2005, 25 (3): 412-433.

[3] Massengale J D, Swanson R A. The history of exercise and sport science [M]. Champaign: Human Kinetics Publishers, 1997: 321-322.

[4] Dyson G H G, Woods B D, Travers P R. The mechanics of athletics [M]. New York: Holmes & Meier Publishers, 1977: 19.

第五章 现代运动训练理论与方法的发展（20世纪50年代—21世纪10年代）

人和西欧人认为是由于苏联和民主德国等东方集团注入了兴奋剂药物而不予认可。客观而言，战后很长一段时间兴奋剂对运动成绩和竞技能力的世界影响是公平的。因为，通过进食药物提高运动成绩的现象可追溯到古希腊时期，19世纪后十年中兴起的现代运动一直伴随着各种药物，如番木鳖碱、咖啡因、可卡因和硝酸甘油。20世纪30年代开始出现苯丙胺类药物，而20世纪50年代用于改变雄性荷尔蒙的合成类胆固醇药物开始受到许多优秀运动员的热捧而大面积使用，20世纪60年代至20世纪70年代东西方更多地通过使用药物而取得比赛胜利，而不是提高训练技术。

直到1968年国际奥委会成立反兴奋剂委员会，除了民主德国在20世纪70年代至20世纪80年代由政府秘密支持注射类固醇提高运动成绩的长期系统研究外，其他国家的药物使用及其研究因其非法性被取缔[1]。有学者提出兴奋剂的作用主要是加剧恢复速率。然而，"运动训练分期理论"的创始人马特维也夫所在的苏联自1952年奥运会开始就占据竞技水平上风，直到1991年苏联解体，这其中的奥秘不应被忽视，尤其是该理论的创立与应用。况且运动训练分期理论是有别于之前"非周期性"运动训练组织方法的全新"范式"，此外，马氏运动训练分期理论也被誉为运动训练由盲目到科学、由无序到规律的"分水岭"[2]的理论，是构成现代教练理论与实践的重要理论基础之一[3]。

运动训练分期理论由1964年苏联的体育科学家马特维也夫所提出，与其社会背景息息相关。苏联与美国不同，实施了全国支持的系统性体育科研计划来发展所有项目，与此同时，美国则大都只是单兵作战。分期理论将运动训练计划分成特定的时期或时间循环（周期）。其中，"分期"一词正是来自苏联的"计划理论"，如四年周期正是执行下一个国家计划的时间循环，"周期（cycle）"也等同于用于描述苏联工业生产和产品"生产或生命周期"，正因如此，马氏和其他训练理论家借用苏联政府的计划政策，并引入人体对运动训练过程的适应机制[4]，此外，斯大林时期倡导马克思列宁主义和辩证唯物主义科学观，认为社会和生物体的成长和发展都受辩证法规律支配，生物体的发展在于它与周围环境

---

[1] Hoberman J M. History of the science of human performance in sport [J]. Journal of Physical Education, 1975, 38: 81.
[2] Dick F. Periodization: An Approach to the Training Year. [J]. Track Technique, 1975, 62: 1968-1969.
[3] Rowbottom D G. Periodization of training [J]. Exercise and Sport Science, 2000: 499-512. Bompa T O, Haff G. Periodization: Theory and methodology of training [M]. Champaign, IL: Human Kinetics, 1999.
[4] Rowbottom D G. Periodization of training [J]. Exercise and Sport Science, 2000: 499-512.

的交互作用，即通过外部条件的内化所决定，并非资产阶级和孟什维克理论所提倡的基因、遗传理论[1]。

这一科学观念基本假设为人体运动能力可以通过机体与外部环境的相互作用而改变、提高提供了思想源泉，更为训练分期理论的提出破除了旧有观念桎梏。运动训练分期理论可定义为通过控制不同训练变量实现具体的成绩目标（如适时出现高峰竞技状态）的一种逻辑、阶段性方法[2]，或强调通过一体化方式，逻辑、系统、有序地组织运动训练各要素，以使运动员适时出现高峰竞技状态。该理论从运动训练的整体进路入手，引入运动训练的哲学和方法学体系、运动社会学、心理学（运动史学、社会学、美学、伦理学），运动生物学（解剖学、形态学，生物物理学，生物化学，生理学），运动医学（损伤与康复学），运动计量学（测量）的综合交叉系统解决长期的训练过程组织而非单一的训练问题。

运动训练分期理论在20世纪70年代传入美国运动训练界，1975年，苏格兰国家队田径教练Frank Dick在其专著《训练分期：一种年度训练方法》*Periodization: An approach to the training year*[3]一书中对运动训练分期问题进行了全面细致的诠释和深入系统地剖析后，美国和所有其他英语语言者才开始接受，并全面系统地认识到这一与西方全然不同的训练哲学。1977年，马特维也夫将分期理论正式确立为非一般的简单性训练安排，而是"控制训练过程的客观规律"，并由此奠定了马氏分期训练理论之父的地位[4]。20世纪80年代，马氏理论得到全世界范围的广泛传播，中国也正是这一时期建立了《运动训练学》理论体系。马氏理论从体育是一种社会文化的宏大视野综合自然学科和人文社会学科理论缔造的一种空前的运动训练系统工程思想，拓展了以运动技术、运动能力和人体的本体论变量范围，将人体与人、人与环境的辩证关系纳入其中。

综观20世纪50年代初—20世纪70年代末运动训练理论与方法的发展历程，其特征表现为：

---

[1] Beamish R, Ritchie I. From fixed capacities to performance-enhancement: the paradigm shift in the science of 'training' and the use of performance-enhancing substances [J]. Sport in History, 2005, 25 (3): 412-433.

[2] Stone M H, O'Bryant H, Garhammer J, et al. A theoretical model of strength training [J]. Strength & Conditioning Journal, 1982, 4 (4): 36-39.

[3] Dick F. Periodization: An approach to the training year [J]. Track Technique, 1975, 62: 1968-1969.

[4] Wilson J, Wilson G. Periodization part I-history and physiological basis [J]. J Hyperplasia Research, 2005, 21 (1): 23-25.

第五章　现代运动训练理论与方法的发展（20世纪50年代—21世纪10年代）

①各种支持运动训练理论与方法的现代学科体系基本形成，但生理学的显著进展和运动生理学的独特功效使得该理论更高一层，并成为主导运动训练的重要原理；

②心血管生理为耐力性项目提供了更为精确的指导，得益于运动生理学对人体运动系统的全面支持，尤其对力量训练的重新认识使得以力量训练为主的体能训练自成体系，并由此大幅提高了运动训练方法功效，是运动训练方法范式的一次重要跨越；

③Selye 应激理论的提出更是为运动训练理论与方法带来全面系统的深入解析，进而将运动训练的生理、心理、社会等影响机制融为一体。此外，运动心理学理论不断得到认可和重视，运动生物力学为传统范式下形成的运动训练方法提供了科学规范；

④多学科理论的交叉应用越发彰显运动训练活动的复杂性，然而，不同于西方模式的"运动训练分期理论"才最终完成了运动训练复杂性和系统性的科学理论性揭示，由此也形成了运动训练理论的又一次跨越；

⑤这一时期的教练员和运动员都在运动生理学中汲取营养，运动训练的科学水平确实得到提高，生理指标监控越发精确，其中以康希尔曼博士的游泳科学训练和 Bowerman 训练系统为代表，训练方法不断生理学化，注重负荷强度的同时将恢复也纳入训练体系中；

⑥外部环境中冷战愈演愈烈，竞技体育的政治需求更是运动训练理论与方法不断革新的助推剂，以苏联与美国为代表的两极化社会模式各自大显身手，共同铸就了这一时期体能训练、动作训练和系统组织等现代训练意识。此外，如果力量训练理论是在运动训练零散的方法中提炼总结而提升到理论高度，那么运动训练分期理论同样是结合社会背景与运动训练成功方法的集合提炼发展而来，这一时期总体上呈现运动训练理论与方法的一体化发展态势。

第四节　现代运动训练理论与方法的发展及其特征
（Ⅱ期20世纪80年代—21世纪10年代）

历经 20 世纪 60 年代至 20 世纪 70 年代运动科学理论与学科的蓬勃发展，基本建立了奥林匹克运动员训练理论与方法的高度分化与高度整体化的学科体系，多学科的交叉综合日益凸显，运动训练同样迎来 20 世纪 80 年代"大科学时代"的到来。运动训练因政治、经济的外部影响，以及科学内部要素的推动，共同将人体运动能力的极限不断推向新高度。同时，虽然兴奋剂滥用的推波助澜也不容忽视，但是在纪录与伦理的双重张力下，以兴奋剂为提高运动成绩的非法药物手段也逐渐为新兴科学理论与技术所置换。

由此，一方面，鉴于兴奋剂的主要效用之一是提高恢复能力，保证了训练和竞赛的超常负荷水平，运动训练大幅超越20世纪60年代和20世纪70年代以前的负荷量和负荷强度。另一方面，这种以人体内部为对象（即内生模式，内生模式又分为训练增长和药剂增生）的科学技术因兴奋剂的非法泛滥而受限，致使支撑运动能力的人体外部的科学技术（即外生模式）得到关注和发展，如鲨鱼皮泳衣、仿生技术、医疗技术等。总而言之，依靠运动员自身的运动天赋和自然方法的训练方式（即自然模式）几乎不复存在（有学者认为肯尼亚的长跑运动员依然是自然模式[1]）。

继续在原有内生模式的路径上，尤其是药剂增生方面借鉴高精尖的前沿科技寻求突破，如基因技术等。

走向多学科整合寻求未知的解释力和预言力。

如果20世纪对运动成绩的提高主要表现为人体"内生模式"的科学揭秘或更倾向于训练增长方式，表现为医学、运动生理学、生物力学、运动心理学等范式下的运动训练理论与方法的变革；那么21世纪则更趋向于"外生模式""内生模式之药剂增生方式"及"内外模式一体化"的多学科整合的科学与技术共同作用来推进运动训练理论与方法革新，进而实现提高运动成绩之目的。

总而言之，20世纪70年代已开始步步逼近人体承受能力的大负荷训练时代[2]，而它绝非偶然，更是一种科学与技术发展的必然。然而，必然王国的来临也带来新的困境，譬如，运动员身体也渐渐沦为科学家、工程师们的一个人造"机器"和表演工具，运动科学家也渐渐变成技工人员、运动训练过程中的一个齿轮。自20世纪60年代女子参加奥运会之后，甚至出现更为扑朔迷离的参赛性别绯闻，如此种种也使得人们不得不焦虑"更快、更高、更强——更团结"的奥林匹克主义宗旨因科学技术的全面干预带来"人的再次陷落"，而传统依靠运动员基因遗传、艰苦而系统训练的竞技方式日益失效而消亡。

具体而言，大负荷训练导致如何有效促进恢复、避免过度训练成为主题，此

---

[1] Bale J, Sang J. Kenyan running: Movement culture, geography, and global change [M]. London: Psychology Press, 1996.

[2] 陈小平, 褚云芳. 田径运动训练经典理论与方法的演变与发展 [J]. 体育科学, 2013, 33 (4): 91-97.

第五章　现代运动训练理论与方法的发展（20世纪50年代—21世纪10年代）

外，运动训练与竞赛商业白热化的空前态势与科学与技术日新月异的层层革命，也致使奥林匹克运动员训练理论与方法向内生模式与外部模式的整体进路渗透与涌现。这一时期国外出现的经典奥林匹克运动员训练理论与方法如下。

（1）20世纪80年代 Yuri Verkhoshansky 根据马特维也夫经典分期理论基础上提出"板块训练"模式并于2008年经 V. Issurin 系统提出"板块分期"，同时加拿大运动训练专家 Bompa 于20世纪80年代开始研究力量运动训练理论与方法，颇具影响力的是1994年再版的《运动训练理论与方法：运动成绩密钥》[1]和1999年提出的"新的分期训练理论"[2]。

（2）由20世纪50年代 selye 的应激适应理论—20世纪60年代末开始至20世纪80年代末的运动训练刺激与适应模型：苏联 Yakovlev 的"超量恢复学说"或"超量补偿适应"（1967年）—Counsilman 博士提出的高级适应模型（1968年）—20世纪70年代马特维也夫的"超量补偿循环"与"补偿适应"模型（超量恢复分期模型）—20世纪80年代德国马德尔（Mader）的"机能储备模型"的训练适应模型和诺依曼（Neumann）的"改变—适应的时间动态"理论。

（3）运动训练理论与方法模型：20世纪60年代的简单"临界功率CP"模型[3-4]—20世纪70年代末加拿大 Banister 的"疲劳—适应双曲线模"[5-7]—2000年德国 J. Perl 的元模型（meta-model）[8-9]。

（4）其他新兴训练理论与方法：2000—2003年的基因与运动选材、1991年

---

[1] Bompa T O. Theory and methodology of training: the key to athletic performance [M]. Los Angeles: Kendall Hunt Publishing Company, 1994.

[2] Bompa T O, Haff G. Periodization: Theory and methodology of training [M]. Champaign, IL: Human Kinetics, 1999.

[3] Monod H, Scherrer J. The work capacity of a synergic muscular group [J]. Ergonomics, 1965, 8 (3): 329-338.

[4] Hill D W. The critical power concept [J]. Sports Medicine, 1993, 16 (4): 237-254.

[5] Banister E W, Calvert T W, Savage M V, et al. A systems model of training for athletic performance [J]. Aust J Sports Med, 1975, 7 (5): 61.

[6] Calvert T W, Banister E W, Savage M V, et al. A systems model of the effects of training on physical performance [J]. Systems, Man and Cybernetics, IEEE Transactions on, 1976 (2): 94-102.

[7] Morton R H, Fitz-Clarke J R, Banister E W. Modeling human performance in running [J]. Journal of applied physiology, 1990, 69 (3): 1171-1177.

[8] Perl J. Antagonistic adaptation systems: An example of how to improve understanding and simulation complex system behaviour by use of meta-models and on line-simulation [C] //16th IMACS Congress. 2000.

[9] Perl J. PerPot: A Metamodel for Simulation of Load Performance Interaction [J]. European Journal of Sport Science, 2001, 1 (2): 1-13.

Levine 对 1960 年发展而来的高原训练进行改良提出高住低训（Hilo）和低氧训练、1985—2000 年提出的核心稳定性训练及核心力量训练、1995—2005 年提出的功能训练、1997—2017 年得以应用的血流限制训练（加压训练）、21 世纪被逐步得以证实和应用的"控脑"与运动训练，如经颅磁刺激与运动训练等。其中，（1）和（2）统称为"运动训练负荷"与"竞技能力增长"基础理论模型。

中国自 20 世纪 80 年代以来诞生的运动训练理论与方法有[1-2]项群训练理论（1983—1990 年）、竞技能力的结构与评价（1983—2007 年）、博弈理论与中国优势项目制胜规律（1988—1990 年）、非衡"补短"训练理论（1997 年）等。为厘清大科学时代来临后这一阶段运动训练理论与方法发展脉络特征，我们欲结合个案分析与整体述评试作"深描"，具体如下。

一、运动训练负荷与竞技能力增长理论模型

不到 20 年的时间，与奥林匹克运动员训练相关的、最重要的现代基础理论集体爆发，如运动生理学、运动心理学、运动生物力学等学科的独立发展均诞生于 20 世纪 60 年代[3]。而 20 世纪 80 年代"大科学时代"的来临，同样带来运动训练学科的大科学化发展。人们越发意识到奥林匹克运动员训练理论需求已不再是单一学科理论可以应对的。之所以如此，一方面，受国际大环境趋于和平的诉求影响，迫使各国将竞技体育视作国际交流的重要舞台；另一方面，此时来之不易的和平为长期以来积累的科学发现成果的应用和当下的科学发展铺设了肥沃的土壤，推动科学的迅猛发展。再加上科学对和平守护的多重张力，共同催生了科学创新和学科发展的勃兴。由此，也影响着奥林匹克运动员训练的科学化进程。

生理模型是 20 世纪 50 年代加拿大籍匈牙利内分泌学家 Selye（1907—1982 年）基于 Claude Bernard 的"内部介质"和 Walter Cannon 的"内稳态"学说，在 1936—1956 年提出生物的生理"应激理论"。Selye 把应激看作是人或动物有机体对环境刺激的一种生物学反应现象，由加在机体上的许多不同需求引起，并且是周身的、非特异性的，统称为一般适应综合征（general adaptation syndrome，GAS），表现为报警、抵抗、衰竭三个阶段。Selye 提出的非特异性，是指多样

---

[1] 曹景伟, 袁守龙, 席翼, 等. 运动训练学理论研究中的中国流 [J]. 体育科学, 2004, 24 (2): 29-32.
[2] 田野, 任海, 冯连世, 等. 中国体育科学发展现状与展望 [J]. 体育科学, 2005, 25 (1): 5-10.
[3] Massengale J D, Swanson R A. The history of exercise and sport science [M]. Champaign: Human Kinetics Publishers, 1997: 408.

第五章　现代运动训练理论与方法的发展（20世纪50年代—21世纪10年代）

性、性质不同的刺激引起同样的或类似的全身反应，如果刺激"太"强，时间"太"长，机体会逐渐失去应对能力，则出现衰竭，陷入病理状态。随着应激的普遍性及其研究的深入，当前已经发展到如下几种情形[1]：第一种，应激是指那些使人感到紧张的事件或刺激环境。从这个意义上说，应激对人是外部的；第二种，应激是指一种主观反映。从这个意义上讲，应激是紧张或唤醒的一种内部心理状态，是人体内部出现的解释性的、情感性的、防御性的应对过程；第三种，应激是指人体对需要或伤害侵入的一种生理反应。

（一）三大经典模型的提出

1967年，Yakovlev根据Selye应激模型提出"运动训练的超量补偿循环"模型[2]，1968年，Counsilman也由应激理论提出"运动训练的高级适应循环"[3]，20世纪70年代马特维也夫则综合Yakovlev和Counsilman的模型提出了"超量补偿循环"和"代偿适应"模型[4-5]，并于1981年翻译成英文传入西方[6]。

Yakovlev和Counsilman均赞同Selye基础理论，认为物理负荷的反应与报警反应是一致的，并以工作能力下降或疲劳发生的形式出现。Yakovlev指出，"适应的发生是一个有次序的循环状态，即'负荷—无负荷—加大负荷—无负荷'的训练恢复理论模式"，而Counsilman的高级适应模式是以"负荷上再加负荷"理论为基础的。Yakovlev虽然认识到了引发不适应的潜在因素，但认为恢复前又有负荷；而Counsilman则指出，负荷高到某一特定点后，机体承受负荷时，也有适应发生，并不再继续恢复，但没有说明为促进完全恢复，而降低负荷。

直到Matveyev综合了二人观点，将"负荷—适应循环模式"解释得更为准确，同时，还强调了运动训练过程甚至需要处于一种长期不完全恢复和训练末期超量恢复的状态，这种状态只在训练循环末期，通过降低负荷来实现，累积训练

---

[1] 王明辉，张淑熙. 应激研究综述 [J]. 信阳师范学院学报（哲学社会科学版），2003（1）：59-62.
[2] Scholich M. Circuit training. Sportverlag, 1986. Counsilman J E, Counsilman B E. The new science of swimming [M]. Englewood：Prentice-Hall, 1994：169-173.
[3] Counsilman J E, Counsilman B E. The new science of swimming [M]. Englewood：Prentice-Hall, 1994：169-173.
[4] Counsilman J E, Counsilman B E. The new science of swimming [M]. Englewood：Prentice-Hall, 1994：169-173.
[5] 陆一帆. 游泳训练理论创新与实践 [M]. 北京：北京体育大学出版社，2013：8.
[6] Matveev L P, Zdornyj A P. Fundamentals of sports training [M]. Moscow：Progress Publishers, 1981：56.

的整体效应,进而带来竞技能力更好、更大增长[1-2],也即运动训练中的超量恢复模型。然而,超量恢复理论的质疑者提出了新的模型,如1988年德国学者马德尔(Mader),以适应理论为基础,从细胞代谢的层面提出了"机能储备模型"的训练适应模型,随后诺依曼(Neumann)也提出"改变—适应的时间动态"理论[3]。前者认为,运动训练适应过程是对原本存在"适应储备"的挖掘,后者则提出运动训练刺激是对机体平衡状态的干扰与重建,是一个不断"适应"与"提高"的过程。

我们可以看出,上述理论均是建立于Selye的"应激理论"而提出的。事实上,应激理论在生理学和心理学领域已得到广泛应用,其实用性着实解决了不少生理和心理现象,因此理所当然地应用到运动训练活动中也不足为奇。然而,应激理论是否无懈可击,我国生理学奠基人之一的蔡翘院士,曾质疑"应激理论"时就指出[4]:

①"应激也可能引起特异性适应证,实际上,内外环境的不利因素所引起的反应是极端复杂的,视其性质、强度、作用时间及机体技能状态之不同而各有差异,而且很多反应是连锁性的,互相影响、互相调节,甚至互为因果,很难硬性划分特异性和非特异性。"因此,运动训练引起的人体生理和心理反应也如此。

②"生理应激过程的三个阶段,即对刺激的直接反应及代偿反应、对刺激的部分或全适应、刺激停止后的恢复过程是互相穿插、互相交联的,恢复和适应很难明确分开,'神经—肌肉'一面劳动,一面恢复,所以不至于发生疲劳。"就运动训练而言,训练与恢复的节奏控制也充满复杂性,很难具体、明确。

③"内环境的调节是多方面的,如神经系统调节、'神经——体液'的调节、单纯体液途径的调节,还有细胞代谢的自我化学调节,因此带来适应有难易之分、应激适应时间的长短之分、应激机制极端复杂等特性。"在运动训练中,训练适应过程同样处于一个极其复杂的调节与控制当中,除了训练方法得当,训练的艺术性同样不容忽视。

④"生理应激的恢复过程是指应激反应及适应反应逐渐消失,恢复体内环境

---

[1] 陆一帆. 游泳训练理论创新与实践[M]. 北京:北京体育大学出版社,2013:8.
[2] Counsilman J E, Counsilman B E. The new science of swimming[M]. Englewood: Prentice-Hall, 1994: 169-173.
[3] 陈小平. 运动训练的基石——"超量恢复"学说受到质疑[J]. 首都体育学院学报,2004,16(4):3-7.
[4] 蔡翘. Selye应激学说与生理应激[J]. 生理科学进展,1963,5(1):1.

第五章 现代运动训练理论与方法的发展（20世纪50年代—21世纪10年代）

到未被刺激前的情况，包括恢复内环境的稳定性和恢复到原来情况。但任何一种剧烈反应后的恢复过程总在波动中完成，源于需要多方面的调节才能实现，生物的自动控制并不那么精确。应激作用强，时间长和适应的程度好，恢复就慢。但恢复时间并不与适应程度成反比，因为所谓特殊刺激都是寻常所见的，所以其作用的总时间要比正常条件的刺激短得多。"就运动训练而言，恢复内环境的稳定性是运动训练需要的，恢复到原来情况是运动训练杜绝的。此外，如马氏经典分期理论对多年系统训练的有序分期与组织是否更有利于建立一种更长的刺激产生适应而缺乏强度？而板块分期的强度大、时间短是否会影响训练适应程度等值得证实。

基于蔡翘院士的上述观点，我们认为，如果以"应激理论"的非特异性原则来指导运动训练也会存在局限。

（二）"超量恢复"理论模型进展

长期以来我国运动训练理论与实践界都十分重视"超量恢复"原则，包括德国、苏联也曾一直沿用"超量恢复"理论来解释训练适应过程以及训练效果机制[1-2]。事实上，苏联列宁格勒体科所的 Yakovlev 于 1977 年[3]（也有文献指出是 1967 年[4]）完整提出指导运动训练的"超量恢复"学说后不久，一经推广便很快得到理论与实践界的认可，并成为指导运动训练的经典基础理论学说。我国初期运动训练学主要由苏联等引进和吸收，并于 20 世纪 80 年代初期完成第一本运动训练学教材，限于当时的背景对"超量恢复"也是直接借鉴与应用。然而，质疑声也逐渐高涨，到 20 世纪 90 年代德国学者在驳斥传统"超量恢复"理论的基础上提出"机能储备模型"和"改变—适应的时间动态"模型等[5]。我国运动训练理论界对"超量恢复"理论的质疑始于 21 世纪初，进而这一时期将"超量恢复"是否是运动训练的经典基础理论及其坚持与否推向高潮。其中，最为争议关注的核心疑点是将"肌糖原"这一单一指标的超量恢复现象延伸扩展到解释整个机体对运动训练的适应。单凭肌糖原的"超量恢复"进而直接推及整个机体运动能力与肌肉一样，对训练负荷产生适应并伴随运动能力的

---

[1] 陈小平. 德国训练学热点问题研究述评 [J]. 体育科学, 2001, 21 (3): 43-46.
[2] 陈小平. 运动训练的基石——"超量恢复"学说受到质疑 [J]. 首都体育学院学报, 2004, 16 (4): 3-7.
[3] 陈小平. 运动训练的基石——"超量恢复"学说受到质疑 [J]. 首都体育学院学报, 2004, 16 (4): 3-7.
[4] Counsilman J E, Counsilman B E. The new science of swimming [M]. Englewood: Prentice-Hall, 1994: 169-173.
[5] 陈小平. 运动训练的基石——"超量恢复"学说受到质疑 [J]. 首都体育学院学报, 2004, 16 (4): 3-7.

超量恢复着实难以服众，然而，随着近期对"脑糖原"及"长时间剧烈运动引起脑糖超量恢复"相关研究成果的出现，或将原有糖原超量恢复与其产生的训练适应过程，进而改善长时间大强度运动耐力这类因果性推向一个新的理论视野。

①糖原及脑糖原的提出。1857 年，Claude Bernard 第一次从肝脏中分离出糖原并将其视为一种为血液提供葡萄糖的代谢途径[1]。肝糖原的代谢功能由此被认可和传播。当前，已经认证糖原是人和动物体当中一种重要的能量储存物（主要的葡萄糖储存形式），主要由 D-葡萄糖残基通过 a（1→4）糖苷键连接而成的 1 个直径为 100×10^{-9} mm 至 400×10^{-9} mm 的球形分子，每 8~14 个残基上有一个 (1→6) 糖苷键连接的分支[2]，更确切地说，糖原是葡萄糖聚合物的一个分支，营养丰富时它将葡萄糖存贮于细胞中（捆缚葡萄糖于细胞中）以备不时之需[3]，不像脂肪酸在无氧条件下可以产生 ATP，它在最初代谢中不产生 ATP。目前发现人体大量的糖原储存于肝脏和骨骼肌中，其中肝脏储存的糖原大约 100 克（占肝脏重量的 6%~8%）以维持人体血糖稳定，骨骼肌中约 400 克（占骨骼肌重量的 1%~2%）主要为肌肉运动供能[4]。

然而，糖原同样存在于脑中且为人们所忽视（Cruz 和 Dienel，2002；Kong 等，2002；Rolf，2003；Angus，2004）[5-6]。脑中存储了与游离葡萄糖相关的糖原且在正常生理状态下代谢非常缓慢[7]，应被视为细胞水平上调节脑血糖供应的决定性因素。最近发现脑糖原含量在 0.5~1.5 克，约占脑重量的 0.1%[8-9]，

---

[1] Geddes R. Glycogen：a metabolic viewpoint [J]. Bioscience reports，1986，6 (5)：415-428.

[2] 韩斌. 浅谈"优化糖原结构"[J]. 生物学通报，2007 (3)：21-22.

[3] Preiss J，Walsh D A. The comparative biochemistry of glycogen and starch [J]. Biology of carbohydrates，1981，1：199-314.

[4] Brown A M. Brain glycogen re-awakened [J]. Journal of neurochemistry，2004，89 (3)：537-552.

[5] Cruz N F，Dienel G A. High Glycogen Levels in Brains of Rats With Minimal Environmental Stimuli&colon；Implications for Metabolic Contributions of Working Astrocytes [J]. Journal of Cerebral Blood Flow & Metabolism，2002，22 (12)：1476-1489.

[6] Kong J，Shepel P N，Holden C P，et al. Brain glycogen decreases with increased periods of wakefulness：implications for homeostatic drive to sleep [J]. The Journal of neuroscience，2002，22 (13)：5581-5587.

[7] Peter J R，Anna A，Thomas D H，et al. Glycogen and its metabolism：some new developments and old themes [J]. Biochemical Journal，2012，441 (3)：763-787.

[8] Brown A M. Brain glycogen re-awakened [J]. Journal of neurochemistry，2004，89 (3)：537-552.

[9] Öz G，Seaquist E R，Kumar A，et al. Human brain glycogen content and metabolism：implications on its role in brain energy metabolism [J]. American Journal of Physiology-Endocrinology And Metabolism，2007，292 (3)：E946-E951.

第五章　现代运动训练理论与方法的发展（20世纪50年代—21世纪10年代）

其浓度要低于骨骼肌糖原和肝脏糖原，其比例为 100∶10∶1（Nelson 等，1968）[1]。长期以来人们认为大脑主要是葡萄糖的直接供能方式不存在能量储存，但有研究成年人血脑屏障时的选择性过滤问题发现，血液中存在各种潜在的代谢产物，如脑中乳酸也作为一种供能来源。此外，根据脑在体外无葡萄糖供给条件下依然能存活较长一段时间的普遍现象可知，脑组织中存在一种葡萄糖衍生物[2]，为证实这一点必须对脑糖原进行测量，但由于脑糖原死后存在极大的不稳定性导致难以用生物化学方法予以测量。直到最近利用^{13}C 定位核磁共振技术（^{13}C-NMR）对脑糖原的代谢过程进行进一步了解，由此为脑糖原代谢的认识带来突破（Choiet 等，1999，2000；Choi 和 Gruetter，2003；Ozet 等，2003；Öz G，Seaquist 等，2007；Tesfaye N 等，2011）[3-6]。Suzuki A 等 2011 年在《细胞》杂志上发表论文探讨长时间记忆建立机制时指出星形胶质细胞—神经元乳酸运输的重要作用，而该乳酸正是来自星形胶质细胞中的糖原（亦即脑糖原主要分布区，星形胶质细胞不是神经元而是糖原储存库。Brown 等，2004；Magistretti，2008；Vilchez 等，2007），而脑糖原分解释放乳酸是建立长时间记忆的基础[7]。另有可靠研究认为，成年人的脑糖原遍布全脑但主要分布在星形胶质细胞中[8]，具体而言，脑糖原分布在灰质中的含量是白质的一倍，在灰质中的糖原含量从高到低依次为：脑桥、小脑、海马；下丘脑、丘脑；中脑、大脑皮层和纹状体。糖原大部分存于星形胶质细胞内，星形胶质细胞集中在突触密度高的区域，而且其

---

[1] Nelson S R, Schulz D W, Passonneau J V, et al. Control of glycogen levels in brain1 [J]. Journal of neurochemistry，1968，15（11）：1271-1279.

[2] Brown A M. Brain glycogen re-awakened [J]. Journal of neurochemistry，2004，89（3）：537-552.

[3] Öz G, Seaquist E R, Kumar A, et al. Human brain glycogen content and metabolism: implications on its role in brain energy metabolism [J]. American Journal of Physiology-Endocrinology And Metabolism，2007，292（3）：E946-E951.

[4] Choi I Y, Tkáč I, Ugurbil K, et al. Noninvasive Measurements of [1-13C] Glycogen Concentrations and Metabolism in Rat Brain In Vivo [J]. Journal of neurochemistry，1999，73（3）：1300-1308.

[5] Öz G, Henry P G, Seaquist E R, et al. Direct, noninvasive measurement of brain glycogen metabolism in humans [J]. Neurochemistry international，2003，43（4）：323-329.

[6] Tesfaye N, Seaquist E R, Öz G. Noninvasive measurement of brain glycogen by nuclear magnetic resonance spectroscopy and its application to the study of brain metabolism [J]. Journal of neuroscience research，2011，89（12）：1905-1912.

[7] Suzuki A, Stern S A, Bozdagi O, et al. Astrocyte-neuron lactate transport is required for long-term memory formation [J]. Cell，2011，144（5）：810-823.

[8] Brown A M. Brain glycogen re-awakened [J]. Journal of neurochemistry，2004，89（3）：537-552.

体积变化与糖原含量成正比,说明星形胶质细胞内糖原可能参与神经元活动[1]。事实上,脑糖原的发现可被用于解释一些生理和病理现象(Brown,2004;Brown 和 Ransom,2007;Hertz 等,2007)[2]:生理方面包括睡眠觉醒周期、记忆的巩固、神经刺激;病理方面有缺血和低血糖的发作和利用。此外,最新的研究还认为,脑糖原耗竭是长时间运动引发中枢疲劳的综合性因素[3]。

以"主题:(Brain glycogen),时间跨度=所有年份"(2019-1-25)在 ISI web of science(SCI 资料库)中搜索到文献 9171 条,其中 2002 年以来出版文献数和 2003 年以来文献被引用数急剧递增(图 5-2)。

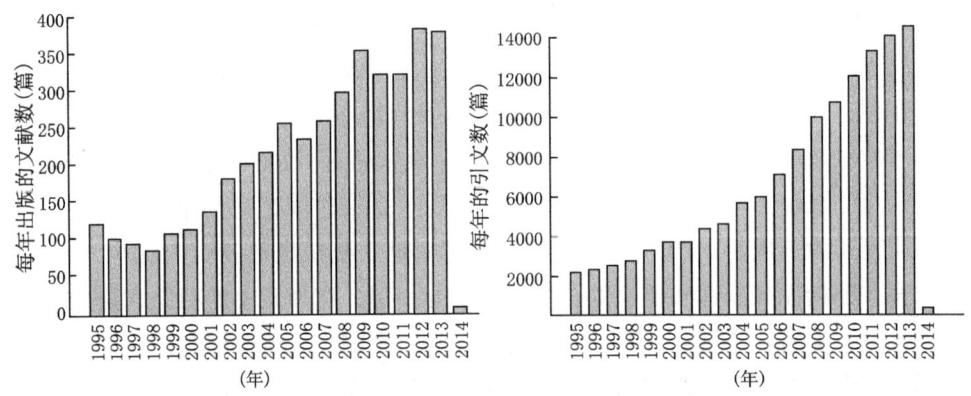

图 5-2 以"Brain Glycogen"为主题在 ISI 中搜索到的文献计量

关于对糖原代谢的研究始于 20 世纪后半叶[4],而为进一步了解糖原代谢机制由此诞生了许多关于糖原的新的生物化学概念,并且这项研究的重要突破也带来了 4 项诺贝尔奖(Carl 和 Gerty Cori,1947;Louis Leloir,1970;Earl Sutherland 1971;Edwin Krebs and Edmond;截至 1992 年)[5]。基于此,有必要重视糖原及

---

[1] 张绘宇,赵玉男,王中立,等.脑糖原在脑能量代谢中的作用研究进展[J].中国药理学通报,2013,29(7):908-913.

[2] Weaver S A, Sharpe S N, Pederson B A. Brain glycogen supercompensation in the mouse after recovery from insulin-induced hypoglycemia [J]. Journal of neuroscience research, 2011, 89 (4): 585-591.

[3] Matsui T, Soya H. Brain Glycogen Decrease and Supercompensation with Prolonged Exhaustive Exercise [M] //Social Neuroscience and Public Health. New York: Springer, 2013: 253-264.

[4] Peter J R, Anna A, Thomas D H, et al. Glycogen and its metabolism: some new developments and old themes [J]. Biochemical Journal, 2012, 441 (3): 763-787.

[5] Peter J R, Anna A, Thomas D H, et al. Glycogen and its metabolism: some new developments and old themes [J]. Biochemical Journal, 2012, 441 (3): 763-787.

第五章　现代运动训练理论与方法的发展（20世纪50年代—21世纪10年代）

其相关研究的历史与最新进展，为运动训练提供理论借鉴。

②肌糖原超量恢复与耐力性运动训练。1966年，Hultman E 和 Bergström J 在《自然》杂志上发表《运动后肌糖原合成：发生于人体肌细胞中的因素》[1] 一文才正式明确存在肌糖原的"超量恢复"现象，笔者通过对两名受试单腿骑功率车（一人用右腿骑车，左腿休息，另一人相反），以同样的1200kpm/min负荷，5～20min一次间歇，直至极限疲劳（无法继续1分钟以上的运动）。接下来三天安排受试者进补专门的碳水化合物食物并分别对股四头肌糖原（他们认为股四头肌糖原代表糖原含量水平）进行检测，其结果显示如图5-3所示。

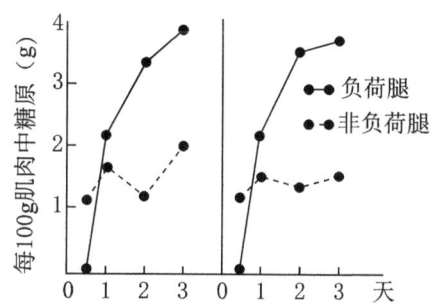

图5-3　负荷腿与非负荷腿股四头肌糖原含量变化（Hultman 和 Bergström，1966）

第一天测试腿糖原含量就远远超过对照组，进食高含量的碳水化合物食物的第二天受试者测试腿中糖原高出近2倍，其结论是运动导致测试肌肉糖原耗竭后能提高其糖原重新合成能力，其机制可能是一个或多个刺激因素直接导致肌糖原合成或者细胞膜的影响刺激糖原摄取。笔者最后指出这项研究可用于正常人的体育锻炼（或运动训练）和糖尿病人碳水化合物饮食建议[2]。翌年，二人基于对运动训练与肌糖原、饮食三者之间的某种关系展开了系统研究[3]，并再次宣示：通过对9名健康受试股四头肌活检发现，运动训练导致肌糖原耗竭后对不同受试进食不同的饮食其糖原恢复复度也不一样：脂肪与蛋白质混合物（P）和富含水化合物的食物（C）肌糖原含量从0.6 g/100g 肌肉到4.7 g 不等。所有进食 C

---

[1] Bergström J, Hultman E. Muscle glycogen synthesis after exercise: an enhancing factor localized to the muscle cells in man [J]. Nature, 1966, 210: 309-310.

[2] Bergström J, Hultman E. Muscle glycogen synthesis after exercise: an enhancing factor localized to the muscle cells in man [J]. Nature, 1966, 210: 309-310.

[3] Bergström J, Hermansen L, Hultman E, et al. Diet, muscle glycogen and physical performance [J]. Acta Physiologica Scandinavica, 1967, 71 (2-3): 140-150.

的受试糖原含量比肌糖原的正常范围都高。且不同饮食周期后，受试以75%的最大摄氧量强度进行自行车测力计测试，直至完全力竭，平均工作时间P为59分钟、M即混合饮食为126分钟、C为189分钟。因此，二人进一步提出运动时间长短与肌肉最初的糖原含量高度相关，而工作肌肉的糖原含量对长时间大强度运动能力有决定性作用，并且，糖原含量和长时间大强度运动能力可以通过糖原耗竭后不同性质膳食来改善。这两篇文献在描述力竭性工作引起肌糖原超量恢复现象、运动后的营养补充以及肌糖原与竞技能力之间的关系起到引领性作用，随后他们还陆续对普通人群的饮食与肌糖原合成的相关关系做了研究[1]。Hultman E和Bergström J的重要发现也为糖原超量恢复相关的运动训练理论与方法奠定了理论基础，由此也引起了运动训练理论与实践界的广泛关注，1966年发现肌糖原的超量恢复是基础篇，而1967年对饮食、肌糖原与竞技能力的探讨则是肌糖原超量恢复的具体应用。根据谷歌学术搜索对两篇文献被引次数的计量发现第二篇引用数为1408次，高于第一篇402次。

基于此，我们对迄今为止这两篇开创性文献相关的后续研究中引用频次在200~500次以上（21世纪选择100次以上）的文献进行筛选，选取不同时期代表性研究结论归纳如表5-3所示：

表5-3　肌糖原超量恢复相关代表性文献研究内容与进展

年代	代表作者	主要研究内容	特点
20世纪70年代	Olsson K E 等[2]，Karlsson J 等[3]，Piehl K[4]，MacDougall J D[5]	持续大强度负荷运动后，碳水化合物饮食可提高肌糖原浓度，总体恢复发生在24小时以内等，早期的恢复更明显	20世纪70年代进一步探讨理论碳水化合物对长时间力竭后肌糖原耗竭有较强的恢复作用，无论是时间还是超量度上都最佳，但对肌糖原与竞技能力的相关性尚无确定关系

---

[1] Bergström J, Hultman E. A study of the glycogen metabolism during exercise in man [J]. Scandinavian Journal of Clinical & Laboratory Investigation, 1967, 19 (3): 218-228.

[2] Olsson K E, Saltin B. Variation in total body water with muscle glycogen changes in man [J]. Acta Physiologica Scandinavica, 1970, 80 (1): 11-18.

[3] Karlsson J, Saltin B. Diet, muscle glycogen, and endurance performance [J]. Journal of Applied Physiology, 1971, 31 (2): 203-206.

[4] Piehl K. Time Course for Refilling of Glycogen Stores in Human Muscle Fibres Following Exercise-Induced Glycogen Depletion [J]. Acta Physiologica Scandinavica, 1974, 90 (2): 297-302.

[5] MacDougall J D, Ward G R, Sutton J R. Muscle glycogen repletion after high-intensity intermittent exercise [J]. Journal of Applied Physiology, 1977, 42 (2): 129-132.

第五章　现代运动训练理论与方法的发展（20世纪50年代—21世纪10年代）

续表

年代	代表作者	主要研究内容	特点
20世纪80年代	Costill D L 等[1]，Coyle E F[2-3]，Richter E A[4]，James D E 和 Kraegen E W[5]，Blom P C 等[6]，Acheson K J 等[7]，Ivy J L 等[8]，Cartee G D 等[9]	不同类型、数量和频率的碳水化合物饮食对长时间耐力训练后肌糖原合成的影响，进而缓解运动疲劳；运动训练引起胰岛素敏感度、糖原合成酶、糖原等的增长；运动后进食碳水化合物时机等	20世纪80年代除了继续证实碳水化合物引起肌糖原更高的超量恢复外，对饮食与肌糖原恢复的机制，如胰岛素和血糖的水平进行了解释，且对摄入碳水化合物时机、频率引起糖原恢复以及能延缓运动疲劳等如何应用进行了探讨
20世纪90年代	Ivy J L[10]，Zawadzki K M 等[11]，Robinson T M 等[12]	肯定了肌糖原浓度与训练水平、训练计划和饮食高度相关，训练后的休息与足量的碳水化合物饮食会引起肌糖超量恢复，可为形成最佳竞技能力提供实	20世纪90年代首先对饮食与肌糖原超量恢复的历史及其合理性进行了肯定，提出超量恢复对竞技能力的指导性，其进展主要是对原有饮食方案进行了补充，在分析糖原耗竭机制的基础上提出

---

[1] Costill D L, Sherman W M, Fink W J, et al. The role of dietary carbohydrates in muscle glycogen resynthesis after strenuous running [J]. The American journal of clinical nutrition, 1981, 34 (9): 1831-1836.

[2] Coyle E F, Hagberg J M, Hurley B F, et al. Carbohydrate feeding during prolonged strenuous exercise can delay fatigue [J]. Journal of Applied Physiology, 1983, 55 (1): 230-235.

[3] Coyle E F, Coggan A R, Hemmert M K, et al. Muscle glycogen utilization during prolonged strenuous exercise when fed carbohydrate [J]. Journal of Applied Physiology, 1986, 61 (1): 165-172.

[4] Richter E A, Garetto L P, Goodman M N, et al. Muscle glucose metabolism following exercise in the rat: increased sensitivity to insulin [J]. Journal of Clinical Investigation, 1982, 69 (4): 785.

[5] James D E, Kraegen E W. The effect of exercise training on glycogen, glycogen synthase and phosphorylase in muscle and liver [J]. European journal of applied physiology and occupational physiology, 1984, 52 (3): 276-281.

[6] Blom P C, Høstmark A T, Vaage O, et al. Effect of different post-exercise sugar diets on the rate of muscle glycogen synthesis [J]. Medicine and Science in Sports and Exercise, 1987, 19 (5): 491-496.

[7] Acheson K J, Schutz Y, Bessard T, et al. Glycogen storage capacity and de novo lipogenesis during massive carbohydrate overfeeding in man [J]. The American journal of clinical nutrition, 1988, 48 (2): 240-247.

[8] Ivy J L, Katz A L, Cutler C L, et al. Muscle glycogen synthesis after exercise: effect of time of carbohydrate ingestion [J]. Journal of Applied Physiology, 1988, 64 (4): 1480-1485.

[9] Cartee G D, Young D A, Sleeper M D, et al. Prolonged increase in insulin-stimulated glucose transport in muscle after exercise [J]. American Journal of Physiology-Endocrinology And Metabolism, 1989, 256 (4): E494-E499.

[10] Ivy J L. Muscle glycogen synthesis before and after exercise [J]. Sports Medicine, 1991, 11 (1): 6-19.

[11] Zawadzki K M, Yaspelkis B B D, Ivy J L. Carbohydrate-protein complex increases the rate of muscle glycogen storage after exercise [J]. Journal of Applied Physiology, 1992, 72 (5): 1854-1859.

[12] Robinson T M, Sewell D A, Hultman E, et al. Role of submaximal exercise in promoting creatine and glycogen accumulation in human skeletal muscle [J]. Journal of Applied Physiology, 1999, 87 (2): 598-604.

续表

年代	代表作者	主要研究内容	特点
		践指导;运动后肌糖原可通过进食碳水化合物和蛋白质或肌酸混合物来提高	了混合补充蛋白质和肌酸对肌糖原超量恢复更有益
21世纪10年代	Van Loon L J C 等[1],Ivy J L 等[2-3],Morifuji M 等[4],Jentjens R 等[5],Beelen M[6],Burke L M 等[7],Jeukendrup A E[8-10]	继续探讨糖原恢复的饮食类型、时机和频率以提高恢复效率;研究超量恢复阶段划分,提出肌肉收缩和胰岛素是诱发肌糖原合成的两个因素,肌糖原浓度是一个有效调节糖原合成的酶;优化碳水化合物运输和生物利用率等	这一时期对运动后补充碳水化合物的组合形式进行了证实,并提出在碳水化合物补给相对不足时（<1.2 g/kg/h）或摄入时机滞后时添加少量蛋白质的混合饮食更有效,此外,开始探讨影响糖原超量恢复的外源性因素,还对肌糖原超量恢复与耐力运动能力的机制进行了深入研究

[1] Van Loon L J C, Saris W H M, Kruijshoop M, et al. Maximizing postexercise muscle glycogen synthesis: carbohydrate supplementation and the application of amino acid or protein hydrolysate mixtures [J]. The American journal of clinical nutrition, 2000, 72 (1): 106-111.

[2] Ivy J L, Goforth H W, Damon B M, et al. Early postexercise muscle glycogen recovery is enhanced with a carbohydrate-protein supplement [J]. Journal of Applied Physiology, 2002, 93 (4): 1337-1344.

[3] Ivy J L, Res P T, Sprague R C, et al. Effect of a carbohydrate-protein supplement on endurance performance during exercise of varying intensity [J]. International journal of sport nutrition and exercise metabolism, 2003, 13: 382-395.

[4] Morifuji M, Kanda A, Koga J, et al. Post-exercise carbohydrate plus whey protein hydrolysates supplementation increases skeletal muscle glycogen level in rats [J]. Amino Acids, 2010, 38 (4): 1109-1115.

[5] Jentjens R, Jeukendrup A E. Determinants of post-exercise glycogen synthesis during short-term recovery [J]. Sports Medicine, 2003, 33 (2): 117-144.

[6] Beelen M, Burke L M, Gibala M J, et al. Nutritional strategies to promote postexercise recovery [J]. International journal of sport nutrition and exercise metabolism, 2010, 20 (6): 515-532.

[7] Burke L M, Kiens B, Ivy J L. Carbohydrates and fat for training and recovery [J]. Journal of sports sciences, 2004, 22 (1): 15-30.

[8] Jeukendrup A E. Carbohydrate intake during exercise and performance [J]. Nutrition, 2004, 20 (7): 669-677.

[9] Jeukendrup A E. Carbohydrate feeding during exercise [J]. European Journal of Sport Science, 2008, 8 (2): 77-86.

[10] Jeukendrup A E. Carbohydrate and exercise performance: the role of multiple transportable carbohydrates [J]. Current Opinion in Clinical Nutrition & Metabolic Care, 2010, 13 (4): 452-457.

第五章　现代运动训练理论与方法的发展（20世纪50年代—21世纪10年代）

续表

年代	代表作者	主要研究内容	特点
近期	Burke L M 等[1]，Jensen T E 和 Richter E A [2]，Philp A 等[3]	运动员碳水化合物摄取量、摄取时的科学选择；肌糖原的超量恢复机制与运动后胰岛素刺激引起葡萄糖的摄取关系；肌糖原含量还是一种骨骼肌对运动训练适应的反馈调节信号；如何存储碳水化合物引起肌肉训练的适应等	最近对运动后糖原超量恢复主要集中在考虑外源性影响因素，此外，对超量恢复的机制与胰岛素的关系从分子信号研究上予以解释，发现肌糖原含量的运动训练调节作用，由此进一步说明了肌糖原在改善耐力的训练与比赛中的重要作用

根据1966年以来长时间力竭运动引起肌糖原超量恢复现象的发现，在不断证实这一现象存在的同时对如何更有效地扩大超量恢复的程度进行了长期研究，其主要是关于运动饮食的选取与补充方式，具体而言，就是对长时间力竭运动前、中、后的高含量碳水化合物食物的摄取方法及其部分机制进行了论证。其中值得肯定的是，长时间中到大强度运动引起肌糖原耗竭可通过合理的饮食予以更好的超量恢复（近期也有研究提出短时大强度间歇游泳运动与长时间低强度持续运动都能引起白鼠骨骼肌糖原超量恢复[4]），而这种肌糖原的超量恢复现象是客观存在的。并且，肌糖原含量与长时间中到大强度运动的竞技能力高度相关。然而，如何更好地存储这种碳水化合物为主的各种饮食引起肌糖原超量恢复的工作肌肉训练的适应能力尚存谜题。

③脑糖原超量恢复与耐力性运动训练。2009年开始有研究提出脑糖原的超

[1] Burke L M, Hawley J A, Wong S H S, et al. Carbohydrates for training and competition [J]. Journal of sports sciences, 2011, 29 (sup1): S17-S27.

[2] Jensen T E, Richter E A. Regulation of glucose and glycogen metabolism during and after exercise [J]. The Journal of physiology, 2012, 590 (5): 1069-1076.

[3] Philp A, Hargreaves M, Baar K. More than a store: regulatory roles for glycogen in skeletal muscle adaptation to exercise [J]. American Journal of Physiology-Endocrinology And Metabolism, 2012, 302 (11): E1343-E1351.

[4] Sonou T, Higuchi M, Terada S. An acute bout of high-intensity intermittent swimming induces glycogen super-compensation in rat skeletal muscle [J]. European Journal of Sport Science, 2008, 8 (6): 413-420.

量恢复现象[1-4]（其中，2009年首次在第69届美国糖尿病协会年会上提出，该会议2009年影响因子为8.505）。这些研究大都从胰岛素引发低血糖后出现脑糖原超量恢复进行了论证。其中，Weaver S A, Sharpe S N 和 Pederson B A[5]对由胰岛素引起急性或复发性低血糖康复期健康小鼠的脑糖原水平进行了研究。实验过程中控制胰岛素使小鼠脑血糖水平90分钟内始终低到小于2.2mmol/L，并要求无论是急性或复发性低血糖发作后，脑葡萄糖水平最少下降80%，脑糖原水平最少下降50%。低血糖症发作后喂食小鼠的第6小时和第27小时进行检测发现：6小时后血液和脑中的葡萄糖水平已恢复，但脑糖原水平和生理盐水处理过的对照组相比都只提高了25%，27小时后脑糖原浓度恢复。由此得出结论，脑糖原的超量恢复同样存在于健康小鼠中。

2010—2011年日本筑波大学的Takashi Matsui及其团队先后对力竭运动引起脑糖原水平下降并伴随低血糖[6-7]进行研究的基础上（发表论文所在期刊影响因子分别为4.106和4.881），2012—2013年发现并提出力竭运动后脑糖原出现超量恢复现象[8-9]（发表论文期刊的影响因子4.38）。具体结论如下。

Takashi Matsui 等[10]提出脑糖原是血液中葡萄糖供应不足时（即低血糖条件

[1] Oz G, Kumar A, Rao J P, et al. Human Brain Glycogen Metabolism During and After Hypoglycemia [J]. Diabetes, 2009, 58 (9): 1978-1985.
[2] Imperiali A M, Boronat M G, Mancebo M J, et al. Glycogen supercompensation may occur in the brain of rainbow trout after recovery from hypoglycemia [J]. Comparative Biochemistry and Physiology Part A: Molecular & Integrative Physiology, 2012, 163: S38.
[3] Obel L F, Muller M S, Walls A B, et al. Brain glycogen—new perspectives on its metabolic function and regulation at the subcellular level [J]. Frontiers in Neuroenergetics, 2012: 3.
[4] Weaver S A, Sharpe S N, Pederson B A. Brain glycogen supercompensation in the mouse after recovery from insulin-induced hypoglycemia [J]. Journal of neuroscience research, 2011, 89 (4): 585-591.
[5] Weaver S A, Sharpe S N, Pederson B A. Brain glycogen supercompensation in the mouse after recovery from insulin-induced hypoglycemia [J]. Journal of neuroscience research, 2011, 89 (4): 585-591.
[6] Matsui T, Okamoto M, Ichitani Y, et al. The Decreasein Brain Glycogen during Prolonged Exhaustive Exercise is Coupled with Hypoglycemia [J]. Medicine and science in sports and exercise, 2010, 42 (5): 659
[7] Matsui T, Soya S, Okamoto M, et al. Brain glycogen decreases during prolonged exercise [J]. the Journal of physiology, 2011, 589 (13): 3383-3393.
[8] Matsui T, Ishikawa T, Ito H, et al. Brain glycogen supercompensation following exhaustive exercise [J]. The journal of physiology, 2012, 590 (3): 607-616.
[9] Matsui T, Soya H. Brain Glycogen Decrease and Supercompensation with Prolonged Exhaustive Exercise [M] //Social Neuroscience and Public Health. New York,: Springer, 2013: 253-264.
[10] Matsui T, Soya S, Okamoto M, et al. Brain glycogen decreases during prolonged exercise [J]. The journal of physiology, 2011, 589 (13): 3383-3393.

下）为大脑活动供能的重要能源。进而提出"长时间运动—低血糖—脑糖原下降—单胺代谢活性变化—中枢疲劳"的假设并进行了验证。经过对雄性大鼠中等强度运动120分钟后运用大功率（10千瓦）微波辐射的方法采集脑糖原发现，与不参与运动的对照组相比，大鼠五个脑区脑糖原明显降低了37%~60%（小脑60%，皮质层48%，海马43%，脑干37%，下丘脑34%），并且各自脑糖原水平与其血液和脑葡萄糖水平高度相关。此外，大脑皮质层中MHPG和5-HIAA水平上升，与脑糖原水平呈负相关。由此，证明了长时间运动会引起脑糖原下降且为长时间运动引发中枢疲劳机制提供了新的解释。在此基础上，笔者于2012年再次进行了深入研究：已知脑糖原主要存在于星形胶质细胞中，是神经元的重要能源，它的含量水平随长时间运动导致的低血糖而下降。于是，对脑糖原是否和肌糖原一样会随长时间力竭运动后产生超量恢复进行了验证。训练成年雄性大鼠进行力竭运动后，分别在脑区和骨骼肌中采集糖原：骨骼肌糖原消耗82%~92%，运动后24小时后超量恢复43%~46%。脑糖原下降50%~64%，运动后6小时超量恢复29%~63%（全脑46%，皮质层60%，海马33%，下丘脑29%，脑干63%，小脑49%），脑糖原超量恢复水平与运动中的消耗水平呈正相关。同时还发现，皮质层和海马的脑糖原超量恢复延续到运动后24小时，且4周运动训练使其糖原基础水平得到提高，其结论为：脑糖原和肌糖原一样，力竭运动会带来糖原的超量恢复，且超量恢复的程度与脑区糖原的下降程度相关；脑糖原超量恢复发生在肌糖原超量恢复之前；皮质层和海马长期的超量恢复现象正是耐力性运动训练适应的先决条件之一（促使训练水平提高），如图5-4所示。

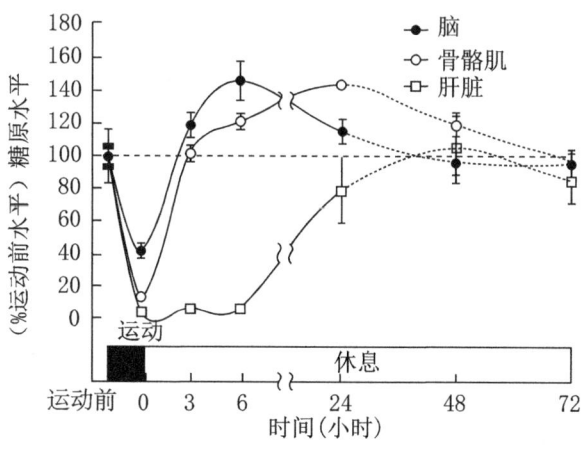

图5-4 力竭运动后脑糖原、肌糖原和肝糖原的超量恢复（Takashi Matsui，2011）

2013年,Takashi Matsui 和 Hideaki Soya 再次进行了更进一层的探讨和归纳[1]:长时间运动导致脑糖原下降可能是神经中枢疲劳的一个综合性的因素(图5-5),进而可以通过提高脑糖原储备延迟长时间运动疲劳导致的力竭发生;星形胶质细胞脑糖原是脑能量的重要储备,消耗脑糖原产生乳酸为在长时间运动引起低血糖状态下的神经元供能;消耗的脑糖原在运动后休息期出现超量恢复,且时间早于骨骼肌糖原的超量恢复;大脑皮质层和海马的脑糖原超量恢复时间持续到运动后24小时;运动训练可引起大脑皮层和海马的脑糖原基础水平提高,这种训练适应可以满足运动中大脑对能量的增长性需求。

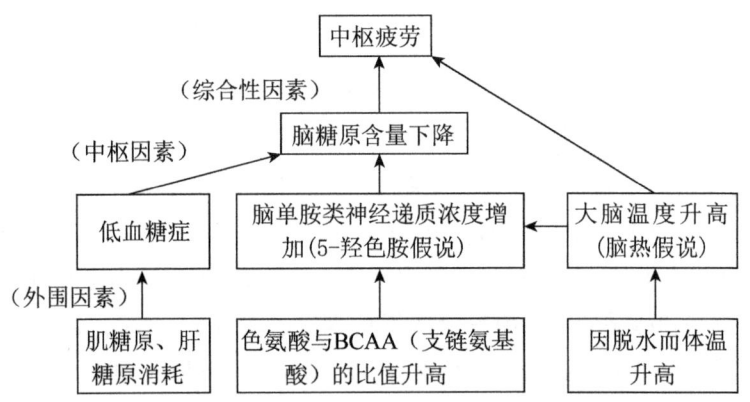

图5-5 长时间力竭运动中脑糖原导致中枢疲劳假设模型
(Takashi Matsui,Hideaki Soya,2013)

上述对脑糖原超量恢复现象进行了佐证。在明确脑糖原的重要性后,首先,指出胰岛素引发的低血糖后补充饮食出现脑糖原超量恢复。其次,在此基础上借鉴肌糖原在运动后超量恢复现象对脑糖原的类比研究,进一步证实了脑糖原和肌糖原一样可为长时间力竭运动所消耗,且运动后会出现超量恢复现象。最后,对该结论进行了推演,鉴于中枢疲劳的机制尚不明晰的情况,研究者们提出脑糖原的存在及其运动消耗或是运动引起中枢性疲劳的综合性因素。长期以来肌糖原和肝糖原主导着运动过程中的直接能源供给,脑糖原因其相对量少和理论争议被忽视,然而,近年来国际上关于脑糖原的研究逐渐复兴,脑糖原对中枢疲劳的作用不容小觑,运动中脑糖原的消耗与超量恢复将更加值得关注,因为运动疲劳正是

---

[1] Matsui T, Soya H. Brain Glycogen Decrease and Supercompensation with Prolonged Exhaustive Exercise [M]//Social Neuroscience and Public Health. New York: Springer, 2013: 253-264.

第五章 现代运动训练理论与方法的发展（20世纪50年代—21世纪10年代）

运动训练和比赛的要害所在。

④糖原与耐力性运动训练适应。众所周知，糖原是哺乳动物肝脏和肌肉中的重要葡萄糖储备库。对于运动训练和参赛而言，糖原是长时间中、高强度运动过程中的重要供能来源，且随着运动强度的增加这种依赖糖原供能的趋势越发明显（Bergstrom & Hultman, 1967)[1]，而运动员体内糖原的消耗被视为长时间运动中竞技能力受限的主要因素，且与大强度运动中产生运动疲劳高度相关（Hawley, Schabort, Noakes, 1997)[2]，亦即肌肉和肝脏中缺乏糖原储备将极大限制长时间或大强度运动的竞技能力发挥（Coyle, Coggan, Hemmert 等, 1986)[3-4]，另有研究指出，足量的肌糖原储备是长时间中到大强度运动中保持最佳竞技状态的物质基础，一旦肌糖原储备被消耗，运动训练过程将无以持续或运动强度显著下降[5]。值得关注的是，肌糖原分子水平上的相关研究表明，肌糖原浓度是产生运动训练适应的重要诱因。训练适应是一个特定蛋白质的积累过程，而导致蛋白质浓度变化的基因表达则是训练适应的枢纽所在，训练的目的之一正是驱使这样一些基因转录的活性增强，Pilegaard H, Saltin B 和 Neufer P D 研究发现肌糖原浓度就是决定一些基因转录的决定性因素[6]。并且，与训练初期高或正常水平的肌糖原浓度相比，低肌糖原浓度进行训练时白细胞介素6、丙酮酸脱氢酶激酶4、己糖激酶和热休克蛋白转录活性明显增强[7]。糖原可用以解释包括糖原结合范围在内的一些基因转录因子，当肌糖原含量低时，这些因素得以释放，与不同靶

---

[1] Bergstrom J, Hultman E. A study of the glycogen metabolism during exercise in man [J]. Scandinavian Journal of Clinical and Laboratory Investigation, 1967: 218-228.

[2] Hawley J A, Schabort E J, Noakes T D, et al. Carbohydrate-loading and exercise performance [J]. An update. Sports Medicine, 1997: 24, 73-81.

[3] Hawley J A, Schabort E J, Noakes T D, et al. Carbohydrate-loading and exercise performance [J]. An update. Sports Medicine, 1997: 24, 73-81.

[4] Ivy J L. Muscle glycogen synthesis before and after exercise [J]. Sports Medicine, 1991: 6-19.

[5] Ivy, John L, Robert C. Sprague, and Matthew O. Widzer. Effect of a carbohydrate-protein supplement on endurance performance during exercise of varying intensity [J]. International Journal of Sport Nutrition & Exercise Metabolism 2003: 13. 3.

[6] Pilegaard H, Saltin B, Neufer P D. Exercise induces transient transcriptional activation of the PGC-1α gene in human skeletal muscle [J]. The Journal of physiology, 2003, 546 (3): 851-858.

[7] Keller C, Steensberg A, Pilegaard H, et al. Transcriptional activation of the IL-6 gene in human contracting skeletal muscle: influence of muscle glycogen content [J]. The FASEB Journal, 2001, 15 (14): 2748-2750.

蛋白自由结合[1-2]。另据一项综合性研究指出，肌糖原是长时间大强度运动中骨骼肌收缩的重要供能物质，糖原消耗与运动疲劳相关，糖原的可用性一定程度上直接影响代谢和细胞过程：运动中和运动后糖原合成时的碳水化合物、脂肪和蛋白质代谢、兴奋收缩偶联、胰岛素反应和基因转录等[3]。现有研究均从不同角度指出糖原是运动训练适应与竞技能力提高的一个不容忽视的关键因素，可作为指导耐力性运动训练实践的重要参考依据之一。

Hansen A K 等2005年结合具体的训练计划对不同水平糖原浓度的对比研究进一步指出，低肌糖原浓度时训练可提高引起训练适应的一些基因的基因转录活性，进而推测在低肌糖原浓度下训练可有效提高训练适应[4]。2010年，Hulston C J 等同样进行了类似研究指出低肌糖原进行训练可增强脂肪氧化活性，进而提高骨骼肌的代谢适应性[5]。Psilander，Frank，Flockhart 等2013年就低糖原浓度下进行运动训练利于产生适应的线粒体生物合成的分子信号机制时指出 PGC-1a 是线粒体基因表达的主要调节器，并基于此对低肌糖原和正常糖原含量进行了对比实验，认为对于高水平自行车运动员而言，低肌糖原开始训练可增强线粒体生物合成的主要遗传标记，低肌糖原含量训练可有效提高肌肉氧化能力[6]。近年来，糖原还被认为是一种代谢信号调节器。糖原或直接和间接影响一些信号蛋白的活性，包括腺苷磷酸活化蛋白激酶（AMPK）和 P38 胞外信号调节激酶（MAPK），这两种酶的直接作用是控制一些线粒体生物合成和促进训练适应的转录因子的表达及其活性，进而带来耐力项目低肌糖原训练的更好的生理应答和适应。AMPK 和 P38MAPK 各自在控制表达和激活 PGCs 上有重要作用。PGCs 可直接导致肌肉线粒体质量增加，提高耐力运动的竞技能力。低的肌糖原

---

[1] Armstrong C G, Browne G J, Cohen P, et al. PPP1R6, a novel member of the family of glycogen-targetting subunits of protein phosphatase 1 [J]. FEBS letters, 1997, 418 (1): 210-214.

[2] Printen J A, Brady M J, Saltiel A R. PTG, a protein phosphatase 1-binding protein with a role in glycogen metabolism [J]. Science, 1997, 275 (5305): 1475-1478.

[3] Hargreaves M. Muscle glycogen and metabolic regulation [J]. Proceedings of the Nutrition Society, 2004, 63 (2): 217-220.

[4] Hansen A K, Fischer C P, Plomgaard P, et al. Skeletal muscle adaptation: training twice every second day vs training once daily [J]. Journal of Applied Physiology, 2005, 98 (1): 93-99.

[5] Hulston C J, Venables M C, Mann C H, et al. Training with low muscle glycogen enhances fat metabolism in well-trained cyclists [J]. Medicine and science in sports and exercise, 2010, 42 (11): 2046-2055.

[6] Niklas Psilander, Per Frank, Mikael Flockhart, et al. Exercise with low glycogen increases PGC-1a gene expression in human skeletal muscle [J]. Eur J Appl Physiol, 2013, 113: 951-963.

第五章　现代运动训练理论与方法的发展（20世纪50年代—21世纪10年代）

含量常与激活这种途径相关联，保持低的糖原浓度的运动训练来提高耐力运动项目的生理适应在科学界已得到认可[1-2]。

由此可知，对于长时间的中到大高强度运动而言，肌糖原浓度变化与运动训练适应高度相关，而运动训练与后期合理的饮食相配合又可带来更大程度糖原含量超量恢复的适应性变化，进而可通过糖原实现竞技状态优化调控[3]。由于糖原浓度与运动疲劳的关系密切，近期有多项研究指出，在利用肌糖原调控竞技状态时，运动员和教练员应保证赛前一天的高糖原含量，它是运动员赛前生理学适应的重要指标，整个运动训练与参赛过程应做到合理分配，即遵从"低肌糖原训练和高肌糖原参赛"的原则（Baar 和 McGee，2008[4]；Burke 等，2011[5]；Hansen 等，2005[6]；Hulston 等，2010[7]；Psilander 等，2013[8]）。这种方法要求运动员在糖原耗竭的状态下对耐力训练产生生理学适应，并且在比赛前一天糖原获得最大的性能[9]。然而，现有关于糖原对运动训练适应的机制都是以肌糖原解释的，且主要用作耐力运动员发展有氧基础能力的训练监控。因为耐力性运动项目需要更高的代谢能力而不是肌肉力量，肌肉中改变荷尔蒙环境的负效果对其长期的竞技能力影响甚微[10]。

此外，有学者还提出长跑运动员们常常出现"运动极点（hitting the wall）"

---

[1] Baar K, McGee S. Optimizing training adaptations by manipulating glycogen [J]. European journal of sport science, 2008, 8（2）: 97-106.

[2] Hawley J A, Tipton K D, Millard-Stafford M L. Promoting training adaptations through nutritional interventions [J]. Journal of sports sciences, 2006, 24（7）: 709-721.

[3] Hawley J A. Adaptations of skeletal muscle to prolonged, intense endurance training. Clin Exp Pharmacol Physiol 29: 218-222, 2002.

[4] Hawley J A, Tipton K D, Millard-Stafford M L. Promoting training adaptations through nutritional interventions [J]. Journal of sports sciences, 2006, 24（7）: 709-721.

[5] Burke L M, Hawley J A, Wong S H S, et al. Carbohydrates for training and competition [J]. Journal of sports sciences, 2011, 29（sup1）: S17-S27.

[6] Hansen A K, Fischer C P, Plomgaard P, et al. Skeletal muscle adaptation: training twice every second day vs. training once daily [J]. Journal of Applied Physiology, 2005, 98（1）: 93-99.

[7] Hulston C J, Venables M C, Mann C H, et al. Training with low muscle glycogen enhances fat metabolism in well-trained cyclists [J]. Medicine and science in sports and exercise, 2010, 42（11）: 2046-2055.

[8] Baar, Keith, Sean McGee. Optimizing training adaptations by manipulating glycogen [J]. European journal of sport science, 2008: 97-106.

[9] Baar, Keith, Sean McGee. Optimizing training adaptations by manipulating glycogen [J]. European journal of sport science, 2008: 97-106.

[10] Baar, Keith, Sean McGee. Optimizing training adaptations by manipulating glycogen [J]. European journal of sport science, 2008: 97-106.

即是肌糖原大量消耗的表现，而"运动休克（bonking）"则是肝糖原大量消耗的表现。糖原对竞技能力的形成与保持作用重大，事实上，肌糖原超量恢复在运动训练中的应用已经得到认可，我们根据现有文献[1-7]发现，早在20世纪60年代就有训练学家借助肌糖原的低浓度训练与高浓度参赛原则或其超量恢复现象来实现竞技状态的调控进行应用尝试，我国统称为"超量恢复理论"，极具代表性的是1967年Yakovlev提出"运动训练的超量补偿循环"模型[8]，1968年，Counsilman也提出"运动训练的高级适应循环"[9]，20世纪70年代，马特维也夫则综合Yakovlev和Counsilman的模型提出了"超量补偿循环"和"代偿适应"模型[10-11]。虽然提出者并不一定清楚运动训练中肌糖原超量恢复是否如后人批判那样：将运动引起肌糖原超量恢复扩展到整个运动机体的竞技能力超量恢复而存在偷换逻辑主体之嫌。但随着人们对脑糖原与长时间力竭运动过程中出现与肌糖原类似的超量恢复现象的最新认识，我们有必要对此重新梳理：其一，脑糖原在低血糖时动员性增强，且单一低血糖刺激后糖原合成增加出现超量恢复。糖原可用于低血糖条件下潜在能量储备，参与脑复发性低血糖适应，最终导致脑部无低血糖及其症状出现[12]。其二，只有血糖浓度15%~20%的脑糖原对低血糖条件下机能维持重要的适应调节作用，它通过增强脑葡萄糖转运，减少脑葡萄糖利用率的方式来实现，并以中枢神经系统中脑糖原作为葡萄糖的储备库[13]。其三，脑糖原可以延

---

[1] 陈小平. 运动训练的基石——"超量恢复"学说受到质疑 [J]. 首都体育学院学报, 2004, 16 (4): 3-7.

[2] 刘建和. 2003年中国运动训练学理论研究成果回顾 [J]. 成都体育学院学报, 2004, 30 (4): 39-40.

[3] 李庆, 李景丽, 顾扬, 等. 现代运动训练周期理论的思考和讨论 [J]. 体育科学, 2004, 24 (6): 52-55.

[4] 骆建. 对运动训练中的超量恢复现象与超量恢复原理的审视 [J]. 中国体育科技, 2005, 37 (6): 9-11.

[5] 孙波, 种静萍, 蔡士凯. 运动训练学理论体系进展 [J]. 体育与科学, 2005, 26 (4): 65-67.

[6] 郑晓鸿. 应激, 超量恢复及适应—疲劳学说发展述评 [J]. 中国体育科技, 2007, 43 (2): 91-93.

[7] Counsilman J E, Counsilman B E. The new science of swimming [M]. Englewood Cliffs, NJ: Prentice-Hall, 1994: 169-173.

[8] 陆一帆. 游泳训练理论创新与实践 [M]. 北京: 北京体育大学出版社, 2013: 8.

[9] 陆一帆. 游泳训练理论创新与实践 [M]. 北京: 北京体育大学出版社, 2013: 8.

[10] Counsilman J E, Counsilman B E. The new science of swimming [M]. Englewood Cliffs, NJ: Prentice-Hall, 1994: 169-173.

[11] 陆一帆. 游泳训练理论创新与实践 [M]. 北京: 北京体育大学出版社, 2013, 8.

[12] Tesfaye N, Seaquist E R, Öz G. Noninvasive measurement of brain glycogen by nuclear magnetic resonance spectroscopy and its application to the study of brain metabolism [J]. Journal of neuroscience research, 2011, 89 (12): 1905-1912.

[13] Jensen V F H, Bøgh I B, Lykkesfeldt J. Effect of insulin-induced hypoglycaemia on the CNS: Evidence from experimental studies [J]. Journal of neuroendocrinology, 2014.

第五章 现代运动训练理论与方法的发展（20世纪50年代—21世纪10年代）

长 10 分钟（Clark 和 Sokoloff，1999）[1] 到 100 分钟（Gruetter，2003）[2] 的糖酵解能力[3]。其四，Richard D. Evans 等 2013 年研究[4]重申星形胶质细胞中糖原是成年人中央和外围神经的供能储备物质指出，多次大强度运动后当葡萄糖耗竭时，脑糖原开始分解为葡萄糖满足轴突能量需要。可见，脑糖原或与肌糖原一样为长时间中、高强度运动提供能量，延迟运动疲劳，对竞技能力产生积极影响。需要指出的是，耐力训练适应涉及的范围很广泛，并不仅仅是糖的代谢，还有 ATP-PRc 和脂肪酸的代谢、氧的供应等，糖原是其中一个不容忽视且易于指导实践的主导性因素。

为进一步明晰脑糖原与运动训练适应之间的关系，近期 Matsui 等运用动物实验对运动引起脑糖原超量恢复机制进行了深入剖析，并提出模型假设（图 5-6）[5]。

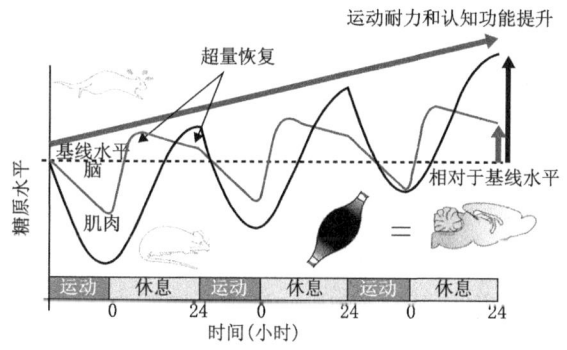

图 5-6 脑糖原与肌糖原存在同样的超量恢复现象

注：脑糖原水平降低发生在长时间力竭性运动训练中，休息期间出现超量恢复；训练引起大脑中与骨骼肌类似的代谢适应（提高糖原的基本水平）是由于皮质层和海马中糖原水平下降和出现长时间超量恢复现象（Matsui 等，2013）。

---

[1] Siegel G J, et al. Basic neurochemistry: molecular, cellular and medical aspects [M]. New York: Academic Press, 2005.

[2] Gruetter R. Glycogen: the forgotten cerebral energy store [J]. Journal of neuroscience research, 2003, 74 (2): 179-183.

[3] Weaver S A, Sharpe S N, Pederson B A. Brain glycogen supercompensation in the mouse after recovery from insulin-induced hypoglycemia [J]. Journal of neuroscience research, 2011, 89 (4): 585-591.

[4] Evans R D, Brown A M, Ransom B R. Glycogen function in adult central and peripheral nerves [J]. Journal of neuroscience research, 2013, 91 (8): 1044-1049.

[5] Matsui T, Soya H. Brain Glycogen Decrease and Supercompensation with Prolonged Exhaustive Exercise [M] //Social Neuroscience and Public Health. New York: Springer, 2013: 253-264.

他们在动物力竭性运动测试中发现皮质层和海马中糖原超量恢复现象在运动后维持了 24 小时，而此前的研究胰岛素引起低血糖诱发大脑中糖原超量恢复是即时的，长期超量恢复的发生并没有被观察到（Canada 等，2011）。因此，Matsui 等认为长期糖原超量恢复是运动引发的效果，是运动诱发的大脑中的神经元激活造成的，并予以分子水平解释的支持。脑糖原水平的增加使得耐力运动中大脑供能需求也发生适应性变化。此外，在大脑中皮质和海马糖原水平的增加同时也伴随其他耐力生理指标的训练适应，如身体和脂肪重量减少、湿重增加，肌糖原水平提高，比目鱼肌（慢肌）的神经活性增强（James 和 Kraegen，1984；Siu 等，2003；Matsui 等，2012），而且运动训练还引起脑中线粒体与骨骼肌中线粒体一样的生物合成增加（Davis 等，2009；Steiner 等，2011）。于是，长时间中到大强度运动训练能引起包括脑糖原在内的一系列周身性适应变化。毋庸置疑，大脑中皮质和海马中糖原基础水平的增长性适应意义重大：皮质层糖原水平增加可有效防止长时间运动引起低血糖和运动皮层控制骨骼肌运动的中枢神经活动的减弱，而这也正是中枢疲劳的缓解因素；而运动引起海马回糖原水平增加与认知功能相关（Van Praag，2009），以及有助于长时间记忆的建立（Suzuki 等，2011）。因此，运动训练引起海马糖原基础水平的提高可增强运动训练相关的认知功能。基于一系列动物研究成果，Matsui 等最后指出："脑糖原与肌糖原一样在力竭运动后产生超量恢复现象。而且，训练时糖原消耗越多，超量恢复现象愈发显著。此外，脑糖原超量恢复峰值比肌糖原和肝糖原早出现。"因此，提出长时间糖原超量恢复是训练适应的重要表现（提高训练适应水平），以满足运动中大脑对能量的增长性需求。

综上所述，长时间中到大强度运动训练会引起肌糖原超量恢复，而且脑糖原也存在类似超量恢复现象。从一般机理和分子水平上已经证实了肌糖原与长时间中到大强度运动能力及大强度引发的运动疲劳高度相关，而肌糖原含量的水平也将直接影响运动训练的适应和竞技能力的发挥，并可依此作为调控长时间中到大强度耐力性运动竞技状态的重要依据之一，在具体运动训练实践中可采取"低糖原训练与高糖原参赛"的调控原则。不仅如此，早在 20 世纪 60 年代至 20 世纪 70 年代对肌糖原超量恢复现象的运动训练应用就已经在不自觉中得到了推广。早期对肌糖原超量恢复与运动训练实践应用着实存在不充分之嫌，但随着近期对脑糖原超量恢复的提出及其运动训练引起脑糖原存在与肌糖原同样的超量恢复机制，发现动物力竭性运动后大脑皮质层和海马中糖原出现长达 24 小时的超量恢

第五章 现代运动训练理论与方法的发展（20世纪50年代—21世纪10年代）

复现象，这将对长时间力竭性运动训练相关的认知功能增强和中枢疲劳缓解的意义重大，它和肌糖原超量恢复一起共同印证了长时间力竭性运动训练中积极训练适应发生和高水平参赛状态维持的其中一种重要机制所在。

1966年，长时间力竭运动引起肌糖原超量恢复提出之后，人们便把目光聚焦于运动后碳水化合物、蛋白质、脂肪等营养补充的系列研究上，即关注引起更大程度出现超量恢复的膳食变量因素，进而将肌糖原超量恢复的研究中心引入运动营养的领域，反而忽视了运动训练引起肌糖原超量恢复在运动训练与参赛中的原理应用的重心上。苏联和美国学者在直接将这一原理引入运动训练时固然取得较好成效，但遭到质疑认为肌糖原与竞技能力尚不在一个层次水平上只是勉强推演，直到近代以来脑糖原的重申和证实，并在运动引起脑糖原超量恢复现象得到初步验证的基础上，认为肌糖原和脑糖原超量恢复现象及其原理的逐步揭示将重申长时间中到大强度运动训练中超量恢复现象的科学性和可行性成分，依据糖原超量恢复的发生机制的研究进展或可作为长时间中到大强度运动耐力改善的一个重要理论支撑，并且为耐力性竞技能力超量恢复的其他影响因素的研究提供借鉴。由此认为，长时间中到大强度运动中肌糖原和脑糖原超量恢复及其对运动训练与参赛的重要指导意义已逐步得到证实和揭示，它们共同作用于运动人体，是提高长时间中到大强度耐力性运动训练适应能力和参赛质量的重要调控依据之一。

此外，生理实证与数学推理结合模型。随着生理模型不断提出并应用于运动训练实践中，人们也逐渐发现，仅此已不能满足运动训练实践中的复杂性需求。20世纪60年代至20世纪70年代美苏冷战，激发了美国向"科学和数学"看齐，随后的计算机信息技术更是推动现代科技的数学化和信息化发展，运动训练理论模型也随之改进。我们列举自20世纪60年代至21世纪初的三个经典模型，以阐述其进路。

（1）"临界功率"（Critical Power，CP）模型。Monod 和 Scherrer 1965年正式提出用于测试动态和静态肌肉做功的"临界功率（Critical Power，CP）"模型（Scherrer 等，1954；Scherrer 和 Monod，1960；Monod 和 Scherrer，1965）。CP模型是指最大输出功率（P）和局部肌肉疲劳前保持最大功率的时间（T）存在双曲线关系：$W_{总} = CP \times T + W'$，其中 CP 代表有氧做功部分（单位：瓦特），W' 是无氧做功部分（单位：焦耳）。并由此推导功率为：$P = CP + W'/T$，而如果一个项目的无氧功率高于 CP，则最大功率持续的时间为：$T = W'/(P-CP)$（图5-7）。

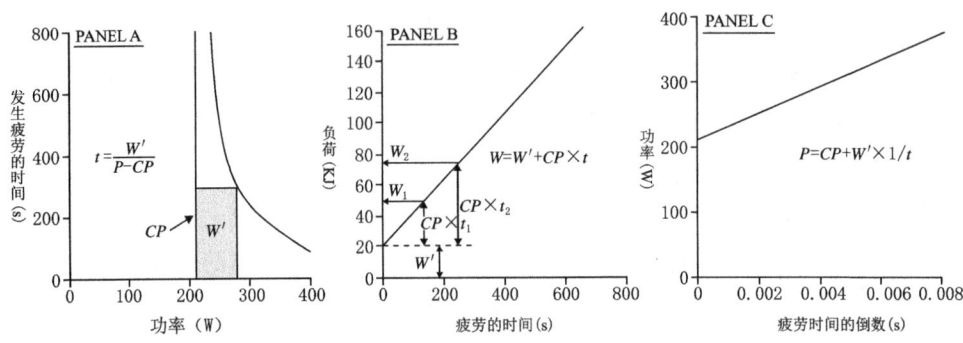

图 5-7 二变量模型的三种等价形式

20 世纪 80 年代早期，Moritani 等[1]和 Whipp 等[2]将此概念扩展到全身的训练功率中，发现不同受试者在功率自行车训练中达到疲劳时，CP 与气体交换的无氧阈显著相关，CP 和能量储备之和与最大摄氧量也显著相关。

CP 最初的理念来自功率 $P=W/t$，以其表示在不同功率时，做功与疲劳出现之前所持续的时间之间的线性关系。模型的两个变量中，P 是功率，T 是功率持续的时长。对于游泳和跑步而言，P 和 CP 可用速度（S）和临界速度（CS）表示，W' 用距离 D' 表示。传统方法是通过对不同持续时间的最大恒定功率测试，获得 CP 和 W'。但是，由于多个单元测试，导致不可控的干扰因素会影响其结果。为消除传统测试方法的不足，有学者将其改进为 3 分钟最大强度测试[3]。

Morton[4]将 CP 模型的假设条件归纳为 4 点：①两类能量物质输出功率：有氧和无氧；②有氧能量是无限供能的（即可以在 CP 强度或 CP 以下强度长时间无限运动），但其转化为做功的效率是有限的；③无氧供能在转化做功效率上也是无限的（即最大输出功率或最大速度是无限的），但其能量是有限的。④ W' 耗尽时将出现力竭。目前，CP 模型应用已经在一些运动项目中较好地评估了肌肉

---

[1] Moritani t, Nagata A, Devries H A, et al. Critical power as a measure of physical work capacity and anaerobic threshold [J]. Ergonomics, 1981, 24 (5): 339-350.

[2] Whipp B J, Huntsman D J, Storer T, et al. A constant which determines the duration of tolerance to high-intensity work [C] //Fed Proc. 1982, 41 (5): 1591.

[3] Vanhatalo A, Doust J H, Burnley M. Determination of critical power using a 3-min all-out cycling test [J]. Medicine and science in sports and exercise, 2007, 39 (3): 548.

[4] Morton R H. The critical power and related whole-body bioenergetic models [J]. European journal of applied physiology, 2006, 96 (4): 339-354

第五章　现代运动训练理论与方法的发展（20世纪50年代—21世纪10年代）

能力表现，尤其在已经成功应用的自行车、跑步、游泳和划艇[1]等项目中。然而，有研究也提出，这些假设有些过于牵强，同时该模型对最大功率持续时间限定2~30分钟才适用[2]，通过W'产生最大功率也是有限的，因为难以知晓受试者的最大功率工作能力是否足够大且稳定，而W'在力竭时也不可能耗尽[3]。总体而言，会导致CP高估，而W'低估。

为弥补不足，Morton[4]创立了三变量CP模型：假设最大输出功率是无限的，且力竭发生在W'耗竭之时。修正后放宽了两个变量模型的要求，渐近线在$t=0$时也存在，T无限接近于0，修改后的数学表达为：

$$t = W'/(P-CP) + K, (K<0)$$

K是渐近线，假设为负值。因为最大功率（P_{max}）只能在瞬时产生（即力竭时间为0），则意味着：

$$t = W'/(P-CP) + W'/(CP-P_{max})$$

Morton进一步假设了训练中可达到的最大输出功率，有赖于W'的剩余量大小。通过这样一个数学推理补充，他将上述方程中最大功率变换为"最大瞬时功率"，P且被证明与剩余W'有一个线性函数[5]，因此，改良后的CP模型，假设力竭时W'耗尽，变为力竭发生在最大功率小于理想输出功率时。此外，t是总的持续时间，n是间歇次数，Tw和Tr分别是每个间歇的功率持续时间和每个间歇的恢复阶段，Pw和Pr分别是做功和休息阶段的输出功率[6]。同时，模型的合理性还需要以下约束条件：

$$0 \leqslant Pr < CP < Pw < CP + W'/t$$

可见，Morton和Billat[7]对两变量CP模型进行补充，更有利于优化间歇运

---

[1] Jones A M, Vanhatalo A, Burnley M, et al. Critical power: implications for determination of VO2max and exercise tolerance [J]. Med Sci Sports Exerc, 2010, 42 (10): 1876-1890.

[2] Morton R H. The critical power and related whole-body bioenergetic models [J]. European journal of applied physiology, 2006, 96 (4): 339-354.

[3] Jones A M, Vanhatalo A, Burnley M, et al. Critical power: implications for determination of VO_{2max} and exercise tolerance [J]. Med Sci Sports Exerc, 2010, 42 (10): 1876-1890.

[4] Hugh Morton R. A 3-parameter critical power model [J]. Ergonomics, 1996, 39 (4): 611-619.

[5] Hugh Morton R. A 3-parameter critical power model [J]. Ergonomics, 1996, 39 (4): 611-619.

[6] Morton R H, Billat L V. The critical power model for intermittent exercise [J]. European journal of applied physiology, 2004, 91 (2-3): 303-307.

[7] Morton R H, Billat L V. The critical power model for intermittent exercise [J]. European journal of applied physiology, 2004, 91 (2-3): 303-307.

动的训练处方。概言之，CP 模型的突出优点是将能量输出和机械效率统一于一个变量关系中，且简单易行。此外，一些运动训练实践中难以实现的人体运动参数，通过数学转换来实现和优化，使得运动训练负荷与竞技能力增长模型在原有生理模型的基础上更能向指导实践中推进一步。

（2）"训练负荷——效应"（Impulse-response，IR）模型。1975 年，Banister E W 提出"训练负荷——效应"（Impulse-response，IR）模型[1]试图解释运动训练与竞技能力提高的个性化预测问题，该模型是运动训练理论与方法中最具代表性的经典模型之一，该模型随后陆续得到研究和拓展（Calvert 等，1976；Busso 等，1997，2002；Busso，2003）[2]，其基本定义："对前期训练负荷在特定时间产生累积效应的竞技能力量化描述。"[3] 通过简洁的描述个体的训练"负荷——效应"关系，将非线性复杂因素，个性化地设定在一个单一框架中，其目的是通过运动训练计划定量数据和运动成绩预测运动训练效果，最终实现优化训练质量。原始研究是对游泳训练负荷和成绩效应进行模型化[4]。此后，该模型在其他运动项目中也得到应用，如跑步、游泳、自行车、铁人三项、举重、链球等。

IR 建模之初，为检验运动训练引起竞技能力的变化过程，Calvert 等[5]提出竞技能力的动力学和一阶系统行为类似。系统行为随时间而变化，并可利用常微分方程（ODEs）建模。Calvert 等因此提出常微分方程可以用以量化竞技能力的时间动态变化过程，随后用标准数学技术进行了求解。然而，在后期发现的方程难以解释近几个月对游泳训练采集的所有竞技能力（成绩）数据，且游泳运动员的竞技能力在负荷增加时反而下降，Calvert 等对原方程又进行了修改，根据训练带来积极与消极的两种效应，试图建立一个二元系统，并发现二元系统方程与最初一元系统方程是一种形式。

---

[1] Banister E W, Calvert T W, Savage M V, et al. A systems model of training for athletic performance [J]. Aust J Sports Med, 1975, 7 (5): 61.

[2] Busso T. Variable dose-response relationship between exercise training and performance [J]. Medicine and science in sports and exercise, 2003, 35 (7): 1188-1195.

[3] Taha T, Thomas S G. Systems modelling of the relationship between training and performance [J]. Sports Medicine, 2003, 33 (14): 1061-1073.

[4] Banister E W, Calvert T W, Savage M V, et al. A systems model of training for athletic performance [J]. Aust J Sports Med, 1975, 7 (5): 61.

[5] Calvert T W, Banister E W, Savage M V, et al. A systems model of the effects of training on physical performance [J]. IEEE Trans Syst Man Cybern SMC-6, 1976: 94-102.

第五章　现代运动训练理论与方法的发展（20世纪50年代—21世纪10年代）

具体而言，该二元系统模型假设运动训练负荷存在两个相反的函数效应关系：一是正向效应（PTEs），致使运动员机体处于健康状态，并带来运动成绩或竞技能力提高；二是负向效应（NTEs），致使运动员短期或长期处于疲劳状态，并带来运动成绩或竞技能力停滞或下降。且对已知的训练负荷，开始 NTE 超过 PTE 而导致竞技能力下降，然而，NTE 随时间消减得更快，最终 PTE 超过 NTE，竞技能力增加。其中的 PTE 和 NTE，分别与测得的健康与疲劳生理学参数均存在对应的量化关系，如女性跑步运动员的铁状态生物标志物的动力学、肌细胞损伤的标志物（血清酶升高，如肌酸激酶、乳酸脱氢酶和天冬氨酸氨基转移酶[1]）在 NTE 时活跃；通气阈与 PTE 显著相关，NTE 与个人的情绪状态问卷（反应感觉疲劳）中度相关[2]；同样，血清激素水平与 NTE、PTE 也存在显著相关[3]。具体计算如图 5-8，竞技能力随着训练负荷带来的波动性变化如图 5-9。

$$p(t)=p(0)+k_1\sum_{s=0}^{t-1}e^{-(t-s)/\tau_1}w'(s)-k_2\sum_{s=0}^{t-1}e^{-(t-s)/\tau_2}w(s)$$

运动表现起始水平 ← p(t)；PTE（fitness）（健康）；NTE（fatigue）（疲劳）；累加的训练刺激，每个都由指数衰减项修改

$$g(t)=g(t-s)e^{-s/\tau_1}+w(t)$$
$$h(t)=h(t-s)e^{-s/\tau_2}+w(t)$$
$$p(t)=p(0)+k_1g(t)-k_2h(t)$$
　　　　　　PTE　　NTE

(A) IR模型的求和公式　　　　(B) IR模型的递归方程

图 5-8　IR 模型的两个计算方程

[注：(A) 是 IR 模型的求和公式，(B) 是 IR 模型的递归方程]

---

[1] Banister E W, Fitz-Clarke J R. Plasticity of response to equal quantities of endurance training separated by non-training in humans [J]. J ThermalBiol 18, 1993：587-597.
[2] Wood R E, Hayter S, Rowbottom D, et al. Applying a mathematicalmodel to training adaptation in a distance runner [J]. Eur J Appl Physiol 94, 2005：310-316.
[3] Busso T, Hakkinen K, Pakarinen A, et al. Hormonal adaptations and modelled responses in elite weightlifters during 6 weeks of training [J]. European Journal of Appl Physiol Occup Physiol 64, 1992：381-386.

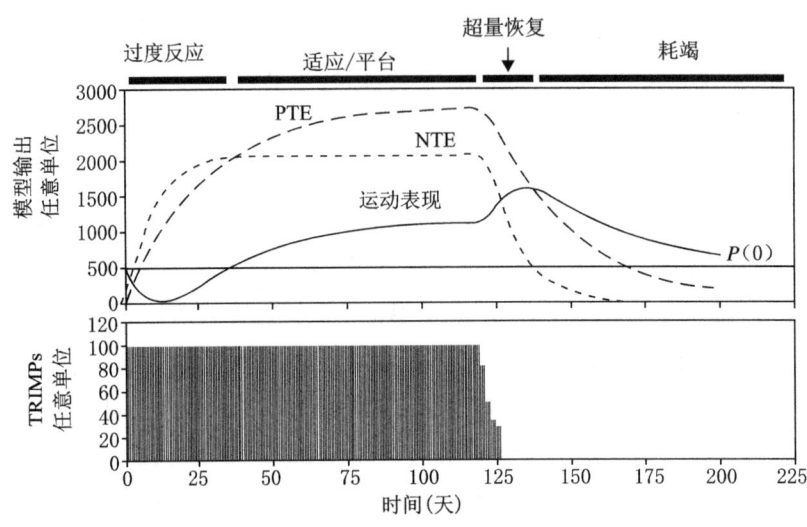

图 5-9 IR 模型中竞技能力随运动训练负荷变化模型（Banister E W，1975）

（注：底部是日常训练负荷的时间函数。运动员在开始的 120 天中，每天进行 100TRIMPs 的负荷训练，随后进行 7 天减量训练，每天训练负荷为 30TRIMPs，接下来停训。PTE、PNE 和竞技能力通过 TRIMPs 来计算，其参数：$P(0) = 500$，$K_1 = 1$，$K_2 = 2$，$\tau_1 = 27$，$\tau_2 = 10$）

图 5-8 中，（A）是 IR 模型的求和方程，（B）是 IR 模型的递归方程，两方程中 $P(t)$ 是时间 T 时的竞技能力，$P(0)$ 是初始的竞技能力水平；K_1 和 K_2 分别是健康和疲劳强度因子；τ_1 和 τ_2 分别是健康和疲劳衰减的时间常数；$W(s)$ 是已知自第一周到赛前一段时期的周（或日）训练负荷。这些变量都是以个体的反应来解释的[1]（Mujika 等，1996），是对训练效应定性特征的模拟。模型是以日训练负荷作为输入变量的，因此定义训练负荷为：训练负荷 = 训练强度 × 持续时间。

训练强度一般采用 Eric Banister 提出的 TRIMP，即以每分钟的心率 HR 来度量强度，同时还考虑到高强度负荷比同时长的低强度负荷的代谢过程更费力[2]，具体表达：①TRIMP $= t \times k \times$ FHRR；②FHRR $= ($HR$_{平均} - HR_{休息}) / (HR_{最大} - HR_{休息})$。其中，$t$ 是训练单元持续的时间（分钟），FHRR 是心率储备分数，$k = 0.64e^{1.92 \times FHRR}$（男）或者 $k = 0.86e^{1.67 \times FHRR}$（女）。

此外，还有研究提出在自行车训练中采用训练强度得分（TSS）方法，这种

---

[1] Mujika I, Bussot T, Lacoste L, et al. Modeled responses to training and taper in competitive swimmers [J]. Medicine and science in sports and exercise, 1996, 28 (2): 251-258.

[2] Banister E W. Modeling elite athletic performance [J]. Physiological testing of elite athletes, 1991: 403-424.

第五章 现代运动训练理论与方法的发展（20世纪50年代—21世纪10年代）

方法考虑到爬坡、风速等对不同强度训练输出功率的影响，而取平均功率来度量其强度[1]。随着人们对 IR 模型的深入认识和拓展，IR 模型的用途不只是竞技运动，而且可用作个人疾病和损伤康复，如 Le Bris 和 Coauthors 用这个模型预测心血管病人在康复计划中断或被干扰时的功能能力损失情况，以及第二阶段康复病人每周 2~3 次和每周 5 次康复训练的治疗效果比较[2]，Jomenez 和 Skiba 等还运用这一模型预测膝盖手术病人的功能能力恢复周期[3]。

当然，IR 模型也存在明显的缺陷：①需要受试运动员保持积极的测试态度来全力配合训练数据的采集，且测试较频繁（至少每周一次），因此经常表现出预测能力偏差[4]；②测试需要购买昂贵的设备；③ IR 模型假设健康和疲劳对训练负荷的应答是线性的，但现实中机体对训练的适应是有限的。为反映这一生理现实，Hellard 等[5]提出对 IR 模型的修订，日训练负荷 [w(s)] 用饱和 Hill 方程进行转换，将原模型中对训练负荷的线性自适应刺激调整为非线性。具体见图 5-10、图 5-11。

$$p(t) = p(0) + k_1 \sum_{s=0}^{t-1} e^{-(t-s)/\tau_1} \omega_p(s) - k_2 \sum_{s=0}^{t-1} e^{-(t-s)/\tau_2} \omega_n(s)$$

Hill equation: $\omega(s) = \kappa_{p/n} \dfrac{w(s)^y}{\delta^y + w(s)^y}$ （A）

图 5-10　日训练负荷通过 Hill 方程转换后的 IR 模型公式（Hellard P 等，2005）

$$p(t) = p(0) + k_1 \sum_{s=0}^{t-1} e^{-(t-s)/t_1} w(s) - k_2(s) \sum_{s=0}^{t-1} e^{-(t-s)/t_2} w(s)$$

$$k_2(s) = k_3 \sum_{j=1}^{s} w(s) e^{-(s-j)/t_3} \quad \text{（B）}$$

图 5-11　IR 模型中训练频率对运动疲劳的影响的计算公式（Busso T，2003）

---

[1] Allen H, Coggan A. Training and racing with a power meter [M]. Boulder：VeloPress, 2010.

[2] Le Bris S, Ledermann B, Candau R, et al. Applying a systems model of training to a patient with coronary artery disease [J]. Medicine and science in sports and exercise, 2004, 36 (6)：942-948.

[3] Daniel D M, Stone M L, Dobson B E, et al. Fate of the ACL-injured patient a prospective outcome study [J]. The American journal of sports medicine, 1994, 22 (5)：632-644.

[4] Taha T, Thomas S G. Systems modelling of the relationship between training and performance [J]. Sports Medicine, 2003, 33 (14)：1061-1073.

[5] Hellard P, Avalos M, Millet G, et al. Modeling the Residual Effects and Threshold Saturation of Training：Acase Study of Olympic Swimmers [J]. The Journal of Strength & Conditioning Research, 2005, 19 (1)：67-75.

Busso 及其同事[1]同样也发现，不随时间改变的参量可能不适合于不同训练计划的竞技能力模型，因此，为找出随时间变化的参量，Busso 等用一个递归最小二乘算法使得变量随时间变化，并发现改变后的模型更能与成绩数据拟合。同时，通过增加训练频率来提高训练负荷引起增益变量 K_1 和 K_2 变化，这促使 Busso 2003 年对 IR 模型进行了修改[2]。其中将 K_2 重新定义及修改后的负向效应可表达为（图5-12）：

$$K_2^1 = K_3 \sum_{j=1}^{i} w(j) e^{-(i-j)/\tau_3}$$

$$p(t) = p(0) + k_1 \sum_{i=1}^{t-1} w(i) e^{-(t-i)/\tau_1} - \sum_{i=1}^{t-1} k_2^i w(i) e^{-(t-i)/\tau_2}$$

图 5-12　IR 模型中修改后的 K_2 值计算公式及其负向效应计算公式（Busso T，2003）

至此，可进一步将 IR 模型定义和描述为：基于前期竞技能力水平加上正向训练效应（PTE），减去负向训练效应（NTE）所得的竞技能力变化值。与 CP 中的 W' 不同，模型参数可能不仅仅是单一的生理学变量，而是反映训练效应的动力学多变量聚合影响。并且，通过输入具体运动员数据和变量值，模型可以个性化。修正的二元系统 IR 模型为运动训练适应的动力过程提供了一个解释窗口，基于此假设，IR 模型能解释大多数收集到的成绩数据（一些研究中 $R^2 > 0.90$）[3]。它对制订运动训练计划具有很强的指导意义，具体表现为：①将训练原则整合到统一的框架中。②以估测的训练负荷为输入，强调运动训练是一个生理应激过程，训练扰乱了体内平衡，而恢复则需要大量器官系统的适应，如免疫、神经和内分泌等系统对训练应答的协调，如果施加持续的过量训练负荷将会给这些系统带来破坏，导致过度训练。因此，将量化不同阶段的训练负荷作为检查施加适宜负荷的一种途径。③该模型突出了竞技能力适应是一个训练应激的聚合功能，意味着不是单一训练内容影响竞技能力，而是持续日常训练，超负荷和减量共同带来高峰竞技能力。

---

[1] Busso T, Denis C, Bonnefoy R, et al. Modeling of adaptations to physical training by using a recursive least squares algorithm [J]. Journal of applied physiology, 1997, 82 (5)：1685-1693.

[2] Busso T. Variable dose-response relationship between exercise training and performance [J]. Medicine and science in sports and exercise, 2003, 35 (7)：1188-1195.

[3] Wood R E, Hayter S, Rowbottom D, et al. Applying a mathematical model to training adaptation in a distance runner [J]. European Jouranl of Applied Physiology, 2005, 94 (3)：122-130.

第五章　现代运动训练理论与方法的发展（20世纪50年代—21世纪10年代）

然而，运动训练与竞技能力增长关系又表现为强烈的个性化差异[1-2]，且受到多种因素的影响，如不同训练背景、生理学因素、技术因素、专项因素[3]等。以实验为导向的理论模型（实验事实的描述归纳），常存在诸如难以形成对训练计划设计的长期纵向研究、无法明确比较不同干预因素的影响，且干预往往是正常训练的一种补充。此外，这类研究通常选取的受试者较少，缺乏统计力度等。任何一个运动训练模型都不是全面而精确的，CP模型和IP模型将生理学与数学相结合，而其中的数学模型往往正是复杂生物系统的有效表达和假设评估的有效手段，并予以个性化[4]，这些优点是此前的生理模型无法实现的。从国际上的发展态势而言，可视作对原有运动训练理论与方法模型的补充，正如恩格斯所言："任何一门科学的真正完善在于数学工具的广泛应用。"

（3）"竞技潜能元"（Performance Potential Metamodel "PERPOT"）模型。2000年德国美因茨大学计算机科学系的Jürgen Perl提出"竞技潜能元模型"（Performance Potential Metamodel "PERPOT"）[5-6]，一种"训练负荷与竞技能力交互关系"的理论模型。由于超负荷训练会引发超量恢复或者过度训练两种相反的效应，他基于数学分析指出，随时序变化的特殊效果和竞技能力稳定性只能用一个对抗性结构来建模，模拟一系列潜在变量之间的延迟传输作用线的交互作用，这在自控制神经系统中已得到广泛应用。它首次对运动训练中的定性现象进行描述，通过对抗系统动力学（训练负荷会引起正反两方面的效果：提高竞技能力的应答流和降低竞技能力的应变流），且主要以应答流与应变流的延迟时间（时滞）不同来控制运动训练中生理适应的正负效果。也是首度尝试采取计算机软件模拟训练负荷对竞技能力作用的短期与长期反应的动力过程，用于优化训练

---

[1] Avalos M, Hellard P, Chatard J C. Modeling the training-performance relationship using a mixed model in elite swimmers [J]. Medicine and science in sports and exercise, 2003, 35 (5): 838-846.

[2] Club T O E. Use of swim-training profiles and performance data to enhance training effectiveness [J]. THE Jwfif, 23.

[3] Hellard P, Avalos M, Lacoste L, et al. Assessing the limitations of the Banister model in monitoring training [J]. Journal of sports sciences, 2006, 24 (5): 509-520.

[4] Lauffenburger D A. Models for Binding, Traffickng and Signaling [J]. Aiche Journal, 1993.

[5] Perl J. PerPot: A Metamodel for Simulation of Load Performance Interaction [J]. European Journal of Sport Science, 2001, 1 (2): 1-13.

[6] Perl J. PerPot-a meta-model and software tool for analysis and optimisation of load-performance-interaction [J]. International Journal of Performance Analysis in Sport, 2004, 4 (2): 61-73.

计划和预防过度训练的计算模型。主要思路如下[1]（图 5-13、图 5-14）。

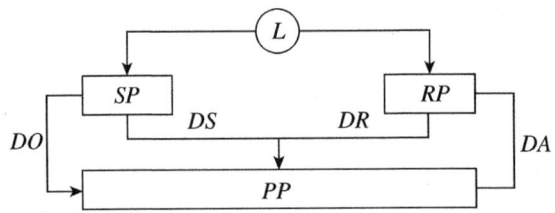

图 5-13 PerPot 元模型基本结构（依 Perl，2003）

其中，L 是训练负荷，SP 是训练导致的机体应变潜能，RP 是训练导致机体的应答潜能，PP 是机体表现竞技能力的潜能，或称竞技潜能。DS 是应变流时滞，DR 是应答流时滞。DO 是应变潜能的溢出流时滞（当训练负荷超过机体应变潜能承受限度时产生），DA 是机体内部衰减流（作为下一次训练的起始状态）。左侧的 DS 和 DO 对竞技能力潜能 PP 有减法作用，右边的 DR 对 PP 有加法作用，一般情况下是同时存在的动力对抗关系。然而，当训练负荷超过机体应变潜能限度（机体存在一个适应的自然限度），而导致应变流溢出时，就表现为训练过度，进而减小竞技能力与潜能。为解释两种时滞值的大小对运动训练效果产生的重要影响，图 5-14 展示了引发超量恢复与否的作用线。

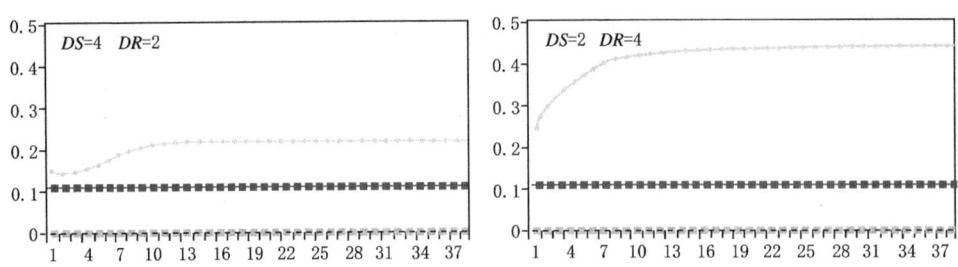

图 5-14 依据训练负荷（实线）和相关流时滞的竞技能力走势（虚线）

图 5-14 中显示，施加的训练负荷一样，当应变流时滞（$DS=4$）大于应答流时滞（$DR=2$）时，竞技能力表现明显低于应答流时滞（$DR=4$）大于应变流时滞（$DS=2$）时。后者才能出现竞技能力的超量恢复效应，因此当前的竞技能

---

[1] Perl J. On the Long-Term Behaviour of the Performance-Potential-Metamodel PerPot: New Results and Approaches [J]. International Journal of Computer Science in Sport, 2003, 2 (1): 80-92.

第五章　现代运动训练理论与方法的发展（20世纪50年代—21世纪10年代）

力潜能状态和产生应变流、应答流的时滞将对竞技能力的动力学行为产生极为重要的影响。

对于 PerPot 元模型如何反映训练负荷、效应时滞和竞技能力之间长期的相互作用与反馈，Perl 在原有基本结构的基础上进行了改进：要求模型不仅反映竞技能力输出，而且训练效应时滞值都应该由训练负荷输入来调控。原有（图 5-13）的基础模型显然无法囊括，进而提出"二维水平的 PerPot 模型"[1]（图 5-15）。该模型中，内部 PerPot 模型的"竞技能力"PP 调控着外部 PerPot 模型中的时滞 DS 和 DR，（即人体器官的竞技能力状况直接影响运动训练引起的两种时滞），并且两个模型均接受同样的训练负荷输入 L。这样一来，运动训练不仅通过优化竞技能力生理表征物质和传输率，而且通过提高生成和传输组件的性能和速度来提高外在的竞技能力。

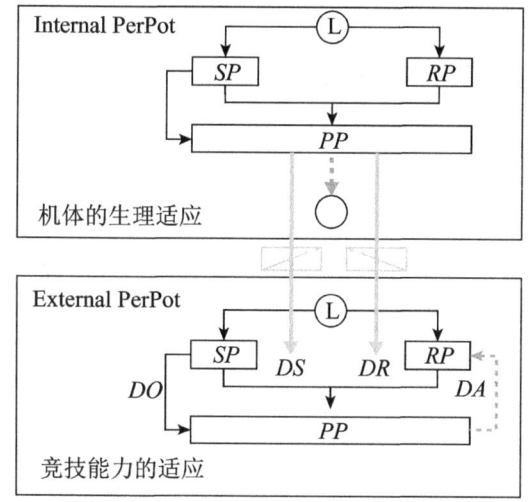

图 5-15　通过内外方式双向动力时滞控制的长期效应过程的 PerPot 模型（依 Perl，2003）

（注：虚线表示不同类型的内部和外部衰减流；粗线和方盒子表示外部时滞的内部控制）

图 5-15 中，内部（人体器官）竞技潜能（Internal PerPot）表示竞技能力生理资源再生能力和运输速度，外部时滞变量（DS，DR）代表器官"竞技能力"和通过如下关系进行的调控：①如果应变时滞比应答时滞小，系统的第一反应是

---

[1] Perl J. On the Long-Term Behaviour of the Performance-Potential-Metamodel PerPot: New Results and Approaches [J]. International Journal of Computer Science in Sport, 2003, 2 (1): 80-92.

积极的;②否则是消极的。比如,为增加训练负荷引起的外部(可测量的)竞技能力的反应的途径,即减小应变时滞,或增加应答时滞。

此外,通过"二维水平的PerPot模型"可知,内、外部衰减模式是不同的。外部模型表示短期行为,其衰减竞技能力可以反馈给系统并被重新激活,而内部控制系统模型是长期行为,长期训练导致生理资源被耗尽,进而影响竞技能力潜能,使其下降,模型中添加了一个衰减分支线(红色带圆圈)表示内部"竞技能力"的亏损。如此一来,特定的训练方式,如过度训练则会引发延后的竞技能力"崩塌",如竞技能力状态因此不见好转,这种竞技状态崩塌现象或将无以修复。

竞技潜能元模型是不同于IR模型的另一种认识方式,它们都是以运动训练引起"正负对抗效应"的假设为前提衍生而来的。PerPot元模型的不同之处还在于引用计算机软件对这一生理适应进行模拟,融合了生理学、数学和计算机科学与技术进而将"训练负荷"与"竞技能力增长"模型注入了新的科技元素,难怪对IR和PerPot的对比实验研究指出,PerPot对运动成绩数据具有更高的拟合能力[1]。

综上所述,Selye应激理论奠定了运动生理学等生物学科在运动训练中的领导地位,以生理学为理论基础的模型,揭示运动训练负荷与竞技能力增长之间关系也成为共识。直接由应激理论衍生的模型,如"运动训练的超量补偿循环"模型、"运动训练的高级适应循环"模型、"超量补偿循环"和"代偿适应"模型即"超量恢复"模型等,其中"超量恢复"模型是后期对前期应激模型在运动训练中的修正与综合。

然而,人们发现,运动训练的生物学复杂性,仅采用单一的生理模型,已然难以有效表达。于是,结合数学、物理学和计算机科学来转换和优化不失为一种更加合理的途径,如CP模型、IR模型。其中的数学模型往往可以通过假设与验证,实现对复杂生物系统的有效表达,并可根据个体参数不同来实现模型个性化。融合计算机信息技术的"竞技潜能元模型"则通过现有数据,即刻优化训练计划和预防过度训练,借助其强大的运算功能,达到运动训练数据与目标成绩之间的高度拟合能力。生理学、数学、物理学和计算机科学与技术进而将"竞技

---

[1] Pfeiffer M. Modeling the Relationship between Training and Performance-A Comparison of Two Antagonistic Concepts [J]. International journal of computer science in sport, 2008, 7: 13-32.

第五章 现代运动训练理论与方法的发展（20世纪50年代—21世纪10年代）

能力增长"模型的全面性和有效性提升了一个层次。

最后，我们发现"竞技能力增长"理论模型演进，大抵也遵循着图灵奖得主 Jim Gray 在"科学的第四个范式"中的预测趋势那样，即依次经历"实验科学（自然现象描述）→理论科学（模型化，一般常模）→计算科学（通过计算来模拟复杂现象）→数据密集型科学（理论、实验和模拟相结合）"。当前，国际上竞技能力增长模型大都处于理论科学和计算科学阶段。

以奥林匹克运动为引领的运动训练活动，素来也是科学的试金石和科技的展示舞台，回顾历史，我们发现它与人类科学的进程惊人同步，本书也对其中历经的经典科学理论模型进行了提要与简析，毕竟这些模型的建立与应用都得益于跨学科复合人才的共同努力，仅凭本书所述还远远不够，无论我们是否认识到或跟上这一科学步伐，事实却是如此，倘若没有全体体育科研与运动训练实践者们的集思广益，拥抱数字化转型，勇于突破和直面挑战的勇气与魄力，那么我们的运动训练理论与方法很可能长期处于被动或落后的局面。虽然运动训练理论与方法的"第四个范式"是否即将来临，尚无定论，但大数据研究在各个领域和行业已悄然铺开，趋势或逐渐明朗，就运动训练理论与方法乃至整个体育科学而言，关键还在于我们以何种心态和实际行动来迎接这场科学范式革命的机遇与挑战。

二、长期系统训练组织模式：运动训练分期理论模型演化

鉴于该理论几乎成为 20 世纪以来运动训练科学中最为经典的理论，一方面受到运动训练理论与实践界的赞誉和追捧，另一方面也饱受批判和诟病。这也印证了分期理论在全球范围内奥林匹克运动员训练理论与方法中的重要地位。为了更系统地阐述该理论的渊源、形成与发展的脉络，我们将分为 4 个专题予以阐述。

专题一：运动训练分期理论与板块分期的关系

近几个奥运周期国际上一直活跃着一种观点，认为训练分期理论已不再适用于职业体育时代的多站比赛，并替代为板块分期。这一观点或多或少也给国内运动训练学界、教练员、运动员、主管训练的相关人员带来一定影响，支持者赞同传统周期训练带来运动员伤病、过度训练、成绩停滞、成才低下等弊病而采用新的板块分期取而代之，集中负荷短期发展特定运动能力，效果快、疲劳少、成绩提高快等优点，反对者则坚持训练分期在形成竞技状态上的本质优势。伦敦奥运

会已落下帷幕,赛出境外最佳战绩,竞走项目创造了历史,游泳项目取得重大突破。曾担任奥运会游泳队科研组组长的陆一帆认为游泳取得突破的原因,"除艰苦训练外,近十年中国游泳队的观念提高、改进,主要有三个方面:一是强调运动员竞技状态的调整;二是有效的训练强度;三是积极性恢复训练,这是建立在第二点基础上的。"(陆一帆,2012)如何科学认识训练理论,并用以指导训练实践由此也得到一些启示。正是基于此,笔者研习发现,以美国为代表的欧美国家对训练分期理论的研究自20世纪70年代以来得以不断学习继承、研究发展、实践深化、再发展,已形成更为系统的训练科学体系,国内则在对训练分期理论研究发展的同时也经受着质疑的阻力和干扰。训练分期理论与板块分期到底是何种关系?如何正确认识和应用两类理论?本书欲以英文文献研究为参考剖析训练分期理论与板块分期的合理性与关联性。

(1)运动训练分期理论产生与西渐。1952—1992年的夏季奥运会苏联奖牌总数9次超越美国,金牌总数8次超越美国,冬、夏季奥运会苏联共取得395枚金牌、319枚银牌、296枚铜牌[1-2]。现代训练分期理论正是马特维也夫基于苏联这一时期参加奥运会的准备训练总结发展而来。当时人们普遍发现"东欧运动员比美国运动员更健康,肌肉密度大,心肺功能强,参赛时表现出最佳的竞技状态"[3]。显然,美国队与苏联相比,比赛准备出现重大失误,即缺乏训练组织:对训练负荷、强度、恢复全面考察,采用高度综合、系统地设计训练周期,波动安排训练量和强度,调整运动员适时出现最佳竞技状态。

马氏于1964年出版的《运动训练分期问题》系统地阐述了训练分期理论。1968年第一次翻译《运动训练分期问题》传入西方但鲜有人接触,1971年前奥运冠军,荣获11次联邦德国1500米冠军的Arnd Krüger对其译本进行了校正并添加了马氏最新的训练分期理论研究成果[4],并于1973年发表了《分期理论与适时出现竞技高峰》一文,1975年,苏格兰国家队田径教练Frank Dick在其专

---

[1] David Wallechinsky. The Complete Book of the Olympics [M]. London:Aurum Press, 2008:9.
[2] Douglas A. Nverr, Lawrence E. Ziewacz. The Games They Played:Sports in American History(1865—1980) [M]. Maryland:Rowman&Littlefield publishers, 1983:289.
[3] Frank Dick. Periodization:An Approach to the Training Year [J]. Track Technique, 1975, 62(5):1968-1969.
[4] KRüGER. Periodization or Peaking at the Right Time [J]. Modern Athlete and Coach, 1974, 3(12):1720-1724.

第五章 现代运动训练理论与方法的发展（20世纪50年代—21世纪10年代）

著《训练分期：一种年度训练方法》[1]一书中对运动训练分期问题进行了全面细致的诠释和深入系统的剖析，美国和所有其他英语语言者才开始接受，并全面系统地认识到这一与西方全然不同的训练哲学。

之所以不同，是因为研究者发现，"与美国只关注军事保健和医疗康复等来促进训练的研究相比，以苏联为首的东方集团的体育科研者们则展开对种子选手的参赛进行全面研究，取代单一的生理机制的研究而采用更为整体全面的系统研究"[2-3]。Arnd Krüger通过对1972年慕尼黑奥运会前6名田径运动员进行研究，发现很多美国运动员在奥运会前创造个人最高纪录，而无法在奥运会上达到第三次运动高峰，因为同一年中已经在全国大学生锦标赛（NCAA）和奥运选拔赛中表现出两次竞技高峰[4]。关于训练分期理论及其美苏之间运动训练有何不同，马氏曾这样回答："可以看出一点。在美国没有人重视运动训练的整体性理论，尤其是对长期的训练过程组织的研究。他们仅专注于单一的训练问题，如跳高姿势，起跳角度、摆臂等技术的研究，且做得相当深入。但据我所知，训练组织的整体理论一直不是其研究的重心，而北美和南美的体育专家还未涉及这方面的研究。"[5]

此后，从事专项研究的科学家也开始关注运动训练分期理论，其中，最具代表性的是Michael Stone博士，他对训练分期方法与传统训练方法的力量、爆发力训练展开一系列对比研究，证明训练分期是一种无比优越的方法，再次奠定了运动训练分期理论在西方作为一种科学组织训练理论的地位[6]。由于对运动训练分期理论的系统研究和应用，Stone博士于2008年当选为美国奥委会运动生理协会主席（USOC)[7]。近年来，美国、加拿大等西方国家对训练分期理论的系统

---

[1] William Freeman. Peak When ItCounts: Periodization for American Track and Field [M]. Los Altos: Tafnews Press, 1989: 94.

[2] Pedemonte J. Foundations of Training Periodization. Part I: Historical Outline [J]. National Strength & Conditioning Association Journal, 1986, 6 (8): 62-65.

[3] Jim Riordan. The Role of Sport in Soviet Foreign Policy [J]. Sport in World Politics, 1988, 43: 588.

[4] William Freeman. Peak When It Counts: Periodization for American Track and Field [M]. Los Altos: Tafnews Press, 1989: 94.

[5] Nicholas David Bourne. A history of training theory and methods for the elite runners through 1975 [M]. Ann Arbor: Proquest, 2008: 35-45.

[6] Michael H. Stone. A Hypothetical Model for Strength Training [J]. National Strength and Conditioning Association, 1981, 43 (21): 342-351.

[7] Nicholas David Bourne. A history of training theory and methods for the elite runners through 1975 [M]. Ann Arbor: Proquest, 2008: 35-45.

深入研究已经极大地丰富了训练分期理论体系。

（2）西方早期对运动训练分期理论的认识。1971年，Arnd Krüger在其译本中首先表明了建立运动训练分期理论的实践基础是"对数千名优秀运动员的竞技表现和训练资料进行分析，运动项目主要包括田径项目、游泳、举重，基于数据整理提出运动训练的一般理论，以指导运动训练提高运动成绩和适时出现竞技高峰状态"[1]。马氏训练分期理论涵盖了运动训练的哲学和方法学体系，心理学，运动社会学（运动史学、社会学、美学、伦理学），运动生物学（解剖学、形态学、生物物理学、生物化学、生理学），运动医学（损伤与康复学），运动计量学（测量）[2]。在其著作《运动训练分期问题》[3]一书中将运动训练的基础划分为三个部分：第一，运动训练的特征，运动相关的理论与方法；第二，论述了竞赛准备所需要的体能与心能训练；第三，系统地论述了运动训练的基本结构、训练周期划分、年度训练的分期。其中，第三部分对运动训练分期理论进行了详细论述：

①大周期，半年大周期和年度大周期。大周期有准备期、竞赛期、转换期。②中周期，3~6个小周期组成，一般持续一个月[4]。中周期有基础中周期和竞赛中周期。强调"基础和竞赛中周期是贯穿整个训练过程的核心周期"[5-7]，基础中周期是准备期（一般和专项）的主要周期类型。③小周期，持续一周，由单个的日训练组成。一个小周期包括激活阶段（也称积累阶段）和恢复阶段。小周期有基础小周期和竞赛小周期，并根据项目划分为一般准备小周期、专项准备小周期、竞赛小周期，其他类型的还有恢复小周期（高强度比赛后的集中恢复），冲击小周期（其特点是高强度和大密度训练），竞赛小周期前的前导小周期，其目的是为运动员做参赛准备。随后，1975年苏格兰国家队田径教练Frank

---

[1] KRüGER. Periodization or Peaking at the Right Time [J]. Modern Athlete and Coach, 1974, 3（12）：1720-1724.

[2] Matveyev L P. Problem of periodization the sport training [M]. Moscow：FiS Publisher. 1964：67-79.

[3] Matveyev L P. Problem of periodization the sport training [M]. Moscow：FiS Publisher. 1964：67-79.

[4] MATVEYEV L. Modern Procedures for the Construction of Macrocycles [J]. Modern Athlete . and Coach, 1996, 23（4）：67-69.

[5] Matveyev L P. Problem of periodization the sport training [M]. Moscow：FiS Publisher. 1964：67-79.

[6] KRüGER. Periodization or Peaking at the Right Time [J]. Modern Athlete and Coach, 1974, 3（12）：1720-1724.

[7] William Freeman. Peak When It Counts：Periodization for American Track and Field [M]. Los Altos：Tafnews Press, 1989：94.

第五章　现代运动训练理论与方法的发展（20世纪50年代—21世纪10年代）

Dick 对训练分期理论的新近发展结合自己的实践研究概述了马氏训练分期理论的主要思想：首先，论述了年度训练组织过程的划分实现三个主要目标：①为运动员做训练准备以最大程度提高运动成绩。②通过训练准备调整运动员在竞赛期定期出现高峰竞技状态。③通过训练准备使得重要竞赛期间出现高峰竞技状态。其次，将年度训练划分为 5 个不同阶段（Ⅰ~Ⅴ）[1]（表5-4）。

表5-4　Frank Dick 经过完善并提出的运动训练分期理论的分期特点

分期	任务和特点	对应马氏分期
准备期Ⅰ	一般的基础训练	准备期
准备期Ⅱ	为竞赛而训练	准备期
竞赛期Ⅲ	发展运动水平，稳定竞技状态	竞赛期
竞赛期如果延长，即连续参赛则继续组织如下训练		
竞赛期Ⅳ	竞赛要求的训练比例减少，取消比赛，增加一般和专项化训练。恢复前一阶段比赛的心理和生理疲劳	竞赛期
竞赛期Ⅴ	进行竞赛要求的专项化训练为竞赛做准备。要求训练开始的2~3周运动成绩应有所提高，且在此阶段参加大型比赛（奥运会，世界和全国锦标赛等）。并且在本阶段的最后部分即转换阶段由3~6周积极性恢复训练组成为进入下一周期训练做准备	竞赛期 转换期

国内对训练周期的划分与西方英译训练分期的认识大体一致，都分为准备期、竞赛期和过渡期（转换期），但突出的重点却有所不同。相比较而言，国内对三个时期缺乏深入细致的特性阐述，而西方则除了对连续参赛时延长竞赛期的发展和论述外，还专门强调了其中小周期和中周期的重要性，认为"基础和竞赛中周期贯穿整个训练过程的核心周期，一个中周期由3~6个小周期组成"，我国关于训练分期理论的设计中甚至"没有专门的'中周期'概念，有些教练员把时间较短的大周期称为中周期，而没有理解中周期既是一个相对独立的周期，也是大周期的一个重要环节"[2]。综合而言，早期关于训练分期理论的研究主要集中于全年或半年竞赛目标的安排，其分期理论及训练内容的组织固然与当代竞

---

[1] Frank Dick. Periodization：An Approach to the Training Year [J]. Track Technique，1975，62（5）：1968-1969.
[2] 姚颂平. 运动训练分期理论的本质、现状和发展前景 [J]. 体育科学，2012（34）：1-10.

目标存在不相宜之处（运动分期理论不符合全年大部分时间参加比赛活动的实践要求，而其本身的内容是针对为运动员在重大比赛中获得最高成绩建立条件[1]），这一点在 Frank Dick 的研究上也有所发展。不容否认，运动训练分期围绕最大程度提高运动成绩和适时出现高峰竞技状态的训练设计为后人整体设置训练组织过程提供了理论先导，开辟了比赛准备和训练过程的整体组织，它是区别于具体单一训练技术、生理参数的另一研究重点领域，明确了运动训练的终极目标是确保所有技术训练和训练产生的生理、心理反应都应该围绕竞技状态定点调控为目标，其"最佳负荷与间歇参数的计算确保竞技能力的持续增长"[2-4]。这与陆一帆在伦敦奥运会游泳取得突破时总结的"有效强度训练和积极性恢复"的论述也所见略同。

（3）板块分期与运动训练分期理论的关系。其一是板块分期与运动训练分期理论的中周期的关系。运动训练分期理论从创立之初至今在得到研究论证与系统深入研究的同时，早在 20 世纪 80 年代就有人对训练分期理论提出质疑，其代表是维尔赫尚斯基。近期而言，其代表是以色列伊苏林教授[5-6]，他质疑训练分期理论存有弊病：①多种能力混合训练产生低训练刺激；②生理反应的冲突与矛盾；③过度疲劳的积累；④没有能力参加多站比赛，并提出解决问题的新理论，即板块分期，此前苏联维尔赫尚斯基也认为马氏周期已不适于指导高水平运动员的训练提出板块训练模式[7]。他们将"板块分期"定义为：一种高度专项化集中安排训练负荷的训练模式。伊苏林教授已出版专著《板块周期——运动训练的创新突破》[8]。而继承马特维也夫等苏联学者对训练分期理论的研究的当代代表是加拿大的图德·邦帕博士和美国的 G. 格雷戈里·哈夫博士，他们将训练分期

---

[1] 姚颂平. 运动训练分期理论的本质、现状和发展前景 [J]. 体育科学，2012（34）：1-10.

[2] Matveyev L P. Problem of periodization the sport training [M]. Moscow: FiS Publisher. 1964：67-79.

[3] Matvyev L. The Formation of the General Theory of Physical Culture [J]. Social Sciences, 1980, 6 (2)：26-38.

[4] Matveyev L. About the Construction of Training [J]. Modern Athlete and Coach 1994, 8 (3)：12-16.

[5] Issurin, Vladimir B. New Horizons for the Methodology and Physiology of Training Periodization [J]. Sports Medicine，2010（40）：180-198.

[6] Issurin, Vladimir B. 板块周期——运动训练的创新突破 [M]. 王乔君，毕业，陈飞飞，译. 北京：北京体育大学出版社，2011：4-40.

[7] Verchoschanskij J V. Die Prinzipien der Organisation desTrainings von Sportlern hoher Klasse im Jahreszyklus [J]. Teorija ipraktika fizic. Kult.，1991（2）：24-31.

[8] Verchoschanskij J V. Die Prinzipien der Organisation desTrainings von Sportlern hoher Klasse im Jahreszyklus [J]. Teorija ipraktika fizic. Kult.，1991（2）：24-31.

第五章　现代运动训练理论与方法的发展（20世纪50年代—21世纪10年代）

理论定义为：通过一体化方式，逻辑、系统、有序地组织训练各要素，其目的是适时出现高峰竞技状态[1]。如图5-16[2]对速度力量训练分期方法的设计。

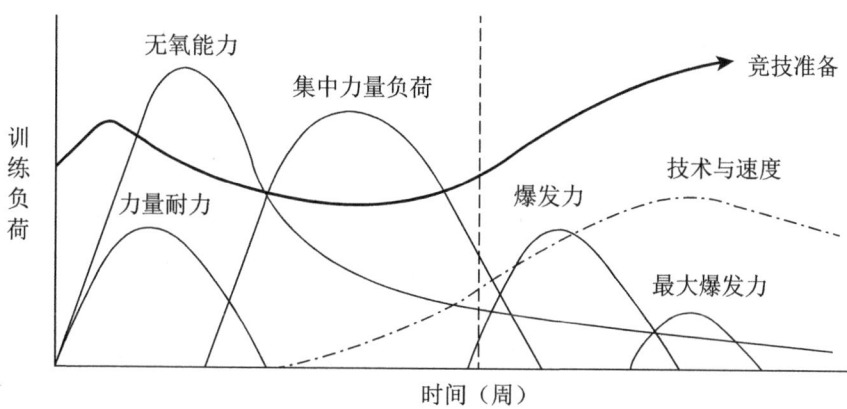

图5-16　速度力量训练的时序模型（共轭组合）

他们将训练分期的特点归纳为[3]：①分期不是一个直线不变的过程，它是采用不断波动变化的非线性方式来安排组织训练负荷；②整合和有序发展多种训练因素的系统训练过程安排；③一套为设计运动员实现特定目标的训练计划。自1983年出版第一版《训练分期理论与方法》到2009年已发行第五版[4]。

对比板块分期提出与现代训练分期理论特点可知，双方基于传统训练分期理论继承与发展的焦点不同，板块分期主要针对传统周期训练中混合能力同步发展带来的生理冲突，从而出现训练效果低下等影响训练与参赛（尤其是商业化赛事频繁的多站比赛需要时，需要具备连续参赛多次竞技高峰）的目标；而训练分期理论则集中于周期波动安排训练负荷，调控运动员适时出现竞技高峰为目标。由此，板块分期质疑传统训练分期"混合训练导致混乱的效果"（Stegeman，1981，Issurin 2010），并提出"高度专项化集中安排训练负荷"的训练思想；训练分期理论则指

---

[1] Stone M, Haff G. Roundtable Discussion: Periodization of Training Part I [J]. National Strength and Conditioning Association Journal, 2004 (26): 50-6.
[2] Le Brown, J Chandler. Conditioning for strength and human performance [M]. Philadelphia: Williams & Wilkins, 2012: 202-223.
[3] Stone M, Haff G. Roundtable Discussion: Periodization of Training Part I [J]. National Strength and Conditioning Association Journal, 2004 (26): 50-69.
[4] T Bompa, G G Haff. 训练分期理论与方法 [M]. 李少丹，译. 北京：北京体育大学出版社，2011：23-59.

出"逻辑、系统、有序地组织运动训练各要素可获取理想的训练效果"[1-2]。关于这一问题,根据姚颂平[3-6]教授长期对苏联学者关于运动训练分期理论的研究发现,运动训练中人们往往误解训练程度和竞技状态。"训练程度是指系统训练的积极结果,反映了运动员对训练和比赛活动的适应程度,它外在表现的特点是较长时间保持稳定;而竞技状态则是在已有训练程度的基础上,在训练大周期中运动员针对在面临的具体重大比赛中获得最好成绩而获得的全面准备程度的完整状态,它外在表现的特点是仅在有限的时间内保持相对稳定"[7]。可见,关于板块分期理论与运动训练分期理论争议的焦点是训练程度。就竞技状态而言,围绕多站比赛需要的板块分期与围绕少数国际重大比赛需要的训练分期理论相比,"运动员参加太多比赛不利于运动水平的提高,因为没有时间进行高质量的训练,从而会降低总的训练质量,量和强度都不足以提高运动水平。一年当中出现四次真正意义上的高峰状态是可能的,并且有两次是最高还有两次是次高"[8-10]。由此可以判定,多站比赛情况下运动员更多的不是在竞技状态下,而是在训练程度状态下完成大部分比赛。在运动训练实践中,训练程度与竞技状态都是运动训练需要兼顾的,两者存在固有的内在联系。

在早期的传统周期训练中特别强调"基础和竞赛中周期贯穿于整个训练过程的核心周期"。训练大周期由若干中周期组成,若干个小周期又组成中周期。中周期至关重要,"它能适宜地控制每一个小周期系列的叠加训练效应,以便既保障高节律地发展训练程度,同时也防止由于不断累加训练负荷效应而使适应过程可能受到损害"[11]。为此,"不仅要提高训练负荷水平,而且在某些小周期中要

---

[1] Haff G, Kraemer W, O'BRYANT H, et al. Roundtable discussion: periodization of training [part 1-2]. Strength & Conditioning Journal [J]. 200, 26 (2): 50-69.
[2] Plisky S S, Stone M H. Periodization strategies [J]. Strength & Conditioning Journal, 2003, 25 (6): 19-37.
[3] 姚颂平. 运动训练分期理论的本质、现状和发展前景 [J]. 体育科学, 2012 (34): 1-10.
[4] 姚颂平. 继承与弘扬马特维也夫教授的运动训练学术思想 [J]. 体育科学, 2006, 26 (11): 3-6.
[5] 姚颂平. 安排运动训练过程的现代分歧 [J]. 上海体育学院学报, 2010, 34 (4): 3-10, 20.
[6] 普拉托诺夫. 全年运动训练分期理论:历史、现状、争论与发展前景 [J]. 姚颂平, 译. 上海体育学院学报, 2010, (3): 67-78.
[7] 姚颂平. 运动训练分期理论的本质、现状和发展前景 [J]. 体育科学, 2012 (34): 1-10.
[8] Andrew Emmick, Eric Munson. Roundtable Discussion: Periodization, Planning, and Training for Baseball Athletes [J]. National Strength and Conditioning Association Journal, 2010, (26): 50-69.
[9] V Jagodin, Tshunganov. Periodization in Pole Vault Training [M]. Los Altos: Tafnews Press, 1981: 81-82.
[10] C Burns. Periodization Training: Part One [J]. Canadian Wrestler, 1983, 8 (3): 12-14.
[11] 姚颂平. 运动训练分期理论的本质、现状和发展前景 [J]. 体育科学, 2012 (34): 1-10.

第五章 现代运动训练理论与方法的发展（20世纪50年代—21世纪10年代）

使其降低"[1]。这一点对"质疑马氏周期训练导致过度疲劳的积累"的观点给予了反驳。马氏周期中的小周期思想与板块分期的"若干板块"结构或存在差异，却存在功能性相似。此外，伊苏林教授在《板块周期》一书中多次强调通过板块的合理顺序集中训练负荷在少数的运动和技术能力的训练上，其科学基础是"训练延迟效应"，即训练停止后仍然存在的训练效果所维持的时间，并认为这种训练方式优于传统周期的多种能力同步发展带来的训练效应的彼此冲突。

深入比较发现，马氏理论中明确指出三类"训练效应"：①即刻效应，指一项练习或一堂训练课结束即刻的训练效应。②延续效应，指练习或训练课之后的一段时间里继续存在的训练效应。③叠加效应，指多项练习或前后训练课产生的效应之间的累加[2-3]。由此可见，板块分期依次有序改善靶目标能力的科学原理"痕迹效应"类似于马氏理论中的"延续效应"，其并非板块分期的新发明和科学原理新突破，而是对"延续效应"的深入、拓展和突出。马氏周期兼顾三种效应的作用，注意到运动训练的全面性和复杂性，但不够精深，其科学性在提供更多适用空间的同时也给予了更多的反驳空间，孰优孰劣或有待实践和理论认识的更多次和持久的验证与发展。

板块分期指出马氏理论多种能力同步发展的"混乱效果"是忽视各种能力同步发展建立于"三个训练效应"为科学基础的偏见造成的，哈夫等定义运动训练分期理论就提出"逻辑、系统、有序地组织运动训练各要素"的特性界定。不仅如此，《板块周期》在具体应用其理论来指导一堂训练课时又提出"不同练习的兼容"原则[4]，即主导型训练模式与兼容型训练模式相结合。如无氧糖酵解耐力主导加上无氧力量耐力、有氧恢复训练、有氧-无氧混合耐力训练，以一堂课为单位，这其中依然涉及多种能力的同步训练，与马氏理论并无革命性变化。相对于传统周期理论，将原有多种能力训练的时间间隔和次序进行了更深入的研究规划，重点突出。对于板块分期提出与训练分期理论完全相悖的立论点不可贸然武断，只有对训练分期理论系统和全面、深入地认识才能避免一些误解导致的争议。

---

[1] 姚颂平. 运动训练分期理论的本质、现状和发展前景 [J]. 体育科学，2012（34）：1-10.
[2] Matveyev L P. Problem of periodization the sport training [M]. Moscow: FiS Publisher.1964: 67-79.
[3] 姚颂平. 运动训练分期理论的本质、现状和发展前景 [J]. 体育科学，2012（34）：1-10.
[4] Issurin, Vladimir B. 板块周期——运动训练的创新突破 [M]. 王乔军，毕业，陈飞飞，译. 北京：北京体育大学出版社，2011：4-40.

哈夫博士在讨论训练分期理论与板块分期的关系时指出，"板块分期是一种以最优化的训练分期模式来安排训练顺序的方法，接近于训练分期理论分期的中周期"。中周期应具体到包括每周的训练和每天的训练，必须经过精心设计才能保证整体训练质量，因此，提出"一个中周期板块训练的能力是建立在前一个充分打好基础的板块之上而逐渐发展的，板块和板块之间有一个合理的顺序"[1-2]。由此可见，板块分期的设计与应用理念实质上与训练分期理论中的"中周期"有多处重合，各自关注的焦点和解决的问题存在一些差异，板块分期更注重深入性，而中周期注重全面性，二者的冲突也多源于此，却并非是不可调和的两种理论派系。缺乏对中周期深入研究而过分放大大周期等致使人们产生以偏概全的错误认识，置身训练分期理论一体化系统组织下的板块分期，充分利用这两类关注不同训练问题的理论张力，才会对运动训练实践指导更为科学有效。

其二是板块分期与运动训练分期理论中周期的比较。关于"板块分期或中周期"的对比如表5-5所示：

表5-5　板块分期与中周期的比较

	分类	文献中别名	持续时间	特征
一	积累中周期	集中板块 负荷板块 发展板块 一般板块	1~6周	1. 大训练量和训练负荷 2. 具备最长训练延迟效应 3. 疲劳水平最高 4. 提高一般健康水平 5. 为下阶段板块打基础
	积累板块		12~30天	1. 训练量大而强度小 2. 训练基本动作和技术能力 3. 主要发展有氧能力，肌肉耐力，最大力量，一般协调性等

---

[1] Andrew Emmick, Eric Munson. Roundtable Discussion: Periodization, Planning, and Training for Baseball Athletes. National Strength and Conditioning Association Journal [J]. 2010 (26): 50-69.

[2] J. Hoffman (Ed.). NSCA's Guide to Program Design [M]. Champaign: Human Kinetics Publishers, 2011: 209-254.

第五章 现代运动训练理论与方法的发展（20世纪50年代—21世纪10年代）

续表

分类		文献中别名	持续时间	特征
二	转化中周期	常规板块 竞赛板块 强化板块 专项板块	2~4 周	1. 强化积累期的训练 2. 产生相对较短的训练延迟效应 3. 提高训练准备的质量 4. 高强度训练可能导致疲劳积累
	转化板块		12~25 天 最理想 3 周	1. 适宜的负荷训练，着重专项化和训练强度 2. 高强度训练几乎没有充分恢复导致疲劳积累
三	实现中周期	高峰板块 减量板块 恢复板块 竞赛板块	8~14 天	1. 减小训练负荷 2. 继续提高训练准备质量 3. 促进恢复 4. 提高竞技水平 5. 整合前两个板块的训练延迟效应
	实现板块		8~14 天	1. 减量上强度，消除疲劳增大恢复，注重比赛能力的准备 2. 整合前两阶段的能力，综合准备 3. 主要发展最大速度和快速能力，最终的专项准备等

注：依 G G Haff，E E Haff[1-3] 和 Vladimir B. Issurin[4-5] 关于中周期与板块分期相关研究制定。

通过上述比较可知，中周期和板块分期除了积累期的持续时间分别是 1~6 周和 12~30 天有一定差异之外，另外两个阶段的持续时间均一致，尤其是实现期的减量训练阶段完全一致。其训练特征也趋于一致：积累期主要是大运动量和训练负荷的一般训练，为后期训练奠定基础；转化期主要是大训练强度专项化训

---

[1] T Bompa，G G Haff. 训练分期理论与方法［M］. 李少丹，译. 北京：北京体育大学出版社，2011：23-59.

[2] J Hoffman（Ed.）. NSCA's Guide to Program Design［M］. Champaign：Human Kinetics Publishers，2011：209-254.

[3] T Bompa，G G Haff. Periodization：Theory and Methodology of Training (5th edition)［M］. Champaign：Human Kinetics Publishers，2009：120-127.

[4] Issurin，Vladimir B. New Horizons for the Methodology and Physiology of Training Periodization［J］. Sports Medicine，2010（40）：180-198.

[5] Issurin，Vladimir B. 板块周期——运动训练的创新突破［M］. 王乔军，毕业，陈飞飞，译. 北京：北京体育大学出版社，2011：4-40.

练,着重训练准备的质量,疲劳积累加大;实现期减小训练负荷(减量训练)促进恢复,整合前两个板块的训练后效应,提高比赛能力准备质量。可以肯定,无论中周期还是板块分期训练,在设计思路和训练目的上的一个共同点是提高赛前训练质量,调整运动员适时出现最佳竞技高峰状态。

其三是板块分期与运动训练分期理论的整合。板块分期不是其他新的理论发现,而是训练分期理论中的中周期的特殊深化和发展。训练分期理论创立之初就强调中周期的重要性。随着商业化比赛需要和竞技体育职业化发展催生年度安排次数比赛日益增加,为适应多次参赛取胜的需要,对中周期的训练设计和安排也提出更高的要求。板块分期也正是基于这一强烈需求发展而来,以加拿大图德·邦帕博士和美国G.格雷戈里·哈夫博士为代表对训练分期理论的最新研究也证实了训练分期理论对中周期的科学发展。图5-17、图5-18所示是训练分期理论的框架模型举例。

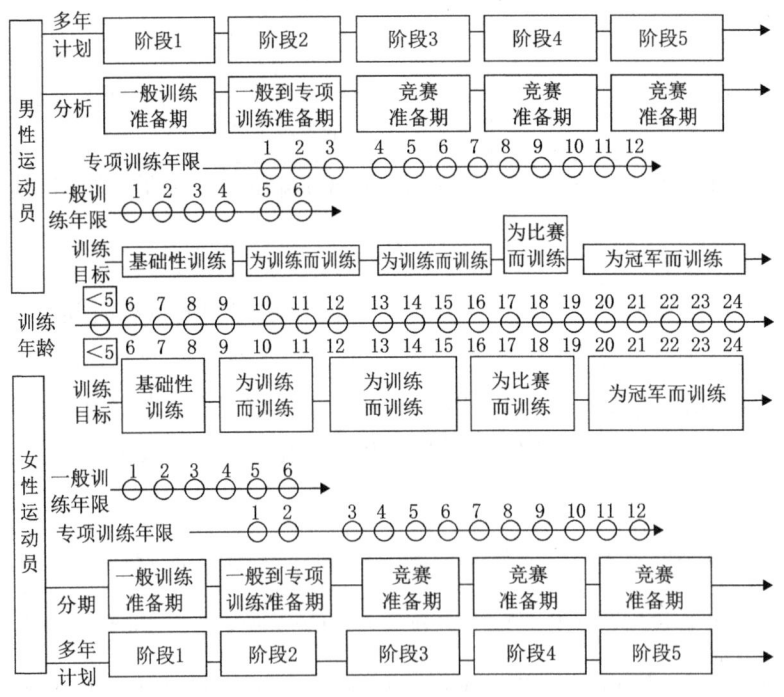

图5-17 运动员多年训练安排模型[1]

---

[1] G G Haff. Periodization Strategies for Youth Development, in Strength and Conditioning for Young Athletes: Science and Application Routledge [J]. Taylor and Francis, 2012: 101-110.

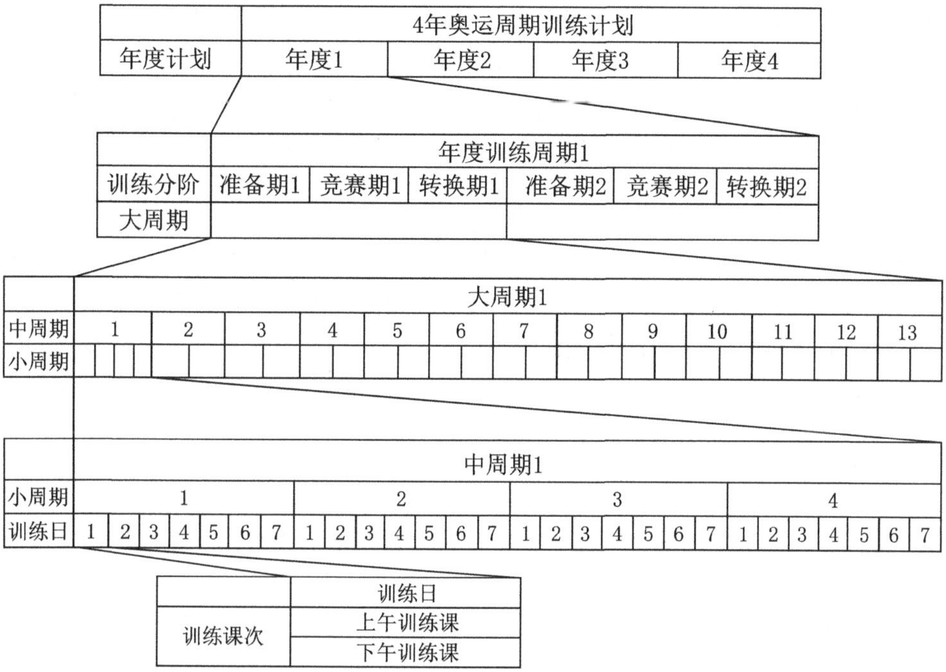

第五章 现代运动训练理论与方法的发展（20世纪50年代—21世纪10年代）

图5-18 训练分阶：4年奥运周期的训练至单个训练课的训练分期模型[1]

训练分期理论之所以是系统训练组织的整体性理论，由图5-17运动员多年训练安排模型和图5-18，4年奥运周期的训练至单个训练课的周期安排模型进行解析：其一，多年训练周期训练模型中男、女运动员从6岁开始直至24岁共计19年时间划分为5个阶段、3个时期的训练：一般训练准备期（第1阶段）—一般训练向专项训练的准备期（第2阶段）—竞赛准备期（第3、4、5阶段）；不同阶段训练的任务分别为：第1阶段为基础训练，第2阶段为接受训练而训练，第3阶段为接受训练而训练，第4阶段为比赛而训练，第5阶段为夺冠而训练。其二，以奥运周期为目标各阶段训练逻辑结构：奥运周期划分为4个年度训练周期，年度训练周期划分为2个大周期（准备期、竞赛期、转换期或过渡期），大周期划分为13个中周期，中周期划分为4个小周期，小周期划分为训练日，训练日由上午训练课与下午训练课组成。图5-17的分期安排是运动员从启蒙到参加高水平竞赛的训练系统组织；图5-18的分期安排是优秀运动员成功参加奥运

---

[1] Le Brown, J Chandler. Conditioning for strength and human performance [M]. Philadelphia: Williams & Wilkins, 2012: 202-223.

会的训练系统组织。运动员从启蒙到高水平参赛再到成功参与奥运会是一个时空上高度嵌合和逻辑高度耦合的严密训练组织过程。

具体而言,针对不同训练水平采取训练理论有所不同,从启蒙到高水平参赛之前的初级运动员训练阶段"应该采用传统周期划分方法中较长训练时间,不宜过分强调专项的整体性身体训练"[1-5];而随着运动员运动年龄的增加和运动水平的提高,图5-18中"根据四年的发展和目标,制定其中每一年的训练目标和训练计划之后予以实施的特殊中周期,也就是板块训练"。在具有高水平参赛的"精英运动员阶段更多的应该采用训练分期中的中周期训练和更深入优化的板块分期的方法"[6-9],但值得注意的是,与早期译著的训练分期理论中提出的"竞赛中周期"相似,大周期分为13个中周期,赛前训练把"高度专项化集中安排训练负荷"作为一项专门手段加以使用未尝不可,但要把这种依次集中局部性强化手段扩展到整个运动训练过程,就违背了以重要比赛为目标,调整竞技状态依然是周期训练的核心思想。

综上所述,早期马氏提出的训练分期理论其目标是为成功参加国际最高水平竞赛(如奥运会),它的科学之处在于突出运动训练系统组织的整体性规律,与此同时,西方运动训练界则仅从单一性训练问题入手,探求运动训练中人体与运动的影响因子,研究提高运动成绩的单一参数。与苏联相比,西方的运动训练固然能在诸多系列的运动竞赛中斩获佳绩,却难保在四年一届的奥运会上持续巅峰状态。

---

[1] J Hoffman (Ed.). NSCA's Guide to Program Design [M]. Champaign: Human Kinetics Publishers, 2011: 209-254.

[2] T Bompa, G G Haff. Periodization: Theory and Methodology of Training (5th edition) [M]. Champaign: Human Kinetics Publishers, 2009: 120-127.

[3] V Jagodin, Tshunganov. Periodization in Pole Vault Training [M]. Los Altos: Tafnews Press, 1981: 81-82.

[4] Dick F W. Planing the programme. In: Sports Training Principles (3rd ed.) [M]. London: A&C Black, 1997: 253-254.

[5] E E Haff, G G Haff. Nonlinear versus linear periodization models [J]. Nat Strength Cond Assoc J, 2001, 23: 42-44.

[6] J Hoffman (Ed.). NSCA's Guide to Program Design [M]. Champaign: Human Kinetics Publishers, 2011: 209-254.

[7] T Bompa, G G HAFF. Periodization: Theory and Methodology of Training (5th edition) [M]. Champaign: Human Kinetics Publishers, 2009: 120-127.

[8] C Burns. Periodization Training: Part One [J]. Canadian Wrestler, 1983, 8 (3): 12-14.

[9] E E Haff, G G Haff. Nonlinear versus linear periodization models [J]. Nat Strength Cond Assoc J, 2001, 23: 42-44.

第五章 现代运动训练理论与方法的发展（20世纪50年代—21世纪10年代）

苏联运动训练科学家首度从训练组织的整体性设计上提出训练分期理论，综合还原性研究的所有参数围绕特定的目标进行赛前调整，使得运动员适时出现高峰竞技状态，并得到以加拿大、美国为代表的西方学界的发展、完善。其中，质疑者提出"板块分期"训练理论，通过研究训练分期理论的创立与发展、完善、明确了中周期与板块分期的一致性，训练分期理论与板块分期存在包含与包含于的关系，同时也存在一些理论争议，争议的缘由在于关注训练问题的焦点不同，而维持争议形成理论必要的张力对发展运动训练理论而言是大有裨益的，从中我们可以认识到，板块分期对训练分期理论的质疑在一定程度上更有力地丰富了训练分期理论体系，并强调了深入研究中周期的必要性。随着训练实践的不断深入和科学理论的不断完善原有分期理论的不足也日益暴露更有待深化发展，板块分期就是其发展成果。但其整体性规律和适时调控竞技状态的本质是马氏理论与板块分期的共同哲学前导，二者相互弥补和整合将有利于全面、系统、深刻、准确地揭示运动训练系统规律。

专题二：板块分期"叫板"马氏运动训练分期理论的科学史释疑

"板块分期"或"板块训练系统"是 20 世纪 80 年代，由 Yuri Verhoshansky 对训练分期理论的质疑提出的，它曾被视为一种相对于传统马特维也夫分期理论的另一训练理念。支持板块训练系统者指出：经典分期理论中的一个重大缺陷在于无法适应多赛制的训练要求。由此引发的批判声肇始于 1990 年，并于 1999 年全面爆发[1]。事实也如此，20 世纪 90 年代开始[2]，竞技体育商业化发展导致大部分体能类项目比赛的数量、形式、规模等与 20 世纪六七十年代相比已发生了巨变，原有的训练和比赛年的周期安排，因为当下眼球经济对上镜频率的高要求而急剧切分。事实上，正是商品经济的号角震慑了传统的训练和比赛的时空结构，而对于苏联坚持以辩证法和唯物史观（即经济史观[3]）为科学指导思想的学界而言（当然也包括运动训练理论界），着实直指了基于年度周期背景中建立起来的传统马氏理论的根本症结，全面论战由此铺开。反对者的早期代表，Verhoshansky 于 1970—1980 年提出"板块训练系统"；后期代表，V. Issurin（2008）系统地提出了"板块分期"。本书正是基于这场论战锋芒逐渐消退之际，试图从

---

[1] Koprivica, Vladimir. Block periodization—a breakthrough or a misconception [J]. Sport Logia, 2012：8-13.
[2] 陈小平. 对马特维也夫"训练周期"理论的审视 [J]. 中国体育科技, 2003（4）：7-10, 52.
[3] 钱穆, 叶龙. 中国经济史 [M]. 北京：北京联合出版公司, 2014：1-5.

科学史的内外史两种进路，对运动训练分期理论的缘起和发展进行深层剖析，以厘清其科学本源和历史真实。

（1）运动训练分期的起源。据考证，传统训练分期理论也并非马氏一人独创。周期最初是用来描述太阳光的照射特征[1]，并由此引入运动训练活动中。事实上，后期人们也发现，根据人体内部生物节律将训练按昼夜（日）、月、年进行分期，同样符合人体的能量需求和营养管理的科学规律，譬如，人体中的褪黑素晚上睡觉时上升，且空腹期的生长激素会刺激脂肪酸燃烧身体成分[2]；此外，夏季人体机能异常活跃，冬季却趋于稳定（Wilson，2004）等。这些早期的观念为训练中进行长短分期变换的方法奠定了思想前提。不仅如此，早在公元2世纪的古希腊，著名科学家Philostratus在其著作《体操训练手册》中就记载了公元前2世纪（或更早的公元前5世纪）的训练分期思想，此时的人们在参加奥运会之前，先要进行10个月的准备训练，赛前1个月再到伊利斯城邦集训，集训期间主要以4天一个单元的小周期有序安排小、中、大负荷的训练[3]。

到20世纪初期，运动员们只在赛前才进行为期几周的训练，如Butowskik于1910年曾写道，"我们已经将训练延长至5~6周，并意识到运动员的参赛能力不会在1周见效或突然提高"；Murphy在1913年也建议："各类项目的运动员最多只需进行8~10周的训练，不需要更长时间。"[4] 直到1917年，Kotav才正式提出延长训练时间，训练时间长导致周期长，因而需要训练组织和分期来管理训练过程，由此提出了"一般健康体能阶段、肌肉专门训练准备阶段和专项化阶段"三个分期。1930年，芬兰人Pihkala进一步提出了"负荷与休息应适当间隔、初期以大负荷量低强度开始，而赛前相反"等的周期安排原则，他将年度周期分为准备期、春训期、夏训期、间歇期。其中，准备期主要发展肌肉、心血管和呼吸系统的健康能力，春训期和夏训期集中动作技能训练并逐步参加一些适应性比赛，间歇期停训[5]。但事实上，即便是这种朴素的年度周期训练理念，直到20

---

[1] Pedemonte J. Foundations of training periodization Part I: historical outline [J]. Strength & Conditioning Journal, 1986, 8 (3): 62-66.

[2] Lehmkuhl M, Malone M, Justice B, et al. The effects of 8 weeks of creatine monohydrate and glutamine supplementation on body composition and performance measures [J]. The Journal of Strength & Conditioning Research, 2003, 17 (3): 425-438.

[3] Drees L. Olympia, gods, artists and athletes [M]. New York: Praeger, 1968: 10-16.

[4] Pinkala L. Athletics Munick [M]. New York: Praeger, 1930: 31.

[5] Pinkala L. Athletics Munick [M]. New York: Praeger, 1930: 31.

第五章 现代运动训练理论与方法的发展（20世纪50年代—21世纪10年代）

世纪40年代至20世纪50年代才被人们普遍接受[1]，此训练理念转化为训练理论则更晚。

（2）经典运动训练分期理论创立及其科学背景。全面建构运动训练分期理论的创举，是马特维也夫于1964年在其著作《运动训练分期问题》一书中完成的。1975年，该书的英译版才正式由东方传入西方。1977年，马氏经典著作《运动训练原理》一书的问世，正式确立了马氏及其运动训练分期理论的科学地位和国际影响力。冷战虽然使得以苏联为首的东方集团与欧美西方国家的科学交流中断，但无碍于重要客观规律的并行发现，正如怀特海所言："像科学史教导我们的那样，非常接近于建立一个正确的理论与掌握它的精确应用，是两件截然不同的事物。重要的问题以前都有人提到过，但他未必就是发现者。"[2] 我们认为，马特维也夫之所以提出与西方还原论截然不同的、关注整体性的运动训练分期理论[3]，与其所处的计划经济时代社会模式分不开，其思想无不受到苏共领导人、苏俄科学家和哲学家 A. A. 波格丹诺夫（1873—1928，1899年毕业于哈尔科夫大学医学系）的影响，尤其是在《组织形态学》著作中对系统哲学与系统科学意识[4]的阐述。当时，在世界上这种系统论思想是空前的。尽管如此，这一颠覆世界观的系统哲学思想在当时的历史条件下却未受到广泛重视。因为原则上，波格丹诺夫所采用的经验概念，是经验批判主义的创建者恩斯特冯赫和阿芬那留斯提出的，因此遭到普列汉诺夫和列宁的强烈批评[5]。不过，"事实上，在苏联社会主义建设中，关于社会进程的思想正是基于组织形态学而构建的。1921年，波格丹诺夫的《组织科学与经济的计划性》报告，正式揭开了首届全俄科学组织生产劳动倡议者代表会议的序幕，并对制定国民经济平衡模式作出了贡献，而苏联中央统计局研制的著名自由平衡方案，也都是基于波格丹诺夫研究而提出的"[6]。在苏联全国一盘棋的社会主义体制中，马特维也夫关于竞技体育理

---

[1] Pedemonte J. Foundations of training periodization Part I: historical outline [J]. Strength & Conditioning Journal, 1986, 8 (3): 62-66.

[2] R. K 默顿. 科学社会学（第1版）[M]. 鲁旭东，林聚任，译. 北京：商务印书馆：2010: 10.

[3] Nicholas David Bourne. A history of training theory and methods for the elite runners through 1975 [M]. Champaign: Proquest, 2008: 35.

[4] R 贝洛, 敏三. 系统方式——A 波格丹诺夫和 L 冯·贝塔朗菲 [J]. 哲学译丛, 1986 (1): 29-36, 50.

[5] 刘程岩. A·A·波格丹诺夫的"系统思想"研究 [D]. 广州：华南师范大学, 2007.

[6] 苏娜, 王雨田. 波格丹诺夫《组织形态学》与贝塔朗菲一般系统论的比较分析 [J]. 系统辩证学学报, 1995 (4): 28-32.

论的研究，也必定携带了组织形态学理论的"基因"（后文将深入剖析）。而这种超前的系统组织学思想，直到60年后的贝塔朗菲才正式向世界宣示，即1968年《一般系统论》的问世，正式引起人们对系统科学的普遍认可和重视，也由此错误地将贝塔朗菲公认为系统论的创立者[1]。

波格丹诺夫和贝塔朗菲都因作为生物学家的个人经验，对生物学内的一些问题惯用机械分析方法，使其碰到了无法解决的矛盾。于是他们意识到，由各部分组成的整体里，存在着要素的整体联系，并且二者都承认，组织性是自然界的根本特点[2]。20世纪70年代至20世纪80年代，在马氏奠定经典分期理论的科学地位之后的一段时期，"无论是在苏联，还是在西方，对控制论和系统思想谱系的深入探讨均聚焦于对组织形态学的兴趣上"[3]，因此，许多学者认为组织形态学是一般系统论、控制论，甚至耗散结构理论的先驱。无独有偶，1979年马里奥·邦格的《系统的世界》也相继问世，反响巨大，这也更加巩固了系统科学的国际声誉。毋庸置疑，马氏理论顺应了时势，且快人一步，更因其领先时代潮流的系统科学特性而名声大噪。即便是当今，不断发展完善的系统科学依然为各行各业所重视，而在科学研究和应用中占据一定地位。由此可知，形成于20世纪60年代至20世纪70年代的马氏分期理论成为运动训练理论与实践界趋之若鹜而后又充满疑云的现象乃科学与历史之"常态"。

（3）经典分期理论的固有缺陷与面临挑战。马氏所处的时期无论是组织形态学，还是一般系统科学等系统科学，起初都试图"研究有普遍性的、系统的特性"，即讨论所有类型系统的共同概念、原理、模型及不同类型系统的同构性[4]，导致他也主要"在宏观考察一般发展趋势的基础上，根据对竞技运动实践发展的科学预测，系统地组织有关的研究，按照分化与综合系统性交替的学科发展一般规律性"[5]。然而，正如诺奖得主H. A. 西蒙所言，"一般系统论难免由于缺乏切实的科学成果而夭折"[6]，俄罗斯和乌克兰的学者也同样提出马氏传

---

[1] 张华夏. 斑杂破碎的世界还是系统层次的世界 [J]. 系统科学学报，2014（1）：1-3.
[2] 苏娜，王雨田. 波格丹诺夫《组织形态学》与贝塔朗菲一般系统论的比较分析 [J]. 系统辩证学学报，1995（4）：28-32.
[3] 刘程岩. A. A. 波格丹诺夫的"系统思想"研究 [D]. 广州：华南师范大学，2007.
[4] 张华夏. 斑杂破碎的世界还是系统层次的世界 [J]. 系统科学学报，2014（1）：1-3.
[5] 姚颂平. 马特维也夫的运动训练学术思想研究 [J]. 上海体育学院学报，1994，8（3）：47-52.
[6] Simon H A. Can there be a science of complex systems [J]. Unifying themes in complex systems, 2000, 1: 3-14.

第五章 现代运动训练理论与方法的发展（20世纪50年代—21世纪10年代）

统的运动训练学缺乏训练实践指导能力[1]而面临挑战。事实上，马氏运动训练分期理论是以田径、游泳、举重等运动项目为研究对象，以当时条件下的赛制和相对低下的科学技术水平等十分局限的系统为参考建立的一般系统理论。由此，试图借以描述所有系统的规律注定会遭遇麻烦与挑战，因为"我们已知的所有系统或者已知所有大系统都是很少数的一些系统，导致这个理论只发现了很少内容"[2]。

20世纪90年代初，马氏运动训练分期理论乃至整个马氏运动训练理论就遭到批驳与反对，其中，以马特维也夫的苏联国立中央体育学院同事Verhoshansky为代表。1998年，Verkhoshansky发表论文《"分期训练理论"在高水平竞技运动中的中止》宣告论战全面展开。20世纪90年代，以Verkhoshansky为代表，近期则以Issurin为代表的反对者，提出"马氏经典分期理论"的缺陷主要集中于以下几点[3-6]：其一，缺乏生物学基础，只注重一般教育学和方法论。由此，导致方法原理简单，纯理论化而缺少客观基础，训练方法原则缺少实践的支持。其二，忽视生物适应性规律，竞技状态理论缺乏科学研究依据。具体而言，马氏分期是简单模仿Letunov（1950）和Prokop（1959）提出的关于运动员竞技状态提高的生物学适应规律（即Letunov观点为："提高训练水平—竞技状态形成—竞技状态消退"，Prokop观点为："适应—最佳竞技表现—再适应"[7]），它们均已失去科学依据而陈旧过时。其三，随着现代高水平竞技运动的发展，与运动成绩相关的各种因素已远远超出传统分期理论范围。其四，经典分期在实践中表现的具体症结为：多种能力混合训练而产生的低训练刺激、生理反应的冲突与矛盾、过度疲劳的积累、没有能力参加多站比赛等。其五，包括Verkhoshansky在内的诸多反对者认为，传统分期仅适用于初学者和业余运动员，但不适合高水平运动员训练。其中，一、二、三条多出自20世纪的观点，四、五条是21世纪的

---

[1] 许琦，李昌军. 俄罗斯训练学理论研究的现状与热点问题 [J]. 西安体育学院学报，2003，20（1）：81-84.

[2] Simon H A. Can there be a science of complex systems [J]. Unifying themes in complex systems, 2000, 1: 3-14.

[3] Verkhoshansky Y. The end of periodization of sports training at elite level [J]. New Studies in Athletics, 1999, 14 (2): 47-55.

[4] Issurin V B. New horizons for the methodology and physiology of training periodization [J]. Sports medicine, 2010, 40 (3): 189-206.

[5] 陈小平. 对马特维也夫"训练周期"理论的审视 [J]. 中国体育科技，2003，39（4）：6-9.

[6] Matveev L P. Zur Theorie des Aufbaus des sportlichen Trainings [J]. Teorijai praktika fizic Kult, 1991 (12): 11-12.

[7] Verkhoshansky Y. The end of periodization of sports training at elite level [J]. New Studies in Athletics, 1999, 14 (2): 47-55.

主要反对观点。

马特维也夫本人早就预料到分期理论并非终极理论，还有待完善。其中，最为显著的是他在20世纪90年代初期，提出应补充考虑项目特点和运动员个体的训练个性化问题[1]。一般系统论的初衷亦即忽视个性去提炼一般特征，随着系统科学的发展和运动训练实践的检验，马氏后来也觉察到一般性理论的先天不足，但显然这项工作不是他一个人能全面完成和建构的，这也为该理论预设了一定的发展空间，而理论争鸣或也是他有所预料的。然而，在遭到反对的同时，一些支持者或者中立者则表明了不同的态度和观点。

其一，认同马氏是运动训练分期理论之父，但不同时期人们对分期理论的界定也不尽相同[2-6]：①1964年马氏定义为将整个多年和年度赛季划分为更小周期和训练循环：准备期（一般训练阶段和专项训练阶段）、竞赛期（赛前和主要比赛期）和过渡期，由此形成的相关训练理论与方法体系；②Kraemer和Hakinnen（2002）定义为通过有计划的间歇期，波动安排训练负荷，以促进恢复，挖掘更大的运动潜能；③Mike H. Stone（2004）定义为通过变化安排训练量、训练强度和训练内容的逻辑性分期方法，以获得最佳的训练效果；④Stiff（2009）定义为长时段、周期性结构的运动训练安排，以更好调节最佳竞技状态，适时参加重大比赛；⑤T. Bompa和G. G. Haff（2009）定义为通过一体化方式，系统、有序地组织运动训练各要素，其目的是适时出现高峰竞技状态；⑥Anthony Turner（2011）定义为根据运动员竞技水平、赛季赛事的日程，优化竞技能力训练的策略。其主体内容是一般训练向专项训练的递级转换、消除运动疲劳、改变负荷安排；⑦以Nick Winkelman为代表的美国AP团队2012年定义为分期理论主要由各划分阶段多年周期（≥4年）、竞赛期大周期（≤1年）、单个训练周期或板块

---

[1] MATVEEV L P. Zur Theorie des Aufbaus des sportlichen Trainings [J]. Teorijai Praktika Fizic Kult, 1991（12）：11-12.

[2] Pedemonte J. Foundations of training periodization Part I：historical outline [J]. Strength & Conditioning Journal, 1986, 8（3）：62-66.

[3] Issurin V B. New horizons for the methodology and physiology of training periodization [J]. Sports Medicine, 2010, 40（3）：189-206.

[4] MATVEEV L P. Zur Theorie des Aufbaus des sportlichen Trainings [J]. Teorijai Praktika Fizic Kult, 1991（12）：11-12.

[5] Turner A. The science and practice of periodization：a brief review [J]. Strength & Conditioning Journal, 2011, 33（1）：34-46.

[6] Balyi I, Way R, Higgs C. Long-term athlete development [M]. Champaign：Human Kinetics, 2013：22-32.

第五章 现代运动训练理论与方法的发展（20世纪50年代—21世纪10年代）

(3~4周)、中周期的结构小周期（1周）、小周期的结构单位（小时或分钟）和由训练量、训练强度、总负荷、负荷监控组成的周期性负荷变量两部分组成，其目的是减少过度训练引起的运动疲劳、适时调控竞技状态、优化一般训练和专项训练的结构、个性化安排训练阶段。综合而言，除了马氏当初在界定时重点关注分期的划分阶段之外，后来者主要关注分期的原理和目的。

其二，提出运动训练分期理论的科学基础包括[1]：①Selye 于 1936—1974 年提出的全身适应综合征（GAS）；②Yakovlev 于 1975—1977 年提出的单因素理论或"超量恢复"学说，它是 GAS 的一种简化因果关系表达形式；③Banister 等于 1975 年前后提出"负荷——效应"（impulse-response，IR）模型。

其三，将分期理论进行历史阶段性辩证认识，以马氏经典理论为起点发展为三个流派[2]：以 Mateveyev（1964）、Bompa（1983）、Bompa 和 Haff（2009）为继承的"早期传统分期模型"（图 5-19）；以 Poliquin（1988）、Baker 等（1994）、Stone 等（2007）为继承的"中期非传统分期模型（图 5-20）；以 Verkhoshansky 和 Stiff（1993，2009）、Bondarchuk（2007）、Issurin（2008）为继承的"晚期时序共轭分期模型"（图 5-21）。三种分期模型的不同点在于：①早期传统模型主要是线性变化，根据参赛时间表和适应与恢复模型设计 1~3 个高峰竞技状态，同时发展技术、心肺能力和力量素质，因此分为一般准备期、专项准备期、竞赛期和转换期；②中期非传统模型主要是非线性波动性，以每天、每周、每阶段为分期，频繁地变换训练量和训练强度，以一般准备、耐力训练、心肺能力、代谢能力为分期特点的一般广度训练和以最大力量、最大功率、最大力量耐力、最大功率耐力为主要内容的集中强度训练相融合，主要由累加小周期，大、小强度的训练日组成[3]；③晚期时序共轭模型，即板块分期，源自连续系统的耦合原理，主要由积累板块、转化（补偿恢复）板块、实现板块组成。主要特征是高度专项化，单向集中地安排训练负荷，以避免混合训练导致混乱的效果。以 Istvan Balyi（2009）和 Nick Winkelman（2012）等为代表的中立者认为，

---

[1] Wilson J, Wilson G. Periodization part I-history and physiological basis [J]. J Hyperplasia Research, 2005, 21 (1): 23-25.

[2] Farrow D, Baker J, MacMahon C. Developing sport expertise: Researchers and coaches put theory into practice [M]. London: Routledge, 2013: 52-60.

[3] Peterson M D, Dodd D J, Alvar B A, et al. Undulation training for development of hierarchical fitness and improved firefighter job performance [J]. The Journal of Strength & Conditioning Research, 2008, 22 (5): 1683-1695.

对于11岁以上的运动员,长期的运动训练组织应将三种分期模式相结合[1]。三种模式的分期均存在一定的局限性,应综合、辩证地对待。

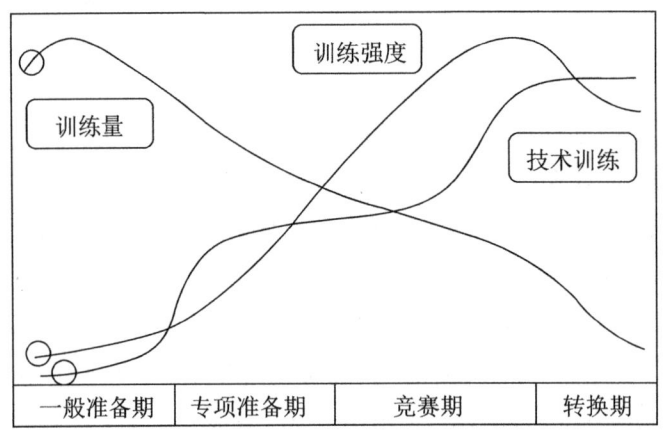

图 5-19 早期传统分期模型

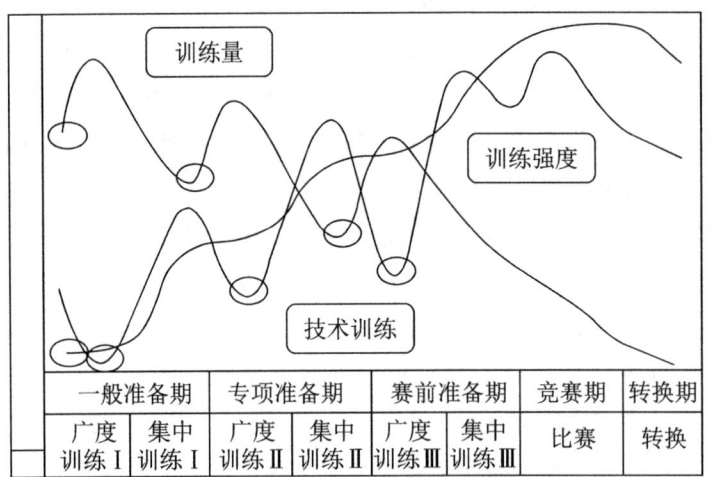

图 5-20 中期非传统分期模型

---

[1] Balyi I, Williams C A. Coaching the Young Developing Performer: Tracking Physical Growth and Development to Inform Coaching Programmes [M]. Boulder: Coachwise Ltd, 2009: 107-112.

第五章　现代运动训练理论与方法的发展（20世纪50年代—21世纪10年代）

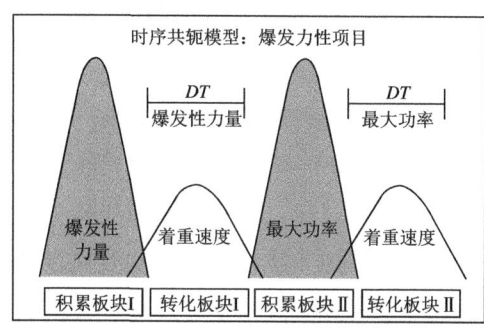 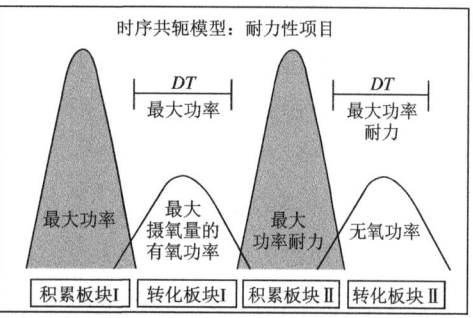

图5-21　晚期时序共轭分期模型

（4）板块分期与经典训练分期理论的对比评析。马氏经典运动训练分期理论一经提出，便掀起正反两方面的轩然大波。理论争鸣愈发激烈，从侧面说明该理论触及了实践中的某些"真理"，也愈发彰显其指导的实践价值和重要性。马氏身处一般系统论的重大突破期，彼时与此时相比，无论是系统科学自身，还是运动训练实践二者都相去甚远，系统科学已然经历了"老三论"（系统论、控制论、信息论）、"新三论"（耗散结构论、协同论、超循环论）和"又三论"（突变论、混沌论、分形论或其他别论，如自组织论、复杂适应系统论等）的演进与发展，当前，已经步入复杂性系统科学时期。基于"一般系统论的研究对象就是复杂系统的一般性质和共同规律"[1]的认识而言，分期理论在遭遇实践中更多难题而无法顺利"解题"时，其研究视野向复杂性扩展是大势所趋。原初以一般系统论为基石的马氏分期理论，将精力过于集中在解决运动训练科学的方法论问题上（这是一般系统论的缺点之一[2]），而最终导致在运动训练实践中的"答题"和"解谜"效率大打折扣。况且"外延越大，内涵越小"，以方法论为主要特性的经典分期理论，同样因为外延太大而内涵不足。理论需要与实践相结合，而用实践来检验理论的常识引发人们对马氏理论的质疑与批判也在情理之中。然而，新旧理论的更替与否，只有借助科学哲学方可客观公正。

本书引用库恩的"范式"革命和拉卡托斯的"科学研究纲领"试做检验。根据前文论述，我们认为马氏经典运动分期理论的"范式"和"纲领硬核"是

---

[1]张华夏.斑杂破碎的世界还是系统层次的世界——简评新经验主义和简述系统实在论（一）[J].系统科学学报，2013，21（3）：1-7.
[2]张华夏.斑杂破碎的世界还是系统层次的世界——简评新经验主义和简述系统实在论（二）[J].系统科学学报，2014，22（1）：1-3.

长期系统性（整体化）、分期、变易负荷、促进恢复、适时调控竞技状态。由此，马氏提出运动训练活动需要哲学、方法学、社会学、心理学、运动史学、美学、伦理学、运动生物学（解剖学、形态学、生物物理学、生物化学、生理学）、运动医学（损伤与康复学）、运动计量学（测量）等多学科，多系统来研究。如是，所谓传统模式，试图总结各系统的一般性规律；所谓中期非线性分期模式，与马氏传统模式相比，其变量复杂化，波动更加非线性化，但主要变量的总体趋势并无改变，强调在波动中调整，由此扩展了经典分期理论的适用范围，对传统模型进行了有效补充；所谓晚期板块系统或板块分期则"另辟蹊径"，试图使"整体性"完全碎片化，不再遵从传统分期的"大趋势"，进而提出"科学家已在不同的世界工作"或"新旧范式存在不可通约性"。整体观与分析观的确是两条科学进路，当初马氏理论的思想也源自波格丹诺夫分析向整体转换的组织形态学思想，但就系统科学哲学而言，还原论的科学统一目标没有达到，一般系统的科学统一的目标也没有达到，能达到的是多学科的整合[1]。板块系统或板块理论的早期提出者 Verkhoshansky 擅长生物力学研究和力量训练。他最为著名的研究是"快速伸缩复合"（国内原名"跳深"练习）力量训练，而在公然驳斥马氏理论之前，即 20 世纪 80 年代提出"板块系统"之前，其主要研究是短跑和十项全能的专项力量训练。后期，如 2009 年出版耐力跑项目的专项力量板块系统训练，2011 年出版专项力量训练中也论及板块系统方法，它们都是针对力量训练提出板块系统或板块分期的；同样地，反对者 Issurin 早期的研究也是最大力量训练（1994）[2]、振动与爆发力训练（1999）[3]、速度训练（2001）[4]。近期，Issurin 较有成效的研究，也主要集中于耐力项目[5]和爆发性项目[6]的专项素质

---

[1] 吴彤. 破碎的系统观 [J]. 系统科学学报, 2010, 18 (1): 6-9, 23.

[2] Issurin V B, Liebermann D G, Tenenbaum G. Effect of vibratory stimulation training on maximal force and flexibility [J]. Journal of sports sciences, 1994, 12 (6): 561-566.

[3] Issurin V B, Tenenbaum G. Acute and residual effects of vibratory stimulation on explosive strength in elite and amateur athletes [J]. Journal of sports sciences, 1999, 17 (3): 177-182.

[4] Issurin V B, Kaufman L E, Tenenbaum G. Modeling of velocity regimens for anaerobic and aerobic power exercises in high-performance swimmers [J]. Journal of sports medicine and physical fitness, 2001, 41 (4): 433-440.

[5] Breil F A, Weber S N, Koller S, et al. Block training periodization in alpine skiing: effects of 11-day HIT on VO2max and performance [J]. European Journal of Applied Physiology, 2010, 109 (6): 1077-1086.

[6] García-Pallarés J, García-Fernández M, Sánchez-Medina L, et al. Performance changes in world-class kayakers following two different training periodization models [J]. European Journal of Applied Physiology, 2010, 110 (1): 99-107.

第五章　现代运动训练理论与方法的发展（20世纪50年代—21世纪10年代）

训练上。根据板块分期反对者的主要著述可见，板块分期的主要研究对象首先是力量素质，其次是耐力和速度素质。

然而，马氏经典训练分期理论的研究对象，则是包括运动素质子系统在内的功能目标：竞技状态。力量、耐力和速度固然是运动素质的重要组成部分，但不仅如此，竞技状态除了包括运动素质间的耦合，还应包括技术、战术、心理等子系统，以及该系统之外更大的社会、信息、科技、政治、经济等系统，这些因素都是马氏在一般系统基础上的分期理论企图囊括的。板块分期主张的这种板块化或者积木化方法，不失为"解决复杂系统问题的有效方法"[1]，这一点在其他领域，如计算机和产业经济中已有应用。板块分期的另一成功点在于不再谈论系统的一般性，而选择了系统的特别种类，如力量训练、某一运动素质易被其他素质干扰的特性、板块化单向集中负荷训练产生特别效应等特别的内容，这些特别内容也着实是经典分期理论不能解释的。但仅仅这些尚难以构成一种新的范式，它们并未指向早期与中期分期训练理论所共有的硬核，而只在变易负荷和局部分期上进行了具体化调整。此外，Verkhoshansky（1991）和 Issurin（2010）分别指出"马氏理论依然适用于一般运动员和业余选手"，乃是尊崇科学之举，这样看来，颠覆之说或多为一时私心，有被利用之嫌。

我们更为赞同中立者对待运动训练分期理论的早期、中期、晚期之说，以及兼容并蓄的态度。"系统是一切事物的存在方式之一，所以任何事物或规律都可以用系统观点来考察，用系统方法来描述"[2]。我们认为，马氏运动训练分期理论的一般系统论的现实意义，更多的是解决了运动训练实践系统中的方法学和哲学问题，具体的"科学"和"理论"问题则有待后人来完善。

时至今日，运动训练中更为重视研究和解决具体问题，正如贝塔朗菲在评论如何推进一般系统论的研究时，特别提到要研究它的"亚类"。运动训练分期理论在得到马氏自身的发展之后，也未曾忽视"体能、技术、战术、心理、智力"等亚系统。然而，"当系统科学将系统划分为开放系统和封闭系统，或平衡态系统和非平衡系统时，系统科学发现了系统自组织的许多规律；当系统科学将系统划分为简单系统和复杂系统时，我们不断地又发现了复杂适应系统的各种规律，

---

[1] 钱平凡，黄川川. 模块化：解决复杂系统问题的有效方法——以家庭装修项目为例 [J]. 中国工业经济，2003（11）：85-90.
[2] 许国志. 系统科学 [M]. 上海：上海科技教育出版社，2000：123.

并在突现问题上取得新突破"[1]，这些都为马氏经典分期理论的创新发展与完善提供了有益参考。系统论发展至今，对一般系统的亚类，如简单静态结构系统、简单动力系统或平衡有序结构系统、开放系统、控制系统、自组织系统、复杂适应系统、组织管理系统都值得我们去尝试，我们认为板块系统乃是简单静态结构系统的成功典型，我们也相信对一般分期训练系统进行重新划分后，必定会引起运动训练系统组织理论的新活力，但前提是必须借助跨学科的研究方法，以发现不同现象领域中的共同系统规律。因为学科交叉与综合是由不同学科的发展规律共性所决定的（图5-22），跨学科、多系统研究和揭示运动训练规律是未来的必由之路。

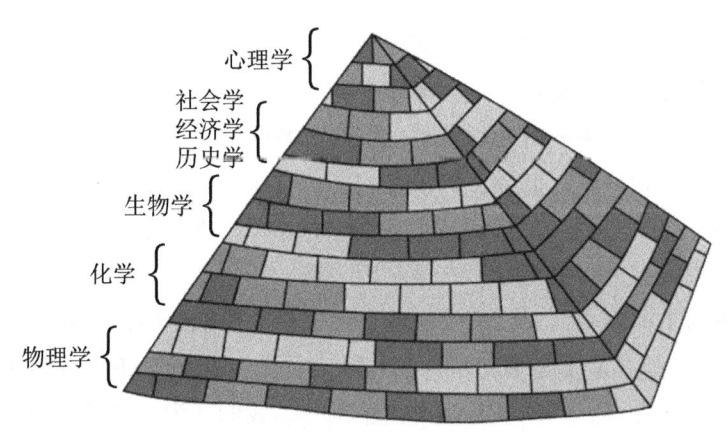

图5-22 还原论和突现论都主张的科学的基本学科之间的层级关联

综上所述，运动训练分期理论客观存在，并逐渐为人们所把握，用以指导运动训练活动。得益于苏联的社会、文化和科学背景，马特维也夫首次完成了对运动训练中该理论的高度概括，无疑是训练科学的一次重大超越。然而，由于当时科学认识的局限性，为后世对马氏分期理论的争论埋下伏笔，其中以板块分期的提出与质疑最为典型。本书基于这场争论，揭示了马氏分期理论产生于一般系统论的科学背景，试图为破解争鸣扫清理论认识障碍。不断汲取一般系统论的最新研究成果，是科学认识和发展运动训练分期理论的重要依据。没有静止的理论，只有绝对的运动，对运动训练理论科学史的揭示，或才是把握理论发展时代脉搏

---

[1] 张华夏. 斑杂破碎的世界还是系统层次的世界——简评新经验主义和简述系统实在论（二）[J]. 系统科学学报，2014，22（1）：1-3.

第五章 现代运动训练理论与方法的发展（20世纪50年代—21世纪10年代）

的良医。

专题三：运动训练分期理论研究进展及其实践启示

自苏联马特维也夫教授开创性提出"运动训练分期理论"（后文简称"分期理论"）以来，已经过去了半个多世纪，至今依然生机勃勃，议论纷纷。继承和发扬分期理论的代表性人物当属加拿大学者图德·邦帕（Tudor O. Bompa），他和他的团队以分期理论为基石成立"图德·邦帕学院（Tudor Bompa Institute）"来研究、传播分期理论与方法及其实践，至今，已经发行了6版《分期：运动训练理论与方法》专著和其他10本专项训练分期理论与方法著作。邦帕由此被称为桥接和统一东欧与西方世界在分期理论与方法认识上的灵魂人物，被誉为现代分期理论先驱。当前，国内外学者们在研究运动训练科学结构，寻找指导运动训练实践的理论方法依据时，都无不参考分期理论。时至今日，该理论已远远超出马氏创立之初的内涵与外延，这也导致人们在认知学习和实践应用时，往往鱼目混珠，界限不明，且愈发迷离。基于此，本书以期厘清训练分期理论的来龙去脉和实践应用要旨，为分期理论在中国传播、创新发展稍作铺垫。

（1）理论起源。一是苏联"5年计划经济"烙印。20世纪50年代初，苏联正在积极准备第15届赫尔辛基奥运会，马特维也夫及其团队参与了国家队游泳、举重和田径的径赛等相对便于计量的运动项目训练工作，同时还对其后至20世纪60年代一系列准备世界大赛的训练进行了跟踪研究。他从哲学、方法学和生物学等层面，对这些项目数以千计的优秀运动员训练进行了总结和分析，在此基础上提炼经验和理论，于1962年提出了分期理论。1964年正式出版的《运动训练分期》专著标志着经典分期理论的问世。

马氏曾指出："在美国没有人重视运动训练的整体性理论，尤其是对长期的训练过程组织的研究。他们仅专注于单一的训练问题。"而正是经典分期理论的"系统组织性"优势使得苏联许多国家队运动员在重大比赛中展示赛季最好成绩，其比例达到55%~70%，高于西方国家运动员的指标3~4倍[1-2]。值得一提的是，训练分期理论产生于苏联，有其特定的社会历史背景。1928年，苏联开始实施"5年计划经济模式"，而"5年计划经济模式"的理论依据源自1911年

---

[1] 普拉托诺夫，姚颂平. 全年运动训练分期理论：历史、现状、争论与发展前景[J]. 上海体育学院学报，2010, 34 (3): 67-78.
[2] 姚颂平. 运动训练分期理论的本质、现状和发展前景[J]. 体育科学，2012, 32 (5): 3-11.

泰勒出版的《科学管理原理》[1-2]一书和1921年波格丹诺夫"组织科学与经济的计划性"报告[3]。在《科学管理原理》中，泰勒提出"将整个过程分解为一系列明显集中的顺序单元，随后结合数学来计算顺序，通过排列这些单元来控制和管理未来的结果"的思路，这与分期理论的要旨是将训练过程划分为更小的、更易于管理的阶段，最终目标是在本赛季的主要比赛中实现最佳运动成绩。在《组织科学与经济的计划性》中，波格丹诺夫提出"组织形态学"的核心思想，即"要素"（部分）和"复合体"（整体）的经验一元论，"组织形态学"被认为是一般系统论、控制论的前身[4]，训练分期理论同样也传承了一般系统论思想[5]，邦帕出版的《分（周）期：运动训练理论与方法》著作至今依旧将"训练系统"的构成要素、结构、功能列为重要的训练学理论基础。

由此可见，分期理论在当时具有较前沿的管理科学和系统科学依据，以及必要的实践经验与数据支持。国内外不少学者认为，经典分期理论的创建开启了"运动训练长期计划与实施的先河，被誉为世界运动训练由盲目到科学、由无序到规律的'分水岭'[6]"。

然而，随着运动训练相关科学理论和实践的长足进展，人们发现泰勒的科学管理原理对于简单工程问题十分奏效，但面对工业和社会经济这类复杂系统的问题时效率却不高。而一般系统论也由于"我们已知的所有系统或者已知所有的大系统都是很少数的一些系统，导致这个理论只发现了很少内容，一般系统论难免由于缺乏切实的科学成果而夭折"[7]。半个多世纪以来，分期理论中固有的"泰勒科学管理原则"与"一般系统论思想"在运动训练实践应用中所暴露的各类问题也实属必然。

---

[1] Kiely, John. Periodization Paradigms in the 21st Century: Evidence-Led or Tradition-Driven? [J]. International Journal of Sports Physiology and Performance, 2012, 7 (3): 242-250.

[2] Kiely, John. Periodization Paradigms in the 21st Century: Evidence-Led or Tradition-Driven? [J]. International Journal of Sports Physiology and Performance, 2012, 7 (3): 242-250.

[3] 苏娜, 王雨田. 波格丹诺夫《组织形态学》与贝塔朗菲一般系统论的比较分析 [J]. 系统辩证学学报, 1995 (4): 28-32.

[4] 刘程岩. 俄罗斯系统理论研究 [J]. 系统科学学报, 2013 (3): 28-30.

[5] 胡海旭, 佟岗, 刘文武, 等. 板块周期"叫板"马氏运动训练分期理论——基于科学史的释疑与讨论 [J]. 上海体育学院学报, 2015 (3): 50-55.

[6] 陈小平. 运动训练长期计划模式的发展——从经典训练分期理论到"板块"训练分期理论 [J]. 体育科学, 2016, 36 (2): 3-13.

[7] Simon H A. Can there be a science of complex systems [C] // From the International Conference on Complex Systems on Unifying Themes in Complex Systems. Perseus Books, 2000.

第五章　现代运动训练理论与方法的发展（20世纪50年代—21世纪10年代）

二是Selye"应激理论"重要支撑。现代分期理论先驱图德·邦帕[1]（1983，1990，1994，1999，2009，2018）、乌克兰卓越运动科学家普拉托诺夫（W N Platonov）[2]（2014）、板块分期模型集大成者伊苏林（Issurin V B）[3]（2010）、姚颂平[4]（2012）、陈小平[5]（2017）等研究"分期理论"的现代重量级人物一致认为Selye"应激理论"是分期理论的重要理论基石。尽管也如陈小平所言，经典分期理论仅是对Selye"应激理论"的初步应用和过度扩展，邦帕则更加科学合理地将该理论用于发展和完善训练分期理论。此外，几乎在马特维也夫提出分期理论的同时，美国也涌现出一位里程碑式的运动训练理论学者——康希尔曼（J. Counsilman），他在1968年出版的被誉为游泳训练"圣经"的《游泳的科学》[6]一书同样将Selye"应激理论"作为其重要的游泳训练科学基础[7]。20世纪60年代东、西方运动科学家们都将Selye"应激理论"应用于运动训练理论与方法，与该理论诞生近10年来产生的巨大国际影响力有关。

"应激理论"是Selye基于前人卡侬（Walter Cannon）关于交感肾上腺髓质系统对情绪影响有很大敏感性研究基础上，于1956年首次在《生命的应激》（The Stress of Life）一书中提出。起初，Selye仅仅是为了寻找新的性激素将粗卵巢提取物注射到大鼠中，意外发现了"三联响应"。更加令其失望的是，这个反应并不是他的卵巢提取物所特有的，胎盘、垂体、肾、脾和任何其他器官的提取物试验也产生了同样响应。疑惑不解的Selye急切想弄清楚到底有多少其他的"刺激（stimulus）"可能产生类似的"三联响应"，结果发现肾上腺素、胰岛素、冷、热、X射线、机械创伤、出血、结核杆菌、疼痛、神经刺激和肌肉负重训练等刺激都如此。由此，提出非特异性反应的一般适应综合征（General Adap-

---

[1] Tudor O. Bompa, G Gregory Haff. Periodization: Theory and Methodology of Training [M]. Champaign: Human Kinetics, 2009.

[2] Lyakh V, Mikołajec K, Sadowski J, et al. Review of the Textbook By W. N. Platonov: System of Athlete's Preparation in Olympic Sport. General Theory and Practical Implications (Volume I) [J]. Journal of Human Kinetics, 2017, 60 (1): 265-271.

[3] Issurin V B. New Horizons for the Methodology and Physiology of Training Periodization [J]. Sports Medicine, 2010, 40 (3): 189-206

[4] 姚颂平. 运动训练分期理论的本质、现状和发展前景 [J]. 体育科学, 2012, 32 (5): 3-11.

[5] 陈小平. 运动训练生物学基础模型的演变——从超量恢复学说到运动适应理论 [J]. 体育科学, 2017, 37 (1): 3-13.

[6] Counsilman J E, Counsilman B E. The new science of swimming [M]. California: Benjamin-Cummings Publishing Company, 1994.

[7] 胡海旭. 竞技能力增长理论模型及其演进 [J]. 体育科学, 2016, 36 (2): 14-24.

tation Syndrome，GAS）[1]。GAS 过程分 3 个阶段：警戒阶段（Alarm）：机体对刺激的一种短暂的生理唤醒和动员期，躯体能够有效行动并做好准备，又分为冲击阶段（Shock）和抵抗冲击阶段（Counter shock）；如果应激源仍然保持，机体则会进入抵抗阶段（Resistance）：机体可以忍耐并抵抗长时间的应激源带来的衰弱效应；疲惫或衰竭阶段（Exhaustion）：若应激源持续时间长或持续强度大，机体则因资源过度消耗而进入疲惫期。受此理论启发和来自运动训练实践的证据，以马特维也夫和康希尔曼为代表的运动科学家们很快便将 GAS 引入运动训练理论与方法中，代表性"运动训练应激理论模型"如图 5-23~图 5-25 所示。

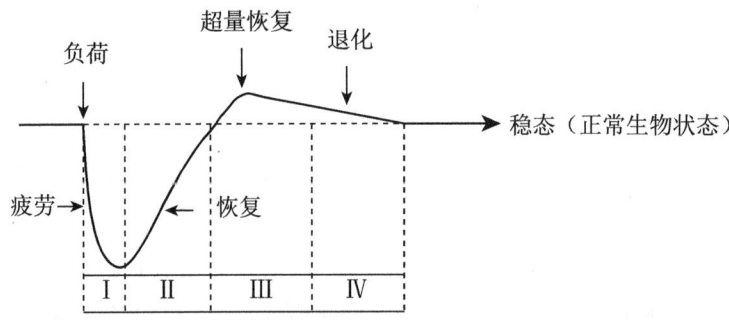

图 5-23　运动训练的超量恢复周期模型（N. Yakovlev，1967）[2]

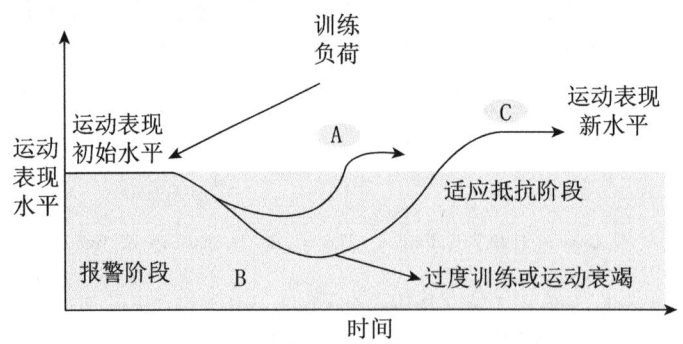

图 5-24　Selye 一般适应综合征的训练适应模型
（Kreider R B，Fry A C，O'Toole M L，1998）[3]

（注：A 是常规训练，B 是超常规训练；C 是超量恢复）

---

[1] Mason, John W. A Historical View of the Stress Field [J]. Journal of Human Stress, 1975, 1 (2)：22-36.
[2] Yakovlev N N. Sports biochemistry [J]. Leipzig：Deutsche Hochschule für Körperkultur, 1967：22-35.
[3] Kreider R B, Fry A C, O'Toole M L E. Overtraining in sport [M]. Champaign：Human Kinetics, 1998.

第五章　现代运动训练理论与方法的发展（20世纪50年代—21世纪10年代）

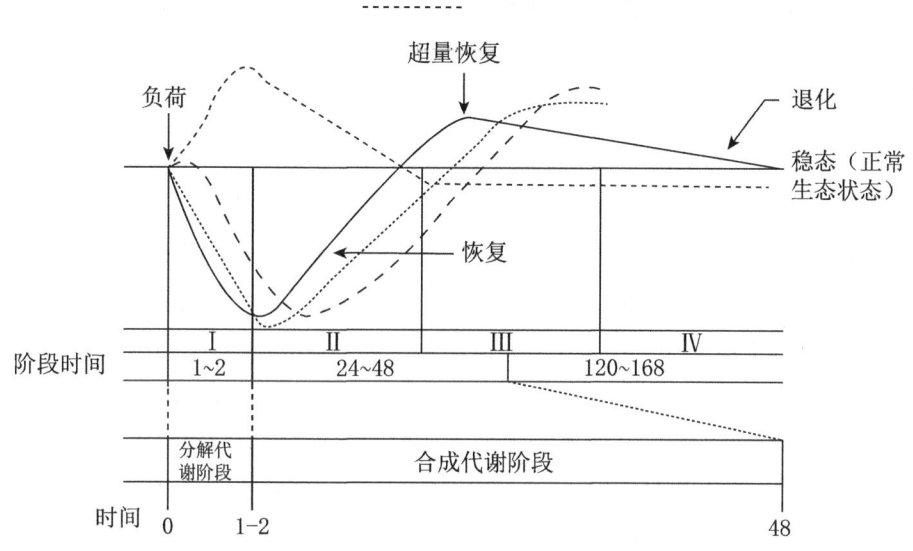

图 5-25　运动训练刺激与反应的超量恢复周期模型（Tudor O. Bompa，2009）

3个模型分别对应3个时期的学者们基于"Selye应激理论"的GAS对运动训练科学理论与实践互动发展的认识与归纳。如上图所示，GAS自身就带有明显的周期性分期特征，分期理论的提出和发展与其内容形式天然契合，如出一辙。即便我们不断继承和汲取近代以来的生物科学、医学、训练学的最新成果来发展完善分期理论，都无不将"应激理论"视作重要理论基石，6次修订改版的邦帕分期理论专著就是一个佐证。

Selye所指的应激是由引发剂（evocative agents）或"加在机体上的各种需求"引起的生物体内的生理反应。应激的"生理学非特异性反应（即环境刺激或需求可能是多种多样的，但机体生物学反应却是固定不变的）"不仅是Selye应激理论体系的重要前提，也是区分Selye的应激概念和前期观点的关键所在[1]。应激（stress）原来是工程学上的一个术语，表示物体受机械力的拉长而产生的应力（蔡翘院士，1963）[2]，于是早期观点借用Hook弹性定律把应激看作自变量，重点分析什么样的环境刺激可使人产生紧张（strain）反应，试图寻求

---

[1] Mason, John W. A Historical View of the Stress Field [J]. Journal of Human Stress, 1975, 1 (2): 22-36.
[2] 蔡翘. Selye应激学说与生理应激 [J]. 生理科学进展, 1963 (1): 1-10.

刺激和紧张反应之间的因果关系，甚至数量关系[1]。紧张反应与刺激强度成比例地增长，甚至能够将应激（即刺激）强度和紧张水平用数量化的形式加以表示，这种"刺激"模型显然忽视了人类的主观能动性和心理行为复杂性的作用。Selye敏锐地发现了这些不足，他基于生理学和医学把应激看作是人或动物等有机体对环境刺激的一种生物学反应现象，这种反应由不同的"生理和情绪"需求引起，且是非特异性的。Selye的应激理论在发现刺激与反应的非线性、难预测等问题后，将应激理论关注的端口由前端的"刺激"后移至末端的"反应"。

由此可见，以Selye"应激理论"来指导运动训练时，着重考察的同样也是各种训练相关的应激源引发机体的消极反应（疲劳）和积极反应（适应）等问题，促进训练适应是最终目标。邦帕和哈夫（G. Gregory Haff）也提出"任何组织严密的训练计划，其目标都是为了促进适应，从而提高运动成绩"[2]的观点用以支持分期理论。更具体而言，机体对训练应激源的积极适应是分期训练的核心或科学问题。对训练应激源的适应包括适应的类型（内在基因型适应，外在表型适应，即刻适应，长期适应，过度适应，重新适应，无法适应）、训练负荷刺激与适应、训练中适应的多样性和功能储备与适应的关系等[3]。

（2）定义及内核。分期理论自提出之际便引起广泛关注，其概念界定也是众说纷纭，马特维也夫本人于1977年不得不出面澄清，"分期不只是简单的训练计划，而是调控训练过程的一套客观规律"[4]。时至今日，关于分期理论的定义依然未见统一。

根据特定周期有序安排训练负荷，如从大运动量过渡到低运动量，同时从低运动强度过渡到高强度的渐进模式。大周期分期与调控竞技状态是早期经典分期理论的要点。然而，"大"周期或"少"周期也被列为经典分期理论主要纰漏，并成为反对者的攻击目标。

苏联学者、现居乌克兰的普拉托诺夫是经典分期理论的重量级支持者，他反

---

[1] Bailey R, Clarke M. Stress and Coping in Nursing [M]. New York：Springer, 1989.

[2] Bompa T, Gregory Haff G. 周期：运动训练理论与方法 [M]. 李少丹，等，译. 北京：北京体育大学出版社，2011：7.

[3] Lyakh V, Mikołajec K, Bujas P, et al. Review of Platonov's "Sports Training Periodization. General Theory and its Practical Application" Kiev: Olympic Literature, 2013 [J]. Journal of Human Kinetics, 2014, 44（1）：259-263.

[4] Stone M H, O'bryant H S, Schilling B K, et al. Periodization：effects of manipulating volume and intensity. Part 2 [J]. Strength & Conditioning Journal, 1999, 21（3）：54.

第五章　现代运动训练理论与方法的发展（20世纪50年代—21世纪10年代）

复强调经典分期理论是基于数以千计的运动员历经长期的训练实践总结提炼而来，马特维也夫（1991，1998，1999，2005）本人后来结合理论发展与实践需要也进行了重新的研究调整，并指出"在所有计划中，应该保持一个基本的准备阶段，并且它应该足够长，以使运动员能够有效地进行训练，并达到预期的效果。"此处重在强调，经典分期理论着重准备时期，而非竞赛期。这一点与陈小平等提出的经典分期理论适用于一般水平运动员训练准备的结论一致[1]。只有训练准备期的时间足够长，才能使运动员达到一个全新的健康和体能状况来夯实"为训练而训练"的基础，迎接"为比赛而训练"和"为夺冠而训练"的挑战冲击。如果这个时期太短而基础不牢，将会影响后期进行极限训练和竞赛负荷应激的适应性，徒增过度训练综合征风险。

普拉托诺夫2013年在继承与发展融合的基础上，提出现代分期理论指导下的训练准备内核包括[2]：①主要成绩定位；②一般准备和专项准备的兼容性；③训练过程的连续性；④训练效应累积和最大化负荷趋势之间的平衡性；⑤训练负荷的变易性；⑥准备过程的循环周期性；⑦增加比赛负荷在训练准备中的比率；⑧生活方式对训练过程的质量、效率和运动表现的影响；⑨竞赛和训练准备结构的兼容性（均匀性）和相互依赖性。

现代尤其以欧美西方国家为代表的学者关于分期理论的研究与发展其要点可归纳为：①训练计划是根据赛季的主要运动表现目标设计的；②循序渐进和周期性地增加训练负荷；③各训练阶段遵循一定的逻辑顺序；④训练过程由科学监测的结构化计划提供支持；⑤在整个训练计划中密集穿插恢复或再生技术；⑥在整个训练计划中重视对技能发展及其细化保持；⑦提高和维持一般运动能力是训练计划的基本组成；⑧训练计划的每个阶段都建立在前一阶段基础之上。

西方学者习惯将经典分期理论归类为"线性分期"模型，并先后发展出了

---

[1] 陈小平. 对马特维也夫"训练周期"理论的审视 [J]. 中国体育科技，2003，39（4）：6-9.
[2] Lyakh V, Mikołajec K, Sadowski J, et al. Review of the Textbook By W. N. Platonov: System of Athlete's Preparation in Olympic Sport. General Theory and Practical Implications (Volume I) [J]. Journal of Human Kinetics, 2017, 60 (1): 265-271.

非线性分期模型[1-2]、分形分期模型[3]、板块分期模型[4]、共轭分期模型[5]等。但是,综合上述东、西方学者们关于分期理论的最新研究可知,随着现代科学技术的全球化发展应用与运动训练实践的不断验证反馈,东、西方关于分期理论的分歧已不再泾渭分明,而是日趋交融共识。现有分期理论也已经不再只是探讨"训练分期"问题,而是更加注重运动训练特定周期内训练方法[即生物动作能力(biomotor abilities)训练和训练负荷安排]的变易性刺激和合理训练衔接等训练结构的优化问题。进一步发现,它们围绕变革的核心是"变易训练方法的内容和形式"。一批学者们的研究也一致指出,"尽管分期训练计划不是随机变化,但分期化等同于变化,相反,非周期性计划可以不变(Turner,2011;Kiely,2012;Harries 等,2015)"[6]。根据"应激理论"的"适应能量"是一种有限的资源[7],应激源引起的生理系统反应既能保护机体又可对机体产生破坏作用,持续的应激加载会导致机体的"衰竭"或"病变",进而通过变易训练应激源(邦帕和哈弗所指的变易最少包括改变训练量、强度、密度和练习方式;引入新的或半新颖的训练内容方法手段;与每天只有一次训练课相比,同一训练日进行多次训练课;系统地进行训练强度交替;训练强度和训练密度交替改变[8])以收获积极的机体反应,预防过度训练综合征[9],以促进训练适应,提高运动成绩。综上所述,变易是当前分期理论的特征方法之一,长期系统性组织促成"积极训练适应"才是训练分期的逻辑起点和最终目标。

(3)争鸣与发展。赞成者普拉托诺夫认为,维尔霍山斯基(Werhoszanski j)

---

[1] Prestes J, Frollini A B, De L C, et al. Comparison between linear and daily undulating periodized resistance training to increase strength [J]. Journal of Strength & Conditioning Research, 2009, 23 (9): 2437-2442.

[2] Kiely J. New Horizons for the Methodology and Physiology of Training Periodization [J]. Sports Medicine, 2010, 40 (9): 189-206.

[3] Gierlik M, Batsch T, Moszyński, Marek, et al. Periodization Essentials and Innovations in Resistance Training Protocols [J]. Strength & Conditioning Journal, 2005, 27 (4): 80-85.

[4] Issurin V B. New Horizons for the Methodology and Physiology of Training Periodization [J]. Sports Medicine, 2010, 40 (3): 189-206

[5] Verkhoshansky Y, Siff M C. Supertraining [M]. New York: Routledge, 2009: 200.

[6] Afonso J, Nikolaidis P T, Sousa P, et al. Is Empirical Research on Periodization Trustworthy? A Comprehensive Review of Conceptual and Methodological Issues [J]. Journal of Sports Science & Medicine, 2017, 16 (1): 27.

[7] Selye B H. The stress of life [J]. Quarterly Review of Biology, 1978, 47 (5): 366.

[8] Bompa T, Gregoryhaff G. 周期:运动训练理论与方法 [M]. 李少丹,等,译. 北京:北京体育大学出版社, 2011: 33-34.

[9] Smith D J. A framework for understanding the training process leading to elite performance [J]. Sports Medicine, 2003, 33 (15): 1103.

第五章　现代运动训练理论与方法的发展（20世纪50年代—21世纪10年代）

（1985，2005）、伊苏林（2008，2010）、邦帕和哈夫（1999，2009）等学者都是经典分期理论的反对者代表。苏联的马特维也夫同事，后来定居意大利的运动科学家维尔霍山斯基，与以色列学者伊苏林先后提出和集成了"板块分期"模型；邦帕则是研究分期理论的概念和术语比其他任何西方学者都要多的现代分期理论先驱。西班牙学者穆继卡（Mujika）在其专著《赛前减量与最佳竞技状态高峰》[1]中指出，当前世界竞技训练主要采用了两种不同于经典分期的模式：多周期训练模式和板块分期训练模式。前文的"非线性分期、分形分期、共轭分期"都属于多周期模式。

邦帕的《分期：运动训练理论与方法》第6版在第二部分详细介绍了"分期训练模型（Periodization of Training）"。他将分期划分为[2]：

①年度训练计划（Annual Training Plan），设计年度训练计划的关键在于确立主要比赛的时间节点，以确保在比赛时出现最佳竞技状态。他认为年度训练计划最多划分为3个"实质"的峰值周期，即单峰、双峰、三峰，而多周期仅仅列举了职业网球的年度训练计划。具体根据运动员的竞技水平由低到高对应选择和划分，否则运动员会失去恢复和增强身体运动能力的准备阶段。当然，不否认其他非实质性比赛的"以赛代（带）练"的安排。

②竞技状态高峰（Peaking for Competition）。着重介绍了赛前8~14天的减量训练来专门调控参赛的竞技状态。

③训练周期（Training Cycles），分为一周7天的小周期（Microcycle）和持续2~7个小周期的大周期（Macrocycle）。小周期是年度训练计划中最重要和最实用的部分，大周期用来将年度计划进行分期，并指导小周期集中精力实现年度训练计划中目标。

④最后，介绍了训练课计划（Workout Planning）。此处的大周期与经典分期理论中的转化中周期、板块分期中的转化板块类似[3]。可见，邦帕分期理论与方法兼顾了大周期、多周期、板块分期等不同理论模型。

长期以来，反对者们针砭经典分期理论的要害在于其只能调控运动员在年度

---

[1] Iñigo Mujika. Tapering and peaking for optimal performance [M]. Champaign：Human Kinetics，2009.
[2] Tudor O. Bompa，Carlo A. Buzzichelli. Periodization：Theory and Methodology of Training [M]. Champaign：Human Kinetics，2019：160-188.
[3] 胡海旭，邱锴，李恩荆，等. 论运动训练周期理论与板块周期的关系 [J]. 上海体育学院学报，2013，37（6）：90-96.

的一两次比赛中发挥出最佳竞技能力（竞技状态高峰），而现代竞技比赛却强烈要求运动员在年度中出现多个竞技状态高峰。于是，我们就需要新的模式来适应这种现代多赛制参赛需求，促使运动员全年中都保持较高的竞技状态。此外，反对者代表维尔霍山斯基还深入挖掘出经典分期理论的另外4大硬伤[1-2]：①对精英运动员的体能准备、技术训练准备，以及教练员应有的专业知识缺乏了解；②对方法论概念的原始评价只是理论上的，纯属推测性，缺乏客观基础，实践建议不明；③缺少生物学基础；④训练原则的相关科学依据和实践结果的可接受程度都有限。2009年，维尔霍山斯基的支持者伊苏林，在批判经典分期理论中所谓"全面刺激指导下的混合训练导致混乱的效果"等深层次要害基础上，以专著的形式正式提出了"板块分期模型"。伊苏林认为，经典分期理论是基于"累加训练效应"的全面刺激提出"多种能力同步发展"，而板块分期则是基于"训练延迟效应和累加效应"共同提出"高度集中专门负荷刺激"，促进"少数能力依次发展"的新方法，更利于积累训练效应和提升运动表现。该理念突破了传统分期训练中多种能力"面面俱到、均匀分布和同步发展"的训练方式，提出对少数量靶目标能力进行集中专门训练，既精准和高效地发展了运动能力，又尽可能避免或降低了增大训练负荷而造成的过度训练和运动损伤的风险（陈小平，2016），某种程度上是批判经典分期理论的众多论述中最令人印象深刻的。

但值得注意的是，包括伊苏林本人解读和实验研究表明[3-6]：在应用于备战精英级别的顶级运动员时，板块分期的训练效果着实优于经典分期。板块分期应用的前提条件是受训的运动员水平已经晋级为国际级别。那么，这种以偏概全地回避了早期的长时间持续"不够集中的大负荷量和低负荷强度"训练准备和假

---

[1] Issurin V B. New Horizons for the Methodology and Physiology of Training Periodization [J]. Sports Medicine, 2010, 40 (3): 189-206.

[2] 资薇, 熊焰, 于洪军, 等. 训练分期理论面临的挑战与未来发展 [J]. 体育学研究, 2019, 2 (1): 69-80.

[3] B. R. RØnnestad, J. Hansen, S. Ellefsen. Block periodization of high-intensity aerobic intervals provides superior training effects in trained cyclists [J]. Scandinavian Journal of Medicine & Science in Sports, 2014, 24 (1): 34-42.

[4] RØnnestad B R, Hansen J, Thyli V, et al. 5-week block periodization increases aerobic power in elite cross-country skiers [J]. Scandinavian journal of medicine & science in sports, 2016, 26 (2): 140-146.

[5] Sylta Ø, Tønnessen E, Hammarström D, et al. The Effect of Different High-Intensity Periodization Models on Endurance Adaptations [J]. Medicine & Science in Sports & Exercise, 2016, 48 (11): 2165.

[6] Marques L, Franchini E, Drago G, et al. Physiological and performance changes in national and international judo athletes during block periodization training [J]. Biology of Sport, 2017, 34 (4): 371-378.

第五章 现代运动训练理论与方法的发展（20世纪50年代—21世纪10年代）

设已经具备当前板块训练或为夺冠而训练的基本动作能力等关键问题则不太可取。至关重要的一点是，跻身国际精英级别的运动员都是运动训练历史长河中的"成功者"或"幸存者"，基于他们的经验总结来推而广之，其后果是不容忽视的。在科学探求真理的过程中，虽然永远无法告诉我们什么是对的，但至少能确定哪些是错的。尊重更多运动训练基数中的"失败者"，汲取失败者的"惨痛教训"比仅仅关注成功者的"幸运经验"或更有价值。此外，经典分期理论的拥护者普拉托诺夫在其2013年出版的著作《运动训练分期：一般理论及其实践应用》（*Sports Training Periodization*: *General Theory and its Practical Application*)[1]中讨论道，西方学者"忽视了过去25年的长期科学调查内容和实践成果"，缺乏足够的实践检验，主要基于纯理论性的逻辑推导不足为信。Afonso J 和 Nikolaidis P T 等对2017年之前的所有关于分期理论应用的实证研究英文文献进行了系统性回顾分析后指出："现有分期理论实践应用中73.8%的持续训练时间仅有4～12周，没有超过9个月的实证研究。此外，95.2%的研究只关注'体能'的分期训练效果，其中力量训练又占57.1%。"[2]

理论发展往往跟不上实践应用，创新才显得无比珍贵，这一点在运动训练的复杂系统工程中更为明显。运动训练计划应"着重于调整对核心要素训练准备的灵活性和适应性需求，并熟练地组合不同训练方法，以适时调控竞技状态高峰，而不应固定于僵化框架"[3]。具体而言，现有分期理论都普遍表现为以下特点：①事先确定有一个最佳的训练计划方案，其流程是计划在先而后按计划执行；②计划制定和实施都是自上而下的，即教练员指令，运动员执行；③将计划分期成不同训练模块，认为普遍通用的时间分期框架对训练适应是有利的；④依据这个既定计划模式，通过设计与实施训练应激源（训练内容的选择、训练先后顺序、训练次数、间歇时间、训练强度等）可准确预测和安排下一步的训练计划，进而预测未来的训练适应和运动表现。

基于这些不足，近期有学者批判此前的分期理论模型自概念诞生以来，固定

---

[1] Lyakh V, Mikołajec K, Bujas P, et al. Review of Platonov's "Sports training periodization. General theory and its practical application" – Kiev: Olympic literature, 2013 [J]. Journal of human kinetics, 2014, 44: 259.

[2] Afonso J, Nikolaidis P T, Sousa P, et al. Is Empirical Research on Periodization Trustworthy? A Comprehensive Review of Conceptual and Methodological Issues [J]. Journal of Sports Science & Medicine, 2017, 16 (1): 27.

[3] Mujika I, Halson S L, Burke L M, et al. An Integrated, Multifactorial Approach to Periodization for Optimal Performance in Individual and Team Sports [J]. International Journal of Sports Physiology and Performance, 2018, 13 (5): 538-561.

于周期化或分期化框架，由此过多注重时间跨度上的计划安排。即便提出的替代经典分期模型的非线性变易模式，同样都将重点聚焦于如何分期化的时间维度和训练应激的波动变化方法设计上，均忽视了空间维度核心要素的同等重要性。由此，需要及时认清"大多数被忽略了的其他影响运动员准备和调控竞技状态高峰的因素"问题，提出融合体育科学各个领域（如恢复营养，心理学和技能获取）最新发展成果，可以在空间维度上更好地促进训练适应。

于是，2018年邦帕和穆继卡等分别提出"整合训练分期"模型。其中，穆继卡的整合分期的内容包括运动训练、恢复、营养、心理技能、动作技能获得，以及热反应、高原适应、体成分、物理治疗的分期计划和综合管理[1]；邦帕与布鲁曼斯坦等2019年合著的《运动训练和运动员成长中的整合分期：融合训练方法、运动心理和运动营养优化竞技表现》中主要探讨了训练方法、运动心理和营养3个方面的训练分期必要性及其可行性方法[2]。他们都将原有偏向时间维度的训练分期模型，发展为兼顾空间跨度上共同调控运动训练过程的整合模型，这种时空要素整合的立体分期模型不失为对现有分期理论视野的一种拓展。模型涵盖体系越多，能命中的训练适应问题必然也越多。但与此同时，越显臃肿的模型是否违背模型原理的初衷？有没有与之匹配的实现技术方法？有待后续研究来回答。

针对训练分期模型家族的不断壮大，却仍然无法厘清训练分期理论的本质等问题，近年来，较活跃的英国学者约翰·基利（John Kiely）于2009—2018年对分期理论展开系统研究后指出，当前所属的分期理论因固守"假设运动训练适应遵循一般可预测的轨迹和生物训练结果是直接由运动训练变量调节的"等两点缺陷而面临重估。这两点与Selye之前的"刺激应激"模型的原理接近，都是基于牛顿物理学的线性逻辑、笛卡尔的人乃机器的隐喻、泰勒的科学管理学说所倡导的规范模块化方法。基利提出超越现有关于训练分期争鸣的"训练结构的优化还是训练流程的优化"问题范式，针对特定问题提出解决方案的个性化训练思路。在他看来，一个分期计划对不同运动员，乃至同一个运动员的现在和未来所采取

---

[1] Mujika I, Halson S L, Burke L M, et al. An Integrated, Multifactorial Approach to Periodization for Optimal Performance in Individual and Team Sports [J]. International Journal of Sports Physiology and Performance, 2018, 13 (5): 538-561.

[2] Tudor Bompa, Boris Blumenstein, James Hoffmann. Integrated Periodization in Sports Training & Athletic Development: Combining Training Methodology, Sports Psychology, and Nutrition to Optimize Performance [M]. London: Meyer & Meyer Sport (UK) Ltd., 2019.

第五章 现代运动训练理论与方法的发展（20世纪50年代—21世纪10年代）

的训练方案均应不同（事实却也如此）。运动员个性化且实时训练计划应充分考虑到生物性变量（基因遗传因素）、前期训练的生物学功能转化情况、运动训练历史研判对类似训练负荷压力源的适应程度、心理变量、环境因素等，所有这些因素的不同都会影响训练效果[1]。他认为，当前分期理论指导下的运动训练对此重视不够。例如，一项研究表明，相同的训练变量对不同个体的最大摄氧量影响差异巨大，在所有年龄组、男女性别和不同肤色的人群中均表现出高、中、低的不同响应。控制年龄、性别、身体质量和身体成分等变量，基因因素便解释了 40% 的变异。虽然平均 VO_{2max} 增加了 19%，但 5% 的人群只有微小或没有变化，5% 人群变化了 40%~50%。并且，基线 VO_{2max} 和训练后的增量 VO_{2max} 无关。换句话说，一类基因影响基线有氧能力，另一类基因影响有氧能力的训练效应[2]。可见人类对于训练压力源的响应不同是客观存在的，不仅表现在对于既定训练内容的响应或适应不同，也表现在与不同时间段或时期的体能准备状态有关。

综合观之，上述争论和发展都主要是基于运动训练科学理论的发展，理论推导甚于实践验证，零星实证研究成果依然不足以全面支持该理论，未来仍然需要更多的实践经验和数据来共同验证。

（4）对我国运动训练实践的启示。马特维也夫经典训练分期理论对世界竞技运动训练产生了深远和巨大的影响[3]。就中国而言，自19世纪50年代起就开始出现分期理论的一些萌芽，1978年以译著的形式被正式引入中国，对我国运动训练理论与实践都产生了长足影响。时至今日，该理论所暴露的问题似乎比得到的回报更令人关注，如研究员杨国庆根据其多年的竞技训练观察与管理经验，指出当前的训练分期理论更多在宏观运动训练原则上给予教练员和运动员一些理念指导（杨国庆，2018），具体操作层面成效较低。板块分期模型因其操作性相对明确，一经提出立即引起广泛关注或是对这种现状的一次强力回应，但最终还是将其归结为对经典分期理论的体系完善，并非范式革命。面对理论争鸣与实践质疑，基于前文论述，我们就分期理论指导运动训练实践提出如下参考：

一是促进机体的"训练恢复和适应"是训练分期的本质目标，需整合多维

---

[1] Kiely, John. Periodization Theory: Confronting an Inconvenient Truth [J]. Sports Medicine, 2017.
[2] Skinner J S, A Jaskólski, A Jaskólska, et al. Age, sex, race, initial fitness, and response to training: the HERITAGE Family Study [J]. Journal of Applied Physiology, 2001, 90 (5): 1770.
[3] 陈小平. 运动训练长期计划模式的发展——从经典训练分期理论到"板块"训练分期理论 [J]. 体育科学, 2016, 36 (2): 3-13.

因素。Selye将原有研究"刺激"的模型改进为强调"反应"的模型是对应激理论的重大变革。在运动训练中,我们应充分考虑刺激与反应的复杂性和生物体主观能动性。生物体对外来应激源的良好反应带来机体的适应,否则引起病变。因此,所有基于Selye"应激理论"发展而来的训练分期模型的分期在回答运动训练实践问题时的宗旨都一致:训练应激源的反应性问题,即有效促进运动恢复,收获累积的积极训练适应。

20世纪中叶的社会文化和科学背景时期关于运动后机体主动恢复方法手段还相当贫乏,马特维也夫开创性地提出"训练分期理论",旨在通过训练的时间框架和进展方案的"分期安排"来提高训练应激源的适应性可谓难能可贵。从近代以来运动员滥用兴奋剂来抵抗疲劳与促进训练恢复适应中可见一斑。训练分期理论通过变易应激源的刺激参数的"自然绿色"方法来提高机体对运动训练应激的适应,无疑是科学训练的巨大进步,也是一直以来运动训练的人道主义追求。运动员只有在超常环境下对训练应激适应能力的逐步提高来增进训练负荷耐受能力,才能应对更快、更高、更强的训练和竞赛环境,进而提高重要比赛的运动成绩。然而,随着现代恢复方法与手段的多样化发展,加之训练应激源的负荷压力都与当初不可同日而语,依靠训练分期的安排来促进恢复和适应已经显得不那么突出,并且难以满足实际需要。正是基于现代恢复、营养、心理等高新技术方法手段,人们在超负荷训练上才更加大胆,提出"大强度集中负荷安排"的板块训练模型,匹配更短、更多的分期安排。这种现象表面上看是由于多赛制变换导致的,其深层原因是恢复和主动适应的多种方法技术的进步,也是现代科技发展的必然。这也更加启示我们在运动训练实践中,除了相当成熟的体能训练分期内容之外,汲取运动心理和运动营养分期等现代科学研究成果是对经典分期理论的重要补充。随着测量技术方法的进步,尤其不容忽视脑科学的发展对大脑皮层与神经肌肉、心理认知等的进一步揭示将很可能带来一场新的训练认知变革,如经颅磁刺激(TMS)、脑磁图(MEG)技术、动觉想象与视觉想象融合的运动训练方法等,现阶段努力打造复合型训练团队开展多模态运动训练监控的必要性更加迫切。虽然很难精确"计算"训练效果,但是从训练刺激到机体反应全过程多维因素整合"算计"的训练范式是必要的。

二是基于瞬态生理、心理等多模态参数的个性化预测是选择训练分期模型的前提。在我国的运动训练实践中,无论是曾经备受瞩目和自豪的中国原创"三从一大"训练原则,还是引进吸收的"经典训练分期理论、板块分期模型"等,

第五章　现代运动训练理论与方法的发展（20世纪50年代—21世纪10年代）

其目标都应处理好"训练应激与适应（防止发生'衰竭'）"的关系。不同的是，"三从一大"主要强调"训练刺激"，训练分期主要强调"机体反应"，板块分期的"高度集中专门负荷刺激"在关注机体反应的同时重申了"训练刺激"。然而，具体模型方法的选择必须根据运动员的成长阶段和当前状态来做出判断。

就空间维度而言，同样的训练内容，一个运动员与另一个运动员个体适应的响应可能不同，特定训练内容的适应性响应是个性化的，受到"基因遗传、环境、生活方式、心理因素、训练历史，以及负载的训练应激参数等"的影响。以环境改变与内分泌变化为例，环境的重要改变起初会引起皮质醇、儿茶酚胺、生长激素和催乳素等内分泌的增加，而睾酮素下降。但它们对应激刺激的重复有相当快速的适应性，特别是对于皮质醇反应（Rose，1980；Compas B E，2010）[1-2]。内分泌反应的性质和时间随着应激源的进一步"经验积累"而改变，因此，主要反应发生在"预期阶段"，而不是事件发生后的时期。另外，心率和肾上腺素分泌即使在习惯于特定应激源的个体中，但每次新的应激遭遇都会重新增加。这些都表明，生理反应中存在多种不同的元素，它们以不同的方式起作用。生物体对潜在应激事件的反应存在非常明显的个体差异（Rose，1980）[3-4]，内分泌反应的这些差异与人们如何看待事件的变化以及他们如何在情绪上对事件做出反应的程度有关，邦帕和哈夫在分期理论著作中提出睾酮素/皮质醇（T：C）比值来反映运动员的准备状态，预测运动成绩水平，有其实践参考价值但也需具体分析。据此，我们还认为，营造教练员、科研人员、管理人员与运动员的良好心理情绪氛围尤为重要，自上而下军令式训练实施显然不太可取，应充分调动运动员参与训练的主观能动性，减轻预期心理压力。

就时间维度而言，同样的训练内容在运动员个体的不同成长时期，并且相同时期不同时间施加于同一个体的训练应激也会带来不同的训练反应。潜在的"瞬态生理、心理等参数水平"是选择训练分期和其他训练方案的前提，永远不存在

---

[1] Rose R M. Endocrine Responses to Stressful Psychological Events [J]. Psychiatric Clinics of North America, 1980, 3 (2): 251-276.

[2] Compas B E. Psychobiological Processes of Stress and Coping [J]. Annals of the New York Academy of Sciences, 2010, 1094 (1): 226-234.

[3] Rose R M. Endocrine Responses to Stressful Psychological Events [J]. Psychiatric Clinics of North America, 1980, 3 (2): 251-276.

[4] Rutter M. Stress, Coping and Development: Some Issues and Some Questions [J]. Journal of Child Psychology and Psychiatry, 1981, 22 (4): 323-356.

"一刀切"的训练理论或模型。随着大数据,人工智能新技术的快速发展,无所不在的普及计算所生成的运动学、生理学、心理学、营养学等定性定量的多模态海量数据,为教练、科研等人员密切跟踪运动员在数字化设备中产生的各项指标,为开展数据驱动的训练模式提供了即刻的在线支持[1],更为紧随现代数据科学思维而更新训练方法实践奠定了基础。传统统计是模型驱动的,其核心是基于以样本均值为中心的统计量对假定的总体参数进行推断;而数据科学是数据驱动的,主要关注的是对个体的预测(吴喜之,2019)。

现代数据科学的运动训练理论与实践也将带来"从传统模型驱动的集体推断到今后数据驱动的个体预测"的重大转向,进而促使通过掌握瞬态生理、心理等参数数字化落实个性化训练变得更为可行和尤为迫切。更为重要的是,这也是针对分期理论倾向于一般系统理论与方法而个性化训练不足、主导体能训练而其他训练指导乏力等现实问题的重要补充。

三是摒弃僵化理论模型,具体应用依运动员的训练问题需要而定。事实上,理论或模型只是对世界某些方面的简化和近似。尽管好的模型可以提取那些"正确"的特征来描绘显示,我们却不能用"真的"或"假的"来评价模型。好比一个20厘米的塑料飞机缩微模型——所有的部件都是一体的,更不能起飞和容纳乘客。因此,我们不能指望它能反映真飞机的所有特征,而应关注它是否针对某个特定的问题抽取真飞机的所有特征。

如果是为了给3岁小孩展示飞机的概念,这个模型足够;如果是一个全比例缩小模型,那么它便可用于飞机设计师进行风洞测验。当然,若研究者想了解更多的细节,如乘客感受、引擎动力、坐垫的质地等问题,只要建立相应的模型即可。此外,倘若不清楚研究对象的哪些特征是值得关注的,模型就无法评价。例如,我们不知道研究飞机上灰尘数量的模型有何意义,它在用于教育孩子和风动测试时都毫无用处,但是如果地毯上的灰尘使飞机加重而消耗更多燃料,建立该模型就显得至关重要。明确现有运动训练理论与方法模型针对的科学问题同样如此必要。

所有的理论和模型都可以分为限制性和非限制性两种。限制性模型更加清晰、简约、抽象,但不太符合现实(除非模拟的现实也很简约)。非限制性模型更

---

[1] 袁守龙. 体能训练发展趋势和数字化智能化转型 [J]. 体育学研究,2018,1(2):77-85.

第五章　现代运动训练理论与方法的发展（20世纪50年代—21世纪10年代）

为详尽，更加注重情境，当然也更符合现实，却不够清晰，也难以精确估算[1]。目前所知，无论传统训练分期理论模型，还是板块分期、多周期训练模型都是以洋洋洒洒数万言的专著形式呈现出来。以邦帕的6本分期理论著作为例，他将分期理论划分为"训练学理论基础、训练分期模型、训练方法（力量与功率、耐力、速度与灵敏）"3个部分进行阐述，但其内容所阐明的不只是训练分期的方法问题，而是所有关于运动训练恢复和适应的事实，并且是基于一般系统思想，即提炼共性的分期训练理论与方法。进而导致不够清晰，在宏观原则上给人印象深刻，具体操作层面却难以精确估算等问题也是正常现象。

鉴于此，暂且将所有的训练分期模型划分到非限制性模型中去。正因如此，为满足具体训练实践需要，更为精确的模型呼之而出，如赛前减量训练模型（tapering）、临界功率模型（critical power，CP）、训练负荷——效应模型（impulse—response，IR）、竞技潜能元模型（performance potential metamodel，PerPot）[2-3]、竞技能力结构"双子模型"[4]等。其中，减量训练模型重在"赛前数天"量化调节训练负荷，减量促进机体对极限比赛负荷应激的适应性；用CP运用物理和数学模型的方法来描述运动员的能量系统做功（肌肉功率、有氧能力、无氧能力）和疲劳时间关系，为合理评价和安排特定内容的个性化训练负荷刺激提供数字化支持；IR重在采用数学量化方法，对前期训练负荷在特定时间内产生的累积效应进行测评，基于此，去求解运动训练与竞技能力提高的个性化预测问题；PerPot则试图将训练负荷刺激与适应时间的关系进行计算机模拟，预警过度训练；"双子模型"侧重于反映竞技能力各要素整体与融合的关系。

因此，运动训练实践中不可盲从或迷信某一个模型能解决所有运动训练问题，如有实验研究发现根据需要设计的混合分期模型更有效[5]。通过实践提炼训练中的问题，进而选择合适的理论或模型予以指导，或根据"科学问题"需

---

[1] 加里·金，罗伯特·基欧汉，悉尼·维著. 社会科学中的研究设计[M] 陈硕, 译. 上海：上海人民出版社, 2014.
[2] 胡海旭. 竞技能力增长理论模型及其演进[J]. 体育科学, 2016, 36 (2): 14-24.
[3] 陈小平. 运动训练生物学基础模型的演变——从超量恢复学说到运动适应理论[J]. 体育科学, 2017, 37 (1): 3-13.
[4] 田麦久, 刘大庆, 熊焰. 竞技能力结构理论的发展与"双子模型"的建立[J]. 体育科学, 2007, 27 (7): 3-6.
[5] Owen A L, Djaoui L, Newton M, et al. A contemporary multi-modal mechanical approach to training monitoring in elite professional soccer [J]. Science &Medicine in Football, 2017.

求建立新的模型才是"实事求是"的态度。实践是检验科学真理的唯一标准,理论与实验的对接是取得重大发现、实现理论创新的关键。

综上所述,马特维也夫训练分期理论自创立半个多世纪以来,在不断发展与饱受质疑中越显庞杂,极大地干扰了其实践应用。跟踪国际上训练分期理论的最新研究进展,厘清其科学问题,以更好地指导运动训练实践显得尤为必要。本书主要采用历史研究方法和比较研究法,研究认为:①理论起源于苏联"5年计划经济"背景,受到"泰勒科学管理原则"与"一般系统论思想"的影响,并得到Selye"应激理论"强有力的科学支撑。Selye"应激理论"至今依然是其元理论基石;②板块分期和多周期被认为是区别于经典分期理论的代表。近期有学者综合"训练方法、运动心理和运动营养"等内容提出"整合训练分期"模型。另有学者批判现有分期模型因"僵化的框架"难以精确预测未来等问题,提出关注运动员生理和情绪特征的个性化训练来予以补充;③生物动作能力训练与训练负荷设计等训练方法的变易是当前训练分期的方法特征之一,系统性组织以促成"积极训练适应"是其逻辑起点和最终目标。实践启示:①经典大周期安排与当时的恢复方法和手段相对落后有关,随着科技进步和恢复方法手段的多样化及高效改进,集中大负荷的板块分期和多周期应运而生。可见,分期并变易训练方法,以促进"训练恢复和适应"是当前分期理论的"硬核"之一。当前亟须整合训练、心理、营养等多维因素,打造复合型训练团队开展多模态训练监控;②潜在的"瞬态生理、心理等多模态参数水平"是选择训练分期方法和其他训练方案的前提条件,永远不存在"一刀切"的训练理论或模型。数据科学驱动的数字化、个性化训练是大势所趋,也是对训练分期理论与方法系统组织框架下的补充和辅助;③不囿于僵化模型框架,具体模型选择与应用依运动员的训练问题需要而定。当前训练分期理论模型中的"分期"所针对的核心训练问题是"分期并变易以促进恢复和适应",之外的问题需要具体问题具体分析。

本章小结

首先,就20世纪50年代初至20世纪70年代末这段时期而言,战后的世界面临急剧矛盾后的内部结构调整,科学社会的全面繁荣为体育科学,尤其是为携带国家政治基因的竞技体育运动训练活动注入了全新的动力。事实也表明,不到20年的时间运动训练相关的现代理论集体爆发,如运动生理学、运动心理学、

第五章 现代运动训练理论与方法的发展（20世纪50年代—21世纪10年代）

运动生物力学等学科的独立发展均诞生于20世纪60年代。人们越发意识到运动训练理论已不再是单一学科理论可以应对的，就外部进路而言，一方面是国际大环境趋于和平的诉求迫使各国将竞技体育视作没有硝烟的战争；另一方面是战争对科学的推动，以及科学对和平守护的多重张力使科学创新和学科发展的勃兴，由此影响运动训练的科学化进程；此外，战后经济复苏带来的商业化、工业化、城市化等契机无不契合竞技体育生存发展的天性土壤。就内部进路而言，战争不可或缺的生理学或医学在战后向更宽泛的康复领域发展，力量训练正是对伤残士兵的康复训练而逐渐得以重视，而对肌肉力量训练错误认识的验证使得人们有理由怀疑现有理论与方法的局限，Selye"应激适应"理论更加奠定了运动生理学在运动训练中的领导地位，运动心理学秉承古希腊神话中的"精神力量"等使得人们相信运动训练与人的关系的认识绝非可以一蹴而就，而运动生物力学对运动心理学中动作刺激与学习模式的修补让人意识到人体运动可以减少重复错误刺激而训练高效化等。冷战导致东西方的科学家们再次中断了交流，而在西方世界致力于学科分化的研究津津乐道之际，苏联举国研究的"压制"下形成了与其意识形态相契合而完全不同于西方世界的整体性训练哲学，即运动训练分期理论，它的出现完全颠覆了源自古希腊实验医学传统的分析思维训练哲学，从关注人体到扩展为人与人、人与环境等整体性因素，进而将运动训练理论与方法引入另外一个陌生的范式，由此取得了理论与实践的巨大成功。当然，这种成功并非偶然，以欧美主导时期的运动训练理论与方法在科学分析与综合方面表现出多元化、百家争鸣的局面，这与其时代政治经济背景分不开，欧美的多元文化使得各种训练理念都活跃一时，社会化管理模式也使得各种训练理论与方法的应用发挥到极致，各种交流总难以形成大一统的共识，公认的理论与方法尚少，一定程度上其创新活力掩盖了建设某一个坚实理论阵地或完备理论系统的机会，各种训练理论与方法都在不断涌现着，但始终未能出现质的飞跃。直至苏联社会主义模式下全国一盘棋的规整化科研与训练实践系统整合以及辩证法互动观才迎来一个自成体系的科学训练理论，即马特维耶夫运动训练分期理论的出现。这也是一个时代的产物更是运动训练科学的质的大飞跃。

其次，就20世纪80年代至2012年这段时期而言，生命科学、医疗技术、数学、计算机科学、系统科学成为这一时期运动训练理论与方法不断深化的方向。20世纪50年代selye的"应激适应"理论依然主导着这一时期运动训练负荷与运动成绩提高的经典元理论，这一点在东方苏联和西方的美国都得到认可，人们更加笃信运动训练的生物学基础和应激机制，由此衍生出许多经典的运动训练生物学模型，但在原有基础上尽可给予更为合理的解释和应用，其中集聚长期研究结晶的"超量恢复理论"和"训练引起的正负效应"的理论与学说堪称经典。单一的生理演绎模型向生理与数学相结合模型的转换彰显出运动训练的高度个性化原则，为更好地拟合模型与训练实践数据而引入计算机科学与新的信息技术，则是对运动训练活动复杂性的必要应对，这种复杂性同样表现在多年运动训练过程的设计与组织上，由最初的线性模式向非线性，一般性向特殊性的逻辑不断演进，但又不容割裂的"从综合到不断的分化，又从分化到更高端的综合"融创样态。这种样态的历史变更也正是奥林匹克运动员训练理论与方法一体化时期的相互推动结果。

第六章 运动训练理论与方法演化总览与未来展望

整个自然界的运动形式是一个由简单到复杂、由低级到高级的发展过程。人的身体运动形式同样遵循这个规律，并反映在运动训练活动中。本书有关人类史中的奥林匹克运动员训练理论与方法演化特征也充分印证了这一规律。运动训练理论与方法向更复杂、更高级的阶段发展是竞技体育全球化竞争、竞技能力个性化要求不断提高的历史必然。现代运动训练理论与方法亟需不断汲取人类科技与文明中最系统、最前沿的成果来应对诸多挑战，一方面通过历史回溯来查漏补缺，另一方面基于全要素创新而引领未来，以期为高质量提升竞技体育国际竞争力提供强力支撑。

第一节 运动训练理论与方法历史演化的整体性图景

以现代奥运会为重要历史节点，史前持续了293届约1168年的古代奥运会是奥林匹克运动训员练理论与方法的原始积累期。5世纪前后，进入长达近1000年之久的中世纪黑暗时代，运动训练活动几近被遗忘，直至14—16世纪的文艺复兴运动，再到18世纪的启蒙运动的彻底社会文化变革，才最终迎来19世纪末的现代奥运会复兴之路。

虽然奥林匹克运动几经沉沦，我们却能惊奇地发现：古奥运会所积累的运动训练理论与方法并未随古代奥运会的陨落而消亡。究其深层原因，除了中世纪盛行骑士教育的需要，以及文艺复兴和启蒙运动对古希腊科学的重振传承之外，还得益于医学在人类历史中至关重要的地位，并且深得"人民"的拥护与呵护。古希腊时期建立的盖仑医学传统一直以来与运动训练理论与方法不曾分割，盖仑自身也是击剑训练师和御医。

此外，运动训练活动也始终捆绑于人的个体生命和群体政治的社会宿命之中。直到以现代生理医学为新的医学范式的诞生，才最终带来运动训练理论与方法的科学化的长足推演。

然而，无论是在现代奥运会的史前抑或史后，运动训练理论与方法都共同遵从着这样一个整体进路，那就是恩格斯所提出自然界中五种运动形式：机械的、物理的、化学的、生物的和社会的，展现出同样形态的五类奥林匹克运动员训练理论与方法范式。值得一提的是，虽然古代运动训练受特创论主使而信奉巫术和神灵等作用，但这并不为过，现代社会则更多地研究心理的影响，心理学、认知神经科学、脑科学在运动训练中的应用越发不可或缺。由此，我们依据演化轨迹的现有证据，试图构建了奥林匹克运动员训练理论与方法的整体图景（图6-1）。

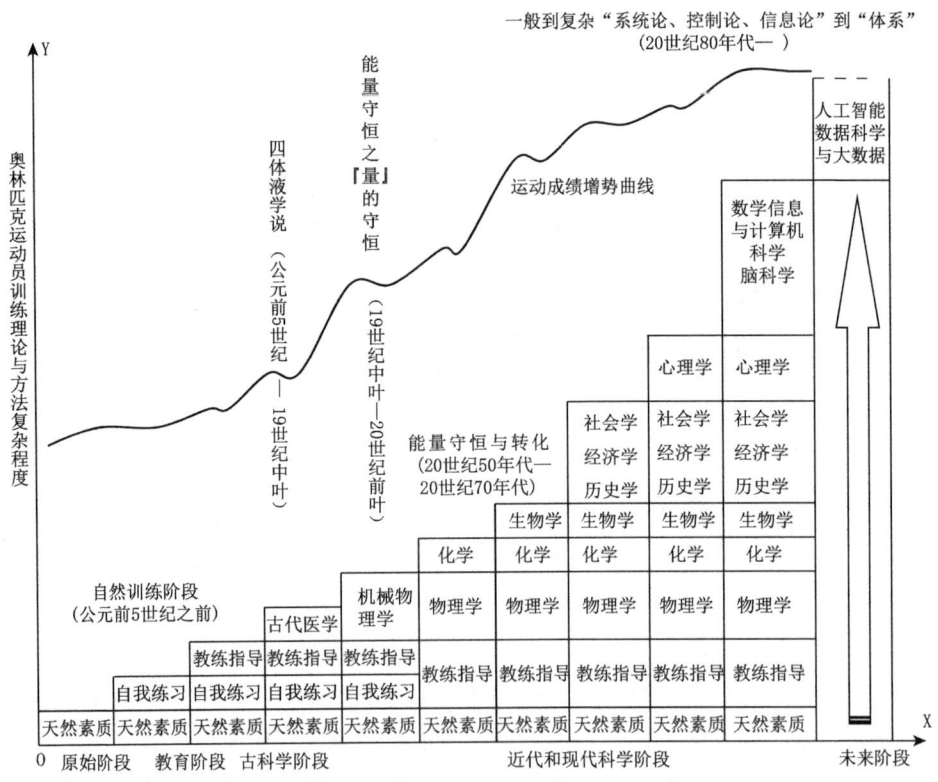

图6-1 奥林匹克运动员训练理论与方法的整体图景

图6-1对奥林匹克运动员训练理论与方法演化的总图景进行了宏观勾勒，其构成方式和操作方式由简到繁、由低级向高级进化，对应的运动训练理论与方法

第六章 运动训练理论与方法演化总览与未来展望

也遵从这一历史和逻辑进路,后一种运动训练理论与方法一定包括前一种的部分或整体。不管运动训练理论与方法的具体内容如何千差万别都可归入这种分类准则中。运动训练理论与方法范式与研究纲领的革命和替代某种程度上是缘由范式的"解谜能力"和"成功预测新颖的事实能力"的受阻引发的,亦即每当前一种运动训练理论与方法达到增长运动成绩或竞技能力的极限水平,便被迫引入更高级的有效方式,但一般情况下这种更替是继承性的。"不是如蒸汽机代替马车,电动机代替蒸汽机那样,而是在每一个新阶段中继续保留原来质态并加入新的质态这样的更替"[1]。

我们对图 6-1 中现代奥运会历届运动成绩的走势按照分期的不同阶段和总体增长趋势分段进行回归,得出总体和各阶段的成绩增长回归线的斜率值 K 由大到小为:($K_{I} = 1$)>($K_{III} = 0.667$)>($K_{总} = 0.517$)>($K_{II} = 0.333$)>($K_{IV} = 0.175$),其中 K_{I} K_{II} K_{III} K_{IV} $K_{总}$ 分别是近代 I 期、近代 II 期、现代 I 期、现代 II 期、总体回归线斜率。

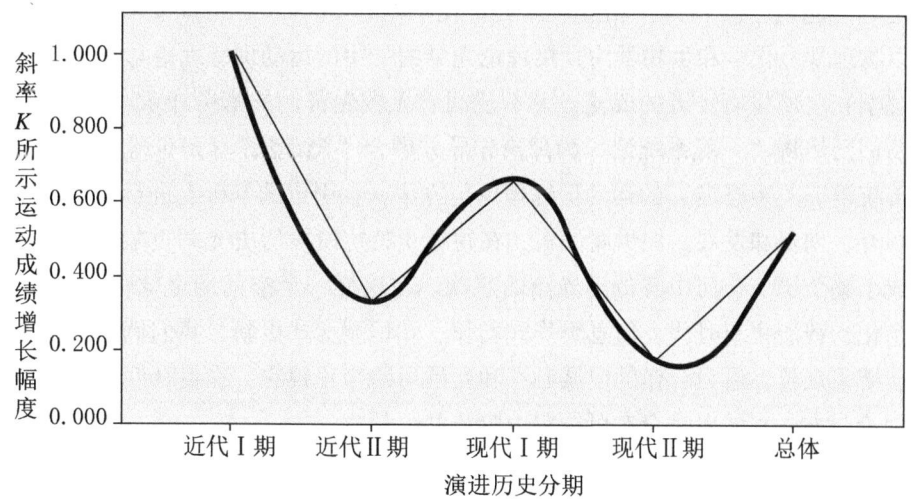

图 6-2　现代奥运会不同时期和总体的回归线斜率波动

图 6-2 中斜率越大说明成绩增长越显著,某种程度上也反映在运动训练理论与方法的相对实效性越高,亦即运动训练理论与方法越科学。根据上述斜率的大

---

[1] 李力研. 能量形式与竞技运动——关于运动训练、运动竞赛基本性质范畴的论纲 [J]. 山东体育学院学报, 1993 (3): 1-7, 25.

小排序可以认为，近代早期即现代奥运会之初的头20年和现代早期的头20年中运动训练理论与方法的K值高于总体均值，是运动训练理论与方法范式与研究纲领的重大革命性历史节点，对应的理论性革命分别是古代医学转向机械物理学时期、能量守恒中能量的守恒向量的守恒和质的转化相结合即能量守恒与转化定律时期。此外，近代晚期比现代晚期增长较多，说明近年来运动训练理论与方法的革命性发展已渐趋缓慢，出现明显的边际效应递减，正期待着一轮新的范式革命，2012—2013年开始逐渐酝酿爆发的大数据运动[1]、人工智能或迎头赶上，迎接相应的挑战也尤为紧迫。

客观而言，中国现代运动训练理论与方法的系统引进与系统建立始自20世纪70年代至80年代，尤其是向苏联和民主德国的学习与引进。我们研究也发现这一时期正值苏联马特维也夫以"一般系统论"构建的"运动训练分期理论"主导全球运动训练理论与方法变革的重要历史节点，这也直接影响了中国现代运动训练理论与方法的一般系统论特色，即一般运动训练学的建立。

相比较而言，对此前经历的另外三个重要范式革命并没有引起足够重视，尤其是对"能量守恒"和"能量守恒与转化"的认识不尽细致和深入，而它们都是以物理学、化学和生物学为直接理论先导的。中国运动训练理论与方法（运动训练学）之所以有今天的成就，无不浸润着无数先贤们的辛劳汗水与智慧结晶，前辈们已然将"一般系统论"为理论先导并融合"辩证法"（辩证唯物主义和中国传统辩证关系思维）的运动训练理论与方法，在引进的基础上进行了积极充分的扬弃、创新和发展。但毋庸讳言，在得益于特定阶段历史光辉贡献的同时，也造成了整个历史长河中其他闪光点的遮掩。在这样一个空前的全球化、工业化、信息化、智能化新时代，信息爆炸式增长、知识裂变式更新，我们倘若持奋勇革新、博采众长、通力合作的虔诚心态和发展思路来正视它，在奥林匹克运动员训练理论与方法领域也完全有可能跟上脚步并引领它。

第二节 运动训练理论与方法未来发展的数字化转型

一、现代热点运动训练方法及其主要历史特征

近年来，在国内受到热议的训练方法，体能训练首当其冲，而体能训练中又

---

[1] 潘璠. 走进新时代——2014新年献词 [J]. 统计研究, 2014, 31 (1): 3-4.

以核心稳定性训练、核心力量训练和功能训练为热点。基于此，我们对这类训练方法进行了历史追溯：其一，核心稳定性训练、核心力量训练。Panjabi 在 1985 年首次提出脊柱稳定性（spinal stability）的概念，1989 年美国旧金山脊柱研究所提出中位脊柱（neutral spine），1992 年 Panjabi 又提出核心稳定性概念，2000 年之后，核心稳定性受到运动医学专家的重视。Kibler 首先将核心稳定性引入竞技运动训练。核心稳定性训练（Core stability）诞生之初导致美国越来越多的人腰疼。造成腰疼的原因之一是腰椎不合理和过度的运动（Pope & Panjabi，1985）。随着脊柱过度活动和非稳定性相关理论的发展，逐渐提出腰部稳定性和核心稳定性概念，其目的都是限制上下肢连接区域的移动量。核心稳定性及其训练直到 20 世纪末才为研究所重视，主要是由于医学康复训练（McGill，2001）和体能训练（Bliss & Teeple，2005）中核心稳定训练的广泛应用。其二，功能训练。在欧洲和北美，功能性训练也大多用于康复医疗中，主要用来改善受伤人群关节的稳定性、神经肌肉控制、肌肉力量和肌肉耐力。1995—2005 年引入竞技体育训练中。在竞技体育中，功能训练是一种提高专项运动能力，通过加强核心力量并使神经肌肉系统更加有效的训练方法。功能训练的基本内容有平衡训练、稳定训练、本体感觉训练、核心柱训练、悬吊训练、增阻训练、超等长训练、能量再生训练、振动训练等。功能训练注重标准化的动作模式，其训练原理有：①强调多平面、多关节训练——立体化；②将平衡控制和本体感觉嫁入训练，强调身体躯干核心部位的控制、平衡和稳定——专项知觉；③注重训练控制下的多维性、动态性——神经动员的多态性。

纵观历史我们发现：1960 年之前主要采用的训练方法是"能量代谢训练法"（如法特莱克法、间歇训练法、重复训练法、马拉松训练法），1960 年之后逐渐重视"形态动作训练法"（如抗阻训练法、快速伸缩训练法、核心稳定性、核心力量训练法、功能训练法），尤其现代体能训练中核心稳定性、核心力量训练法、功能训练法等主要就是竞技动作的训练。分析其原因如下：①古代奥林匹克运动会的竞技比赛项目主要是田径。古希腊人爱好跑步，在奥林匹亚阿尔菲斯河岸的岩壁上保留着古希腊人的一段格言："如果你想聪明，跑步吧！如果你想强壮，跑步吧！如果你想健康，跑步吧！"跑步成为希腊健康医疗的重要法宝。现代奥林匹克运动项目与古希腊一脉相承，能量代谢训练方法正是起源于中长跑项目运动训练的经验总结。自古希腊以来"运动与医学"就有密切关系，之后生理学的发展分支运动生理学又成为训练界公认的最佳训练科学，这些都是运动训练方法能量代谢产生的科学背景。②跑步训练历史长河中一直对力量训练的偏见，是西方运动训练中动作形态训练方法滞后发展的主要原因，即便进入 19 世纪初人们依然认为力量训练会使运动员变得缓慢、不协调、肌肉僵硬（Todd, Al Thomas 1992），直到 20 世纪 50 年代人们还是认为力量训练不适于现代运动训练。20 世纪 40 年代至 50 年代末春天学院的 Karpovich 博士和其他运动生理学家开始进行运动成绩与力量训练关联的研究表明，力量训练与当时流行认识正好相反，不会造成运动慢、僵、不协调。1974 年 Gene Hooks 在其著作 *Weight Training in Athletics* 中指出力量训练带来田径训练方法的重大革命，一个提高运动成绩的新方式诞生了；③运动负荷不断提高而逼近人体承受能力的极限使得运动成绩纪录得到不断刷新的同时也带来越来越多的运动损伤，这也致使应用于专门康复训练中的训练方法被引入运动训练中，尤其是体能训练中，因为只有人体在健康的状态（机能健康和形体健康）下才能更有效地完成运动和动作。

二、现代西方运动训练理论与方法的高新技术与伦理困境

20 世纪 80 年代，"大科学时代"催生了交叉性科学对人、人体与运动训练等要素更加复杂性的认识。兴奋剂滥用遭到社会的立法禁止，原有提高运动成绩的单一"内生模式"不断受到限制，由此诞生提高运动成绩的"外生模式"和"内外模式结合"的新时期，21 世纪的今天科技已经全面介入运动训练的训练方法技术、训练计划安排、运动饮食、器材设备和兴奋剂检查[1]等方方面面。提高运动成绩的方式也不再遵从传统依靠运动员的艰苦训练和潜能挖掘的"自然模式"，而出现更多的人为手段和附加技术。更有甚者，一些高新技术应用于运动训练理论与方法中的同时也使得原有奥林匹克主义陷入道德旋涡，因为科学只能解决技术问题却不能解决道德问题。这些高新技术包括高新的兴奋剂药物技术（传统兴奋剂技术和基因兴奋剂技术）、医疗手段和科技等。

兴奋剂是自古希腊奥运会开始就已经存在的一种追求运动极限的方式，只不过古希时期运动员以进食天然食物为途径，如草药、蘑菇，类似于现在的运动营养补充，而当前公认的人工非法兴奋剂已有 6 类药物，它们分别是：2 类合成代谢类固醇，主要用于加速机体恢复；促红细胞生成素（EPO），用于提高红细胞增殖能力进而提高运动耐力；促进恢复的人类生长激素；增强活力的三碘代甲状

---

[1] Cressey D, Callaway E. Science at the Olympics: Team science [J]. Nature, 2012, 487 (7407): 290-292.

第六章 运动训练理论与方法演化总览与未来展望

腺素钠盐；抗疲劳的莫达非尼（Modafinil）。人们之所以青睐这些人工提高运动成绩的药物是因为他们确实能在不需要训练与适应的条件下有效提高运动成绩[1]，如业余自行车手进食EPO后可以更好地骑行4英里（4英里=6.437376千米），如同在自行车上安装了一个马达；类固醇家族之一的大力丸可提高人体力量的38%，女性则提高更多；人类生长激素可有效提高IGF1蛋白质，强化肌肉生长可致使短冲能力增加4%，对于0.01秒的纪录而言意义重大；另有研究表明[2-3]，血液兴奋剂（如EPO）可增加常人耐力的34%，使8000米快44秒，还有研究表明荷尔蒙对大脑也有影响，可以提高运动员参与训练的动机。最近基因兴奋剂也逐渐进入人们的视野，近年来，越来越多的研究表明[4]：奥运参赛选手有其不可后天塑造的基因优势，其自身携带一些特异基因。比如，几乎每一届奥运会短跑和力量型男性运动员都携带有577R等位基因（一种ACTN3的变异基因），且一半欧亚人和85%的非洲人最少携有一个这种"力量基因"。近期研究指出有200多个基因变异与运动才能相关[5]，如携带ACE基因变异的"I"基因比不携带者8000米运动潜力大，而94%尼泊尔加德满都谷地区的夏尔巴人携带"I"基因[6]，其他种族则只有45%~70%，它与运动耐力高度相关。这些现象的发现与基因治疗技术的发展终有一天会使得任何运动员进行DNA改造技术成为可能，如一项通过白鼠研究老年人肌肉营养不良症的研究，发现是由一个基因引起小鼠IGF1的过表达造成的，进而使成年老鼠的肌肉力量增加了14%[7]，该基因完全可经过改造来提高运动能力。其他研究者还发现可通过药

---

[1] Thompson H. Performance enhancement: Superhuman athletes [J]. Nature, 2012, 487 (7407): 287-289.

[2] Williams M H, Wesseldine S, Somma T, et al. The effect of induced erythrocythemia upon 5-mile treadmill run time [J]. Medicine and Science in Sports and Exercise, 1981, 13 (3): 169.

[3] Schuler B, Vogel J, Grenacher B, et al. Acute and chronic elevation of erythropoietin in the brain improves exercise performance in mice without inducing erythropoiesis [J]. The FASEB Journal, 2012, 26 (9): 3884-3890.

[4] Enriquez J, Gullans S. Olympics: Genetically enhanced Olympics are coming [J]. Nature, 2012, 487 (7407): 297-297.

[5] Ostrander E A, Huson H J, Ostrander G K. Genetics of athletic performance [J]. Annual Review of Genomics and Human Genetics, 2009, 10: 407-429.

[6] Droma Y, Hanaoka M, Basnyat B, et al. Adaptation to high altitude in Sherpas: association with the insertion/deletion polymorphism in the Angiotensin-converting enzyme gene [J]. Wilderness & Environmental Medicine, 2008, 19 (1): 22-29.

[7] Barton-Davis E R, Shoturma D I, Musaro A, et al. Viral mediated expression of insulin-like growth factor I blocks the aging-related loss of skeletal muscle function [J]. Proceedings of the National Academy of Sciences, 1998, 95 (26): 15603-15607.

物实现开启和关闭基因,如 Ronald Evans 及其同事于 2008 年研究 GW1516 时,发现一种药物可激活一种能增强肌收缩纤维的滑动比率的基因,小白鼠 GW1516 和训练相结合可提高 70% 的耐力[1]。上述 6 类传统兴奋剂已经被证实对人体的正常功能有害,因此被明令禁止,而基因兴奋剂同样存在健康隐患,如对病毒免疫反应,且其结果也难以控制(如果将 EPO 基因打开,最好也能将其关闭)等[2]。不可否认的是,无论传统兴奋剂还是基因兴奋剂在现代运动训练中都一直如影随形,而依靠运动训练的获益途径依然受到巨大冲击,运动员也成为参与竞技的产品、机器和小白鼠。倡导者甚至认为,在传统奥林匹克主义不断受到挑战成功的历史面前终有一天基因治疗技术将合法化,这些成功抗争的案例包括女性参与奥运会、职业运动员参加奥运会、滑雪和自行车越野赛等极限运动成为奥运会价值追求目标、南非假肢运动员 Oscar 曾被禁止参加残奥会,但伦敦奥运会上被允许代表南非参加的接力赛等。我们甚至不清楚对基因的"兴奋剂"界定在不久的将来又会如何?

此外,医疗手段和科技也成为提高人体运动能力的一种新途径。棒球投手通过手术替换因前臂肌腱拉伤的肘部韧带,康复之后可以投出更高质量的球,机械假肢在南非截肢运动员 Oscar Pistorius 身上已成现实。Miah 看到手术提高成绩的前景并说道:"想象一下采用人造皮肤提高手指和脚趾之间结实的带状物来提高游泳能力,这种生物学上的改造是一种人们试图超越他人的方式",另一技术是纳米技术,研究者们已经实验出应用于紧急情况的带氧纳米来进行血液补充(虽然这种生物注射纳米器件能否保持一定的能力阈值存在许多争议),使有氧能力大幅提高[3]。诸如此类,在科技主义发展洪流中,是否会诞生一种全新的运动竞赛形式驰骋于奥运赛场?譬如,随着仿生肢体技术的完善可通过手术取代肉体肢体,这样人体运动也如同机械组装的超能赛车一般,也正如发明了自行车后出现自行车运动一样,出现人机合体的竞赛场景。无论答案如何,科学主义终会实现这一技术。

兴奋剂技术是一种人为提高运动能力的药剂增生的"内生模式",医疗手段和纳米技术则是一种人为手段的"外生模式",依靠体力支付的"自然模式"运

---

[1] Narkar V A, Downes M, Yu R T, et al. AMPK and PPARδ agonists are exercise mimetics [J]. Cell, 2008, 134 (3): 405-415.

[2] Thompson H. Performance enhancement: Superhuman athletes [J]. Nature, 2012, 487 (7407): 287-289.

[3] Thompson H. Performance enhancement: Superhuman athletes [J]. Nature, 2012, 487 (7407): 287-289.

动训练不再是高尚的目标，诸如 2000—2003 年兴起的基因与运动选材、1991 年 Levine 对 1960 年发展而来的高原训练进行改良并提出高住低训（Hilo）和低氧训练等概念，使得寻求人体运动能力的天生差别性和视人体为机械的方式已成时尚，它们共同构成了 21 世纪运动训练理论与方法的总体特征，而正是这种新型科技的出现，再一次主宰了人的存在方式，其在某种程度上虽然极大地解决了技术革新所带来运动成绩空前增长的问题，但也使得现代运动训练陷入伦理的旋涡。远古直至近代的奥运参赛象征已然不再实用，刷新纪录与经济收益等工业化运作的体育和体育商业化将最终导致那些没有人性的"身外物"主宰以人为主要构件的运动训练和运动竞赛活动。于是，"欺骗、药物滥用、不规则饮食和精神兴奋剂[1]"等种种社会问题频现，其根源或在于存在种种"二元对立"的畸形运动训练观，如自然和人工、食物进补与摄毒、恢复和强化处理、基因改造与运动训练等。最终的局面可能是随着知识全球化传播和商业化运作，各种"先进科技"已不再是运动训练"秘籍"，人人都能通过商业渠道购得，也不再能因此而获得金牌或刷新世界纪录。唯恐只剩下运动训练理论与方法的商业化市场，最后也会因这个市场"缺乏市场"而出现运动训练理论与方法体系全面崩塌的衰败局面。

三、数字化转型：点燃当代运动训练变革新引擎

当今世界，"数字化"是赋能提质增效的新引擎，这在国际国内、各行各业已达成共识：2019 年初华为公司发布《行业数字化转型方法论白皮书》；2020 年美国工业互联网联盟首次发布《工业数字化转型白皮书》；2020 年上半年国家发展改革委联合有关部门启动"数字化转型伙伴行动"，倡议"上云、用数、赋智"并打造数字化生态共同体；2020 年底上海市委、市政府发布《关于全面推进上海城市数字化转型的意见》把数字化转型作为"十四五"经济社会发展主攻方向之一[2]。数字化时代已然开启，数字化转型已经成为重要的时代特征。

事实上，在进入东京奥运会周期之后，运动训练已经全面迈向数字化时代，以奥运会为核心的世界竞技运动正在发生日新月异的变化，科学训练实践的发展对训练理论的创新提出了巨大挑战。当前，运动训练中可穿戴设备、传感器、高

---

[1] Coakley J J, Pike E. Sport in society: Issues and controversies [M]. Boston, MA: Irwin/McGraw-Hill, 1998.
[2] 史谙汇.《关于全面推进上海城市数字化转型的意见》重磅发布 [J]. 上海节能, 2021 (1): 2, 77.

速摄像机、多功能运动测试等新技术广泛应用，计算无处不在、数据无处不在、网络无处不在、软件无处不在，这些都为运动训练的数字化转型奠定了坚实基础。

奥林匹克竞技文化根植于1168年的古希腊奥运会土壤，加上现代夏奥运会128年的强势延续与复兴，近1300年来的竞技训练理论与方法全世界几乎都唯西方国家马首是瞻。当前，全球运动训练数字化转型方兴未艾，我国应抓住难得一见的"机会窗"，在群雄逐鹿的较量中集中国家力量加速推进数字化转型的研究与开发，释放运动训练数字化智能化所蕴含的巨大能量，创新驱动并提炼科学训练与成功参赛制胜秘诀，创造数字时代竞技运动训练科学理论的学术体系，为提升我国竞技体育国际竞争力、建设体育强国提供理论支撑。

（一）数字化与数字化转型

新科技革命的核心是数字革命，数字革命的本质是以数字为基础和结构重新定义一切，是一种决策革命和工具革命。由此，人们的决策从过去的依靠经验决策演变成为依靠大数据和算法的数字决策。全球新冠疫情倒逼催生的"线上"模式更是成为社会数字化转型的加速器。

1. 数字化及其发展阶段

数字化是指某个领域的各个方面或某种产品的各个环节都采用数字信息处理技术，数字化概念主要来自经济领域，它先后经历了三个阶段：Digitization（数字化转换）、Digitalization（数字化升级）、Digital transformation（数字化转型）[1]。

第一，数字化转换是将数据从物理实体转变为数字信息的一种方式，主要是针对"基于纸张的"简单数据的信息化管理措施，本质的不同在于将信息以"0~1"的二进制数字化形式进行读写、存储和传递。可见，Digitization所代表的数字化不改变事物本身，而是改变事物的存在或存储形式，使之能够被计算机处理。因此，数字化转换的内涵是"信息数字化"，如将纸质文件扫描为电子文件、将相片存储为电子格式、将一个或一组数据建立数据表或数据库。

第二，数字化升级是利用数字技术改变组织形式、业务流程，进而倍增了工作协同效率和资源利用效率。因此，数字化升级的内涵是"流程数字化"，如将

---

[1] 陈劲，杨文池，于飞. 数字化转型中的生态协同创新战略——基于华为企业业务集团（EBG）中国区的战略研讨 [J]. 清华管理评论，2019，72（6）：23-27.

第六章 运动训练理论与方法演化总览与未来展望

PDF 存档文件从 PC 的硬盘驱动器传输到云中管理、电子支付、慕课等。

第三，数字化转型完全超越了 Digitization、Digitalization，进一步触及核心业务，包括对组织活动、流程、业务模式和员工能力的重新定义，是开发数字化技术和支持能力以新建一种业务和新的竞争力，其内涵是"业务数字化"。

可见，三者是层层递进的关系。就目的而言，数字化转换是把事情做到更好、数字化升级是做更好的事情、数字化转型是做完全不同的事情（Thomas W，2021）[1]。

2. 数字化转型及其技术路径

数字化转型是数字化的过程及其后续影响，突出了组织使用技术通过新的和不同的方式来开展业务[2]。在工业和制造业领域，数字化转型着重体现在数字化、网络化和智能化转变[3]，而数字化、网络化、智能化也正是新一轮科技革命的突出特征[4]。具体技术路径是实现数字化、网络化，最终升级智能化。

第一，数字化即前文所指的转换、升级和转型三个层次，更倾向于"做什么"的具体抓手方面，因此，在经济领域，需要诸多环节和技术协同参与，形成产业链和商业生态圈。在制造业等技术应用领域，更倾向于数字化转型与智能化升级的融合创新，"数字化的发展趋势是社会的全面数据化，数据化的核心内涵是对信息技术革命与经济社会活动交融生成大数据的深刻认识与深层利用[5]"，智能化正是认识和利用的关键技术。

第二，网络化即物联网技术，是作为信息化的公共基础设施。物联网通过各种信息传感器、射频识别技术、全球定位系统、红外感应器、激光扫描器等各种装置与技术，实时采集声、光、热、电、力学、化学、生物、位置等各种需要的信息，从而通过各类可能的网络接入，实现物与物、物与人的泛在连接，实现对物品和过程的智能化感知、识别和管理，其基本特征是整体感知、可靠传输和智

---

[1] Thomas W. Digitization, Digitalization, Digital Transformation-A Stake in the Ground [EB/OL]. https：//customerthink.com/author/twieberneit/，2021-02-01.
[2] 王核成，王思惟，刘人怀. 企业数字化成熟度模型研究 [J/OL]. 管理评论：1-10 [2021-03-02]. https：//doi.org/10.14120/j.cnki.cn11-5057/f.20210210.005.
[3] 加快数字化网络化智能化转型，巩固和提升制造业竞争力 [N]. 21 世纪经济报道，2020-07-02 (1).
[4] 徐宗本. "数字化，网络化，智能化"新一代信息技术的聚焦点 [J]. 科学中国人，2019，415 (7)：38-39.
[5] 徐宗本. "数字化、网络化、智能化"新一代信息技术的聚焦点 [J]. 科学中国人，2019 (7)：36-37.

能处理。物联网技术是数字化转型的基石[1]。

第三,智能化是使对象具备灵敏准确的感知功能、正确的思维与判断功能、自适应的学习功能、行之有效的执行功能等[2],智能化反映信息产品的质量属性(徐宗本,2019)。数字化在具体应用的层次和水平上最终体现为智能化升级,发展趋势是新一代人工智能。这也是工业革命4.0不同于之前工业革命的变革性特征。机器学习之深度学习是新一代人工智能技术的卓越代表,随着各类信息技术的综合发展、脑科学与认知科学等的创新突破,智能化终将呈现出对事实计算与价值判断相融合的"又快、又准、又好"的智慧化[3]。

(二)数字化转型引领竞技运动训练变革

运动训练的核心是训练负荷,其中一个难点是训练负荷的长期设计、实施和科学把控,数字化转型显然在这个方面有独特作用。近年来,国际运动训练理论界在训练负荷[4-6]、运动疲劳与损伤[7-9]等方面的数字化训练研究上取得了不少优秀成果。为明确运动训练数字化转型方向,本书将其定义为:通过新一代数字技术的创新应用,构建一个全感知、全链接、全过程、全要素、全智能的运动训练数字世界,进而反馈优化运动训练实践,对传统管理模式、训练模式、保障模式进行创新和重塑,获得更广泛的成功参赛优势。

---

[1] 美国工业互联网联盟编制,赛迪智库翻译. Digital Transformation in Industry White Paper [R/OL]. [2021-02-17]. https://docs.qq.com/pdf/DT0lvZFZTT0NZR0Rw.

[2] 徐宗本. "数字化、网络化、智能化"新一代信息技术的聚焦点 [J]. 科学中国人,2019(7):36-37.

[3] 刘伟. 追问人工智能:从剑桥到北京 [M]. 北京:科学出版社,2019.

[4] Blanchfield J E, Hargroves M T, Keith P J, et al. Developing Predictive Athletic Performance Models for Informative Training Regimens [C]. Systems and Information Engineering Design Symposium, 2019.

[5] Silacci A, Khaled O. A, Mugellini E, et al. Designing an e-Coach to Tailor Training Plans for RoadCyclists [J]. Adv. Intell. Syst. Comput. 2020, 1026 (102):671-677.

[6] Kipp K, Krzyszkowski J, Kanthull D, et al. Use of Machine Learning to Model Volume Load Effects on Changes in Jump Performance [J]. International Journal of Sports Physiology and Performance, 2020, 15 (2):285-287.

[7] Op De Beéck T, Meert W, Schütte K, et al. Fatigue prediction in outdoor runners via machine learning and sensor fusion [C] //Proceedings of the 24th acm sigkdd international conference on knowledge discovery & data mining. 2018:606-615.

[8] Naglah A, Khalifa F, Mahmoud A, et al. Athlete-Customized Injury Prediction using Training Load Statistical Records and Machine Learning [C]. International Symposium on Signal Processing and Information technology, 2018:459-464.

[9] Rommers N, Rössler R, Verhagen E, et al. A Machine Learning Approach to Assess Injury Risk in Elite Youth Football Players. Med Sci Sports Exerc. 2020, 52 (8):1745-1751.

第六章 运动训练理论与方法演化总览与未来展望

1. 数字化转型推动先进技术赋能运动训练范式加速革新

竞技训练活动是一个复杂的系统工程，其复杂性在于其实践过程涵盖了"人类社会、物理世界、信息空间[1]"的三元，而数据是融合三元的纽带。在竞技体育强国中，以大数据驱动为核心的测试评估与预测，以及模型对标驱动的反馈机制渗透到运动训练的方方面面。就国内而言，根据大数据挖掘的体能（也称生物动作能力）短板是专项运动表现障碍的痛点和弱点，精准补短、恶补短板是提升专项运动表现的核心工作。

数字化转型把运动训练实践（物理世界）实时映射到数字世界，进而利用数据、算力、算法对复杂训练问题中的诸多要素和过程进行状态描述、原因分析、结果预测、科学决策，保证最小化运动损伤和最优化训练适应，为科学、实时、有效、个性化地组织训练提供了更大可能。简而言之，数字化训练是这样一种模式：从训练实践采集数据，到识别训练过程信息——从训练过程信息，到计算提取求解实践问题的知识——从实践问题知识，到制定训练决策。由此，基于计算整合实现对运动训练实践的认知和操控。

当前，在国际上人工智能为引领的运动训练模式逐渐得到计算科学、信息科学等专业学者们的青睐，如 P. López-Matencio 等[2]通过各类传感器采集越野跑运动员的心率、环境温度、地形坡度等数据，采用 K 最邻近算法实时识别和监控训练强度，个性化训练靶心率识别率达 80%；Mata F 等[3]通过智能手机及其 GPS（全球定位系统）技术收集库珀 12 分钟跑、20 米折返跑、营养问卷、每天摄入卡路里、BMI（身体质量指数）等数据，采用朴素贝叶斯算法智能化生成运动营养方案的（有效性 86%）和运动训练方案（有效性 82%）；Chu W C 等[4]采集了多种传感器采集运动学、心电、肌电数据，智能鞋采集生理信号以及摄像数据，采用卷积神经网络算法成功预测了训练疲劳和动作姿势中的风险因素。据统计，采用当前应用较好的人工智能技术机器学习，其"预测器"预测准确性可达到 70%~

---

[1] 徐宗本. "数字化、网络化、智能化"新一代信息技术的聚焦点[J]. 科学中国人，2019（7）：36-37.
[2] P. López-Matencio, Alonso J V, F J González-Castao, et al. Ambient intelligence assistant for running sports based on k-NN classifiers [C] // Human System Interactions (HSI), 2010 3rd Conference on. IEEE, 2010.
[3] Mata F, Torresruiz M, Zagal R, et al. A cross-domain framework for designing healthcare mobile applications mining social networks to generate recommendations of training and nutrition planning [J]. Telematics and Informatics, 2017, 35 (4): 837-853.
[4] Chu W C, Shih C, Chou W, et al. Artificial Intelligence of Things in Sports Science: Weight Training as an Example [J]. IEEE Computer, 2019, 52 (11): 52-61.

99%（胡海旭，2021），这可以极大地弥补现有主观观察中的认知偏差。随着数字化转型应用的不断发展，人机融合效应也将会持续叠加放大，不仅赋能训练与竞赛、运动员与教练团队，还能促进各自形成双螺旋持续互动，从而大幅提升全要素的运动训练效率。如果体能是奥运会的入场券，那么计算智能就是其增值券。

2. 数字化转型提升新基建机遇下运动训练的智能化水平

传统基建是指物理世界的国家主导的大规模投资性基础设施，如建设矿井、公路、铁路、桥梁、农田水利等，俗称"铁公基"；新基建是以新发展理念为引领，以技术创新为驱动，以信息网络为基础，面向高质量发展需要，提供数字转型、智能升级、融合创新等服务的基础设施体系。新基建主要面向数字世界，是各行各业实现数字化转型、构建数字智能化通行空间的"高速公路"。2020年，中国电子信息产业发展研究院预计到2025年，"新基建"直接投资将达10万亿元左右，带动投资累积或超17万亿元。

在"新基建"背景下，作为数字经济转型升级的推动力和新一轮科技竞赛的制高点之一，近年来，人工智能被提升到国家战略高度。毋庸置疑，人工智能也将为运动训练数字化转型和智能运动训练升级提供强劲支撑[1]，抓住人工智能赋能"新基建"的机遇，形成创新驱动的运动训练模式，成为提升竞技体育国际竞争力的新动能[2]。以奥运会为服务目标的运动训练活动素来都是新技术应用的试验场，注定成为推动人工智能与5G、云计算、大数据、物联网等领域深度融合的绝佳应用场景，譬如，5G将大幅提升远程控制中心的实时训练监控、现场分析反馈、虚实结合训练的数据传输速度；物联网通过物与物、物与人的泛在连接，实现对运动员机体、训练环境、任务约束和训练过程的智能化感知、诊断和调控。物联网带来的"万物上云"和"物"的数字化、5G远程所需的数字化等，都将创造前所未有的数据量，数据维度、价值密度也会越发丰富，进而带动大数据计算、存储、分析和利用的新技术发展，运动训练智能化水平也会更新升级。基于此，良好体育科技生态必将促进工业和学术研究之间产生更紧密的联系。以运动训练为载体，将经济学和工程学结合起来，有望开展运动训练的更多跨学科、整体性研究，或可进一步形成多学科专家、政府、企业、社会组织乃至公众等多方利益相关者共同参与的组织建制。

---

[1] 刘昊扬. 基于人工智能的运动教练系统分析与展望 [J]. 北京体育大学学报，2018，41 (4)：55-60.
[2] 刘昊扬，崔一雄，陶宽. 体育中的"黑科技" [N]. 光明日报，2020-10-29 (16).

第六章 运动训练理论与方法演化总览与未来展望

3. 数字化转型促进多学科多机制复合型训练团队裂变升级

国际经验表明：复合型训练团队是现代运动训练高质量发展的重要保障[1-3]，数字化转型为其进一步实施提供了重要技术支撑[4-5]，进而有效实现群智交互行为与数据模型相结合。传统训练方式中的教练员通常身兼数职，几乎要关照运动训练的全过程和全要素。一方面，随着人们对影响运动员训练质量和运动表现因素的认识不断深化，需要考虑到的细节越发庞杂和专精，而任何时期教练员的能力和精力都有限，一人包办到底的传统方式只会被琐事淹没而身心俱疲，很难有多余精力从事创造性的训练工作。创新驱动［创新驱动就是全要素生产率驱动（李国杰院士，2018）］便无从谈起。另一方面，教练员主观观察到的专项训练和比赛细节的"认知偏差"普遍存在，必须借助于新理论方法与新技术手段才能提质增效。譬如，对于专项所需的生理、心理、物理等变量的机制是"为什么"和具体应用中"怎么做"应交给专家学者深入研究解读，然后以清晰简洁的"故事"让教练员领会"是什么"即可。因此，想要摆脱现有的问题陷阱，亟须借助于团队协作、全员协同，以及平台与生态助力，最终为教练员呈现信息高度浓缩的数字化与可视化结果，供其决策参考。进而从传统"个体经验决策"转向"群智交互的智能辅助决策"新模式。

由于团队成员所关注的学科、机制、变量和话语体系各不相同，交流共识渠道受阻会极大地干扰团队向心力，造成片面认识。数字化智能分析平台则可以将分布式的多元、多重、多机制的训练影响因素信息以数据的形式进行统一整合，计算优化，创造新价值。比如，运用机器学习算法对数据进行回归、分类、聚类、关联分析、降维等，进而将训练样本学习获得的知识推广到未见样本，进行个性化预测或判别，并且深度学习、强化学习的应用也越来越成功。一旦打造成复合型训练团队平台，建立起标准化的行业规范与流程，实现数据驱动、软件定义、平台支撑、智能主导、价值共创的数字化智能化训练变革，有望充分调动运动员、教练员、科研人员、管理人员的积极性，虽然各自关注侧重点不同，但最

---

[1] 杨国庆，彭国强，戴剑松，等. 中国竞技体育复合型训练团队的发展问题与创新路径 [J]. 北京体育大学学报，2020，43（6）：10-19, 34.
[2] 杨国庆. 整合分期：当代运动训练模式变革的新思维 [J]. 体育科学，2020，40（4）：3-14.
[3] 谢军，周志雄. 奥运备战视域下科技助力竞技体育发展的研究 [J]. 体育科学，2020，40（7）：25-30.
[4] 袁守龙. 体能训练发展趋势和数字化智能化转型 [J]. 体育学研究，2018，1（2）：77-85.
[5] 闫琪，廖婷，张雨佳. 数字化体能训练的理念、进展与实践 [J]. 体育科学，2018，38（11）：3-16.

终都以数字化形式聚集到运动训练"靶点"问题上,将全面的主动运动训练干预,与实时的自动适应状态感知相结合,形成多元化、个性化训练裂变效应。值得一提的是,只有相互信任、相互成就,才能构建一个共生、利他的复合型训练生态系统,最终形成创新驱动的、富于自我进化生命力的复合型团队组织。复合型训练团队进化的未来或是提供链接全球最优质的、个性化的训练服务资源的高端数字平台。

4. 数字化转型实现整合分期模式下运动训练实践方法创新

运动训练学是科学也是工程。我们不仅要关注科学理论的部分,也要关注技术应用的部分,而只有将概念转化为现实,一项新技术才真正诞生。如果没有理论支撑,技术应用难以形成量变到质变的提升;如果没有技术应用,理论研究也无法与实践对接来检验优劣和创新完善。整合分期模式是近年来国际运动训练科学界萌生的一个新方向,杨国庆研究员在系统研究和完善创新后于2020年在国内首次提出[1],并将其界定为:"根据'应激理论'原理和'体系'工程方法,将原本零散而明显割裂的诸要素,如生物动作能力、训练负荷、运动心理、运动营养等,通过数字化交叉、渗透、融合,形成更加动态、开放、自适应的一体化分期模式,其精髓是去单个要素最优化,重视各要素的权衡与平衡过程,以'涌现'新特性。"

整合分期将影响运动训练的时间因素和空间因素纳入一个理论框架下,视训练过程为一个由大量相互作用、相互依赖的单元构成的整体系统,甚至"体系"。在指导训练时,除了力量、耐力、速度等生物动作能力的功能性训练之外,还将心理可预见性、可控性能力及其训练,以及"赛练未至,营养先行"的主动积极适应与恢复等时间序贯因素(考虑之前的训练与适应状况)予以考察,以期构建因果与时序信息相结合的运动训练理论模式。运动训练理论模式契合了当代运动训练融合创新和精准个性化调控的时代趋势,有望成为引领运动训练数字化转型的重要理论先导。

事实上,数字化转型与人工智能技术恰是能实现整合分期模式下运动训练实践方法创新利器。传统统计学依赖的一些强假设(如独立同分布假设、低维假设等)无法适用于目前这种多源异质的真实数据[2],然而,在大数据时代,一旦

---

[1] 杨国庆. 整合分期:当代运动训练模式变革的新思维 [J]. 体育科学, 2020, 40 (4): 3-14.
[2] 徐宗本, 唐年胜, 程学旗. 数据科学:基本概念、方法论与发展趋势 [M]. 北京:科学出版社, 2020.

第六章 运动训练理论与方法演化总览与未来展望

将反映不同时空特性的信息数据化后,利用数据驱动及数据分析方法,并与教练知识和实践行为反馈相结合,即可形成数据驱动下归纳、知识指导中演绎、训练实践探索中顿悟的人机融合新模式,进而利用涌现数据、先验知识和行为交互去"发现过去的科学研究方法发现不了的新模式、新知识甚至新规律[1]"。正因有数字化智能化技术的快速发展,整合分期模式才得以在长时段的历史时间和大范围的要素空间、在理解时下复杂的影响人体适应要素与解释其分期形成之间建立关联,为全局性理解、解释和数字化优化运动员训练提供策略(杨国庆,2020),实现全过程、全要素创新驱动的训练范式变革。

5. 数字化转型创造运动训练"数字孪生"黑科技先决条件

根据 CB Insights 的数据,到 2025 年,全球数字孪生市场规模预计将达到 360 亿美元,随着更多新的医疗健康应用案例的出现,该技术或迎来重大发展机遇。数字孪生(Digital Twins)由人工智能基础上发展而来,尤其近十年来机器学习的普及应用[2]。数字孪生理念是 1969 年美国国家航空航天局(NASA)在解决火箭发射安全问题中提出的。此后,首先为工业领域所推广应用[3]。2019 年《自然》呼吁"智造"更多的数字孪生[4]。数字孪生可界定为利用数字技术对物体、系统、流程的信息进行实时映射,完成虚拟仿真的过程。特点是"面向对象"和"面向过程",分别阐释了数字孪生的"全频域""全要素"应用要求与"全时域""全流程"的应用方式[5]。它由一个或多个相互依赖的阶段提供支持,包括传感器选择、数据采集、数据分析、模型训练、执行器程序和结果评估迭代[6]。目前在产品设计、产品制造、工程建设等工业或工程领域(工业数字孪生,industrial DTs)应用较多。

---

[1] 李国杰,程学旗. 大数据研究:未来科技及经济社会发展的重大战略领域——大数据的研究现状与科学思考[J]. 中国科学院院刊,2012,27(6):647-657.
[2] Gámez Díaz R, Yu Q, Ding Y, et al. Digital Twin Coaching for Physical Activities: A Survey [J]. Sensors, 2020, 20 (20): 5936.
[3] 张天瀛,姬杭. 数字孪生综述[C]. 2019 中国系统仿真与虚拟现实技术高层论坛论文集. Ed. 中国系统仿真与虚拟现实技术层论坛组委会., 2019: 77-82.
[4] Fei Tao, Qinglin Qi. Make more digital twins [J]. Nature, 2019 (573): 490-491.
[5] 张天瀛,姬杭. 数字孪生综述[C]. 2019 中国系统仿真与虚拟现实技术高层论坛论文集. Ed. 中国系统仿真与虚拟现实技术层论坛组委会., 2019: 77-82.
[6] Glaessgen E, Stargel D. The digital twin paradigm for future NASA and US Air Force vehicles [C] //53rd AIAA/ASME/ASCE/AHS/ASC structures, structural dynamics and materials conference 20th AIAA/ASME/AHS adaptive structures conference 14th AIAA. 2012: 1818.

近期，数字孪生技术开始逐渐由工业领域向健康医学[1-6]、营养学[7]等人体中研究拓展，即"人类数字孪生"（human DTs）。因此，在2018年也被重新定义"对有生命或无生命实体的数字复制[8]"。人们试图通过人体宏观到微观的多尺度数据在计算机上运行出人体的每一个生理过程、器官活动，乃至整个人体的独特的分子状态、生物化学状态、生理状态等蓝图，从而虚拟创建一个相似元素和动态特性的数字人体，以对其结构和功能执行实时优化和动态监测。当前所知，在人体工程学与生物力学上，"AnyBody Modeling System"就是这样一个近乎数字孪生的高级数字仿真软件，该系统可模拟计算出人体与其环境的协同工作状态：①各参与运动的肌肉力量；②运动关节摩擦力和力矩；③人体新陈代谢与能量消耗；④肌腱的弹性能；⑤拮抗肌肉作用。在生理模型应用上，如数字心脏[9-10]、数字气道系统[11]、数字动脉[12]也已经进入临床实践阶段，以数字孪生体优化试验后，挑选更具个性化、精准化的医疗手段；在精准营养干预上，深度融合遗传与纵向代谢组学、免疫、行为和肠道微生物参数，以及生物临床变量打造"数字孪

---

[1] Booyse, Wihan, Wilke, et al. Deep digital twins for detection, diagnostics and prognostics [J]. Mechanical Systems and Signal Processing, 2020 (140): 1110-1122.

[2] Steven M S, Kevin W, Amy Bucher, et al. Digital Twins and the Emerging Science of Self: Implications for Digital Health Experience Design and "Small" Data [J]. Frontiers in Computer Science, 2020 (10): 216-232.

[3] Barricelli, Barbara, Casiraghi, Elena, et al., Human Digital Twin for Fitness Management [M]. IEEE Access. PP. 2020: 1-10.

[4] Björnsson B, Borrebaeck C, Elander N, et al. Digital twins to personalize medicine [J]. Genome medicine, 2020, 12 (1): 1-4.

[5] Marsch, L. A. Digital health data-driven approaches to understand human behavior [J]. Neuropsychopharmacol, 2021 (46): 191-196.

[6] El Saddik A, Badawi H, Martinez R, et al. Dtwins: A digital twins ecosystem for health and well-being [J]. IEEE COMSOC MMTC Commun. Front. 2019, 14, 39-46.

[7] Kalliopi G, Ioannis V, Petros K, et al. The " Virtual Digital Twins" Concept in Precision Nutrition [J]. Advances in Nutrition.

[8] El Saddik, A. Digital twins: The convergence of multimedia technologies [J]. IEEE Multimed, 2018, 25: 87-92.

[9] Baillargeon B, Rebelo N, Fox D D, et al. The living heart project: a robust and integrative simulator for human heart function [J]. European Journal of Mechanics-A/Solids, 2014, 48: 38-47.

[10] Ospel J M, Gascou G, Costalat V, et al. Comparison of Pipeline embolization device sizing based on conventional 2D measurements and virtual simulation using the Sim & Size software: an agreement study [J]. American Journal of Neuroradiology, 2019, 40 (3): 524-530.

[11] Feng Y, Chen X, Zhao J. Create the individualized digital twin for noninvasive precise pulmonary healthcare [J]. Significances Bioengineering & Biosciences, 2018, 1 (2): 20-30.

[12] Hoekstra A G, Alowayyed S, Lorenz E, et al. Towards the virtual artery: a multiscale model for vascular physiology at the physics-chemistry-biology interface [J]. Philosophical Transactions of the Royal Society A: Mathematical, Physical and Engineering Sciences, 2016, 374 (2080): 20-46.

生体"来指导个性化营养,已为学者们积极跟进。

众所周知,合理训练负荷方案可以促进运动员的良好训练适应、提升运动表现。反之,会引发运动损伤或适应不良反应。如果能事先筛选最佳方案,则可以使训练变得更高效、更安全,进而大幅提高运动训练效率和成才率,因而数字孪生必将成为主宰运动训练未来的黑科技。值得期待的是,在运动医学领域,数字化医疗临床实践的成功案例也已逐步兴起,应用技术诸如移动应用、可穿戴设备、智能设备、智能机器、远程医疗、人工智能、大数据、系统互操作性、虚拟现实、增强现实[1],它们为推动运动训练"数字孪生"技术的研发提供了铺垫。数字化赛道枪声已经响起,而竞速争先的引擎在于加速数字化转型。

(三)数字化转型推动竞技运动训练重塑

运动训练数字化转型基于新一代数字技术的创新应用,在数字世界构建训练实践的全过程、全要素运行框架和体系。进而助力运动训练模式从局部走向全局、从单极向系统、从静态到动态、从低级到高级的跃升,为更快速、更准确、更实时地理解、预测、优化、控制运动训练过程注入了新动能,并推动其重塑。

1. 破解训练影响因素时空复杂谜团

随着竞技激烈程度的日趋白热化,运动训练也越来越呈现为一个多因素(基因、生理、心理、物理、营养等其他环境等)影响、多阶段(青少年过渡成年的启动期、成长期、夺冠期;训练分期的积累、转化、实现、过渡;参赛备战的调整、启动、兴奋、高峰等)特征、多结局(无效、超量恢复与适应、疲劳、过度训练、运动损伤等)效应的实践活动,并且训练效应因瞬息万变的赛场很难完全兑换为预期比赛表现,其复杂性不言而喻。

为有效控制运动训练过程,必须借助于数字化转型整合与训练相关的不同学科、不同领域的科学知识、理论方法与组织模式,以围绕运动训练实践需求形成多元异质的功能性交流网络和综合性解决方案。由此,也说明在竞技体育的舞台上,永远会有明星教练,但任何明星教练要想取得成功,特别是要想取得持续的成功,将越来越依托于他背后的强大团队。当今的运动训练,正在从"专项技战术教练员'个体'包打天下、统管一切训练要素和训练过程"的传统训练方式,

---

[1] Rigamonti L, Albrecht U V, Lutter C, et al. Potentials of digitalization in sports medicine: a narrative review [J]. Current sports medicine reports, 2020, 19 (4): 157-163.

向"专项化、个性化、精细化、数字化、可视化、集约化训练所需求的教练员'团队'分工统筹、流水线作业"等一系列产业化工业模式转变。在传统训练方式中,教练员"个体"受教育、认知、经历、能力和精力等因素的限制,无法满足当代运动训练的多元化需求,因此,必须有分工明确、缺一不可的专业化教练团队的支持。未来的明星教练员,将是一个杰出团队中的领袖,更形象地说他是一个交响乐队的指挥家。正如前文所言,当代运动训练已经逐步从单一要素、简单系统向多元要素、复杂巨系统、体系的方向发展,这种发展模式的改变是一场颠覆性的革命,我们必须认清使命、大胆创新探索,即使探索的过程中有疼痛,这也是"分娩的疼痛",是幸福的疼痛和代表着新生的疼痛。因此,提升运动员竞技表现是一个复杂系统工程,这要求我们在探求新发展模式时,将核心工作从"要素驱动"向"创新驱动"转变,数字化赋能就是实现这个转变的最重要的手段和关键技术。

2. 化解训练个性化的因材施训难题

当代运动训练的主要矛盾已经转化为"产业化工业化系统训练模式"与个体运动员的"数字化智能化个性化训练需求"之间的矛盾。这也就是说,训练模式是一个系统工程;是整合全过程与全要素的"大工厂",而不再是"小作坊";是多个主体之间的协作信任与一致行动的"区块链",而不再是"实体店"。训练需求则因人而异,是点对点的和数字化的精准施策。比如,当前存在一个典型现象,阻碍运动员专项运动表现提高的瓶颈,从表面上看,是运动员专项技术的问题。但从本质上看,其主要矛盾则是支持运动员专项技战术所需的身体条件、身体结构、身体成分、身体素质等一系列身体能力的问题。没有身体能力的保障,再先进的技战术也会在实战中大打折扣,而若要彻底解决身体能力问题,根本办法在于破解从实战出发的体能训练的有效化、物理治疗与参赛能力的高效化难题,这些都需要采用个性化的因材施训来诊断评估和训练干预。因此,运动训练数字化转型通过整体思维进行精准训练已成为推动新时期个性化训练提质增效的新动能。

3. 消除体能训练与专项技战术分置

长期以来为了便于认识运动训练的构成要素,国内外不少学者都采用分析的方法将训练内容划分为体能训练、技术训练、战术训练等,尤其是以苏联、德国为参考发展而来的运动训练理论与方法,与"科学"的分科研究类似,其优点

第六章 运动训练理论与方法演化总览与未来展望

是利于学者们在开展理论研究时锚定"靶点",逐层深入。在我国,采用将体能训练与专项技战术训练"分置"的认知方式指导训练实践的做法也习以为常。

然而,运动训练实践却凸显"从实战需要出发","分置"的训练方式往往将体能和技术战术安排于静止的"结构性真空"中,忽视了动态的"功能性实战"要求。大量竞技实践和科学研究证明,看似技术动作简单的周期动作竞速项目其实对技术动作具有极高要求。以耐力和力量素质为主导的项目,对技术动作同样有极高的要求,正是由于动作简单,运动员每一次周期重复动作的细微差异,在多次周期性动作重复中(百次、千次、万次)被累加成巨大的差别,最终决定了竞技的胜负。这种动作技术的细微差异说明专项技术动作的有效性与经济性无比重要,精湛完美的技术动作可以弥补力量、速度和耐力等体能不足。技术动作是体能高效率发挥和经济性运用的前提,是决定运动员专项运动素质整合最大化的最重要和最直接的因素。也正是由于项目动作简单,在一锤定音的非周期性动作的体能主导类项目比赛中、在有限的几轮比赛中,其专项技术动作的有效性显得极为重要。这说明,精湛完美的技术动作决定其专项体能或专项运动素质的最大化表现。理论研究与实践应用采用不同的思路,根据特定需要,应有所侧重,但倾向于应用的运动训练最终目标应恪守"从实战的'功能性'出发"。因而,学者们提出"功能训练是竞技体育的核心、人体运动本质是动作"[1-2]。前文可知,数字化转型已成为连接全过程、全要素的新途径,可消除体能训练与专项技战术分置的弊病。

4. 拆掉体能训练与预防、再生、康复的隔断墙

长期以来的运动训练逻辑通常是"先造一台发动机,然后进行调试,最后完成奔跑冲刺"。具体训练计划执行也往往按照高强度体能训练之后,依次安排技术、战术等训练,这种安排在某种程度上为运动员在比赛中更好地发挥技术、高质量完成竞技动作提供了一定保障。但是,大多数情况下,也导致在技战术训练或者适应性比赛期间,运动员的身体成分和生物动作能力等体能水平不再像集中体能训练阶段的强壮有力,这极大地削弱了其承受高强度负荷训练的能力,增加了运动损伤风险。有研究表明,只在赛季初进行一系列的高强度训练安排,会导致运动员的体能水平在赛季末显著下降。正如消除体能与技术、战术的训练分置,

---

[1] 刘爱杰,李少丹. 竞技体育的核心训练 [J]. 中国体育教练员,2007(4):4-6.
[2] 黎涌明,纪晓楠,资薇. 人体运动的本质 [J]. 体育科学,2014,34(2):11-17.

体能训练与伤病预防也不容分开：训练需要伤病预防，预防也是训练。

对于参加奥运会级别的精英运动员，挑战体能极限依然是突破自我、提升竞技能力的有效途径。打破运动员固有的机体内稳态，促使产生更高水平内稳态适应，在这一过程中往往也会因为训练负荷相关的应激源施加超常而导致稳态失衡，运动伤病可能随之发生。对于精英运动员而言，触发最佳适应能力的合理临界值尤为必要，是一项高深的科学与艺术。从训练应激与恢复适应的全过程视角来看，轻微的过度训练反应是运动员机体需要恢复的正常生理反应，是在触发临界负荷状态时的一种典型适应过程。否则，长期处于临界线之下训练，虽然绝对健康，但却丧失了训练效应。因此，体能训练过程中和结束后，应将机体内稳态范围之内的恢复再生与破坏内稳态引发过度训练综合征的康复训练，视作训练有机融合的必要环节。及时发现和预见机体适应的临界值，让"生病"的运动员先调整休息一下再重返训练场，才会在赛道上跑出最佳成绩。因此，训练需要再生恢复，再生恢复也是训练；训练需要康复，康复也是训练。通过数字化转型有望拆掉体能和预防、康复、适应与恢复隔断墙，实现各自实时、动态互融互通。

5. 恶补训练与测试割裂遗漏的短板

无论是古希腊奥运会，还是现代奥运会中的艺术手段和科技力量如何变革，有组织的运动训练实践始终是提高运动成绩的最合理、最有效的途径。运动训练也是竞技体育的核心组成部分。因此，精准高效的"扶贫"体能训练是支撑专项运动表现的核心。由前文分析可知，当代体能训练已经超越了传统身体素质训练的范畴，左翼延伸到运动损伤预防与康复；右翼延伸到专项技战术训练之中。在如此多要素影响、全过程扰动的复杂系统中精准洞悉运动项目制胜的主要矛盾及其主要方面尤为关键。

孙子兵法《谋攻》篇曰："知彼知己，百战不殆；不知彼而知己，一胜一负；不知彼不知己，每战必败。"就传统意义而言，"知己知彼"主要基于教练员主观观察和经验判断。然而，研究表明[1]，教练的主观观察不仅不够可靠，还不够准确。在比赛期间，足球教练只能回忆起30%的关键制胜因素，更糟糕的是，在所能回忆起来的内容中，有45%是错的。即使已经事先知晓赛后将会被问

---

[1] Hughes M, & Franks I M. (Eds.). Notational analysis of sport: Systems for better coaching and performance in sport [M]. London: Psychology Press, 2004.

第六章 运动训练理论与方法演化总览与未来展望

及哪些问题，教练还是会答错。此外，研究还表明[1]，在同时询问老教练和新教练两个常规动作的技术区别时，老教练提供的错误信息竟然更多。"教练观察运动员的表现与目击证人目睹犯罪现场时的情况类似。两者都容易因为意识唤醒、认知偏差和注意力不集中而出现错误"[2]。可见，认知偏差会阻碍大脑的正常思考，导致运动训练从业者无法做出完全正确的决定，这些证据或许可以从侧面说明我国大多数优秀运动员的成功经验往往难以传承并固化为成功模式。不仅如此，加上传统的将运动训练与测试割裂现象普遍，并且测试过程与运动员训练、比赛现场脱节。这种局限于实验室的"真空测试"与"从实战出发"的运动训练宗旨相悖往往效果不佳，且会进一步加深教练员和运动员对运动测试干扰体能训练的误解。因此，亟须基于数字化转型的客观训练数据，同时瞄准比赛运动表现开展测试对训练进行精确反馈与评估，消除臆测、主观和认知偏差，发掘客观合理的运动制胜之道。

（四）我国竞技运动训练数字化转型的应对与展望

数字化转型浪潮滚滚而来，主动迎击是最好的选择。然而，在国内各行业的数字化能力建设整体尚处于初级阶段，转型过程中存在诸如数字化理解不统一、定位与路径不清、缺乏借鉴做法等多方面阻碍和问题[3]。在国际范围内的运动训练领域更是方兴未艾，虽充满挑战但更是机遇。因而，敢于"揭榜"而主动出击，方可开辟新通道，抢占先机。

1. 与时俱进拥抱运动训练新观念新模式

人类认识运动训练活动与其所处的社会与科学背景密切相关。数千年来，运动训练的后继者们主要在运动训练理论解释范式（方法论，求解理论机制与技术方法）上有所进展而趋向"科学"，历时 1168 年的古希腊奥运会期间就已提出

---

[1] Ozyener F. Notational analysis of sport: systems for better coaching and performance in sport [J]. Journal of Sports Science & Medicine, 2004, 3 (2): 104.

[2] Franks I M, Hughes M. Soccer analytics: successful coaching through match analysis [M]. London: Meyer & Meyer Sport, 2016.

[3] 王核成, 王思惟, 刘人怀. 企业数字化成熟度模型研究 [J/OL]. 管理评论: 1-10 [2021-03-02]. https://doi.org/10.14120/j.cnki.cn11-5057/f.20210210.005.

了相对较完备的运动训练本体论体系（组织运动训练需要考虑那些因素）[1-2]。就解释范式演进而言，20世纪中后期以来逐渐形成了当代运动训练解释范式：先后经历了20世纪50年代以Selye"应激理论"为基石的生理学模型；20世纪60年代至21世纪初集成生理学、物理学、数学和计算机科学发展而来的计算模型[3]。基于吉姆·格雷提出的第四范式[4]，可知运动训练解释范式同样遵循着"实验观测、理论推演、计算仿真，到数据驱动的科学研究范式（第四范式）"。本书数字化转型就是数据驱动科学发现方法论的具体实现。

"时代创造着技术，技术同时也创造着时代。而组合是新技术的潜在来源"[5]。有研究[6]指出，"19世纪到20世纪早期主要采用的训练方法是'技术动作重复训练法'（田径教练采取与工厂主管相同的观念看待人的运作能力，即提高熟练工艺而非拓展人的工作能力[7]）；20世纪早期到20世纪60年代主要采用的训练方法是'能量代谢训练法'（如法特莱克法、间歇训练法、重复训练法、马拉松训练法）；1960年之后逐渐重视'体能与动作兼顾训练法'（如抗阻训练法、快速伸缩训练法、核心稳定性、核心力量训练法、功能训练法等）。"我们可进一步将其简化为：技术工艺时期、能量代谢时期、体能训练时期、功能动作训练时期，再到数字化训练时代；同样，我们也发现运动训练分期理论也经历了少周期分期时期、多周期板块时期，再到整合分期时期。整合分期与数字化训练又同处于当前的社会与科学大背景下的数字化智能化时代。

值得一提的是，数字化转型的作用不仅体现在竞技能力增长和运动表现提升上，更多地体现在管理模式、训练模式、保障模式的改变，特别是人们思想观念和认知方式的改变上，未来竞技运动的竞争制胜将是"体能制胜+计算整合制胜"。数字化转型与智能化升级本质上是改善训练方案、提高精准个性化训练效率的优化技术。进而，使得运动训练与比赛的各个环节在信息共享方面进一步优

---

[1] 胡海旭，万发达，杜长亮，等. 中西方运动训练哲学萌芽的特征比较 [J]. 北京体育大学学报，2014, 37（12）：120-126. 说明：原文说"运动训练方法论体系"，应换成"运动训练本体论体系".

[2] Haff, Gregory G. Sport Science [J]. Strength & Conditioning Journal, 2010, 32（2）：33-45.

[3] 胡海旭. 竞技能力增长理论模型及其演进 [J]. 体育科学，2016, 36（2）：14-24, 40.

[4] Tolle K M, Tansley D S W, Hey A J G. The fourth paradigm：Data-intensive scientific discovery [J]. Proceedings of the IEEE, 2011, 99（8）：1334-1337.

[5] 布莱恩·阿瑟. 技术的本质 [M]. 曹东溟，王健，译. 浙江：浙江人民出版社，2019, 10：45.

[6] 胡海旭. 运动训练理论与方法演进史论 [D]. 北京：北京体育大学，2014.

[7] Rob Beamish, Ian Ritchie. From Fixed Capacities to Performance-Enhancement：The Paradigm Shift in the Science of 'Training' and the Use of Performance-Enhancing Substances [J]. Sport in History, 2005, 25：3, 412-433.

第六章 运动训练理论与方法演化总览与未来展望

化,提高训练与参赛的累积与释放产出效率。此外,我们也应认识到训练方法既可以是"'实'的物质性的"(如力量训练、有氧训练),又可以是"'虚'的非物质性的"(如一种数字化智能算法训练),其目的都是完成竞技能力增长和运动表现提升。以"虚"促"实","虚实"结合将为运动训练革新注入新动能。

2. 明确数字化训练导向并加速步伐跟进

变化是这个时代的主要特征,数字化转型就是在变化中创新。长期以来,运动训练遵循的主要模式、方法范式都是"物质性的",对"非物质性的"数字化训练相对陌生,这也恰恰符合其具有典型的非消耗性、非竞争性、非排他性和"正外部"性特征,即未被现有运动训练所体现的额外效益。但是,也不能太在意这种额外收益的即刻统计数字,而是首先要更多的、逐步地体现在训练过程控制的数字化改进、训练方案设计的数字化丰富、训练质量优化的明显改善、训练管理决策的数字化更新,从而习惯用数据说话、用数据决策、用数据管理、用数据创新,由此不断累计和形成数字资产或能量。明确数字化转型将给运动训练模式、理念导向和训练效率提供新的可能性。在此基础上,具体做法可以参考以下几方面。

借鉴美国《工业数字化转型白皮书》[1],认为开展运动训练数字化转型的实施步骤可分为6步:①了解所处行业的领军者正在做的工作。研究当前世界范围内的同一行业中领军者的做法,做一个快速跟随者可以降低风险和跟上节奏。②研究类似行业的相关发展。数字化转型的方法与解决方案在不同行业之间可能没有太大差别,如华为的《行业数字化转型方法论》白皮书等,提炼出一份从所有行业的成熟做法中汲取的现成清单。③确定合适的关键使用案例。比如,皮划艇数字化训练分析案例,让使用者根据学到的经验教训及对于案例的研究,提出自己的训练团队管理解决方案。④推断出与指向的运动训练最相关的数字转型技术。比如,传统训练的数字化升级需要借助于可穿戴设备、环境传感器、器械传感器等,物联网技术、边缘计算等,以高效寻求合作方;而将数字化技术与训练相结合,除了上述技术之外,还需要AR、VR、MR等技术。⑤确定主要合作伙伴。提供应用场景框架,并以生态方式构建数字化系统,寻求多类型团队、公司和厂商协同联动、优势互补,在平台化架构下根据系统所需的能力分层和角色

---

[1] 美国工业互联网联盟编制,赛迪智库翻译. Digital Transformation in Industry White Paper, [R/OL]. [2021-02-17]. https://docs.qq.com/pdf/DT0lvZFZTT0NZR0Rw.

分工、发现合作资源、建立合作关系、推动合作落地、保持合作发展。⑥实施数字化转型计划。按照前期准备逐步落实数字化转型。

需要注意的是,"政府主导较适于追赶,不适应创新驱动发展。创新基于市场导向,由企业家精神铸就,创新驱动应以竞争政策为主"[1]。数字化转型应形成政府引导、市场主导、全社会共同参与的格局。

3. 培养适应运动训练数字化时代的人才

多种类型人才培养是推动我国竞技体育从"人口红利"大国向"人才红利"强国迈进的基石。就数字化转型而言,"线上有数据,线下有人才"必须形成对接配位,才能真正点燃数字化训练中未被充分挖掘的计算制胜的强大引擎。线下培养所需人才可参照以下三个类别。

一是具备数字化素养的教练员和运动员。他们构成运动训练主体,是形成新时代运动训练数字文化的关键。借鉴欧洲"数字教育行动计划"面向全体公民数字化能力的框架的五个维度[2],教练员和运动员等运动训练从业者同样需要如下素养方可适应数字化转型所需,即"运动训练中的信息和数字素养、数字化交流与协作、数字训练内容与优化、数字安全意识,以及数字化训练问题解决"。

二是具备数字化能力运动训练科技服务人才,本书暂指称运动训练数据工程师(包括体育数据分析师、数据架构师)。他们是推行数字化转型的破题者,"数字化转型是复杂系统性工程,其中破题的关键在于强大的数据工程师储备"[3]。同样借鉴欧洲"爱迪生数字科学能力框架(CF-DS)"[4],认为运动训练数据工程师应具备"运动训练数据分析、数据科学工程、数据管理、研究方法与项目管理、需求分析"等能力,能够胜任从整个运动训练数据生命周期(原始数据收集、信息准备、分析、可视化和访问)中完成信息到知识的萃取。

三是具备一专多能的运动表现管理人才,或称作运动表现总监,他们是有效执行数字化转型的桥梁。所谓一专多能是指在某运动专项上具有深入的训练理论与方法、丰富的训练实践经验,同时对相关广泛的运动训练学科领域有足够的了

---

[1] 李国杰. 发展数字经济值得深思的几个问题 [J]. 科学中国人, 2018 (21): 44-47.
[2] 施锦诚, 孔寒冰, 吴婧姗, 等. 数据赋能工程教育转型: 欧洲数字化战略报告分析 [J]. 高等工程教育研究, 2021 (1): 17-23.
[3] 施锦诚, 孔寒冰, 吴婧姗, 等. 数据赋能工程教育转型: 欧洲数字化战略报告分析 [J]. 高等工程教育研究, 2021 (1): 17-23.
[4] EDISON. Data Science Competences Framework (CF-DS) Release 1, [R/OL]. [2021-02-17]. https://edison-project.eu/data-science-competence-framework-cf-ds/.

第六章 运动训练理论与方法演化总览与未来展望

解,最好也能熟悉数据分析能力(数据库、数据分析、可视化技术)和知晓执行数据分析任务的特定技术(R语言、Python等),以便掌握运动训练规律之间的联系,从而建设性地参与跨学科团队工作、适应快速变化的运动训练实践需求。简而言之,懂专业、会战略、擅长沟通和人际关系,这种复合能力的人才是成功的关键。

4. 加快推进运动训练学科的数字化转型

应对数字化转型的教育教学,一方面需要大量从事数据科学的专门人才开展数据科学前沿领域研究探索,以及迎接不同行业数字化转型所需的数据工程实践人才。截至2020年3月,先后共有五批次、六百余所高校获批"数据科学与大数据技术"专业,再加上"大数据管理与应用""大数据技术与应用"等专业的建设,将为我国数字化转型与科技人力资源开发提供重要支撑[1]。与此同时,我们也迫切需要对不同行业或专业领域的业务需求、领域知识、应用场景进行数字化理解和转换,形成可供数据科学领域广泛交流的数字化思维、数字化问题、数字化资源。

另一方面,运动训练学科数字化转型须迎头赶上。"如果没有数字化,就不可能利用计算和网络进行处理和传播,在信息化时代就会被边缘化,不可能有好的发展。不仅论文、学术报告、实验结果和数据需要数字化,学科的理论体系、研究方法、实验仪器、科研装备和计量、检测手段等都需要建立在数字化的基础上,使学科研究得以在数字空间、网络空间加速进行"[2]。

由此,在课程建设上,一是注重运动训练理论教学方式和研究方法的数字化转型,研究建立数字化运动训练专业的培养方案,涉及能力、知识体系、课程设置等,任务是提升学生从数据、信息、知识到价值创造的全链条数字素养和能力;二是突出运动训练实践需求驱动的实用型人才培养方法。实施"课堂教师教学+课外训练队实习"的人才培养方法。课堂可以整合跨校、跨地域、跨学科、跨专业,以及线上线下的优质教育教学资源。课外重在加强教学的实践性,可跟随运动训练一线从业者观摩交流研讨,萃取有价值的经验,挖掘运动训练实践中痛点,梳理问题解决流程,为提高训练效率找到支撑点。此外,也可聘请教练

---

[1] 吴婧姗,施锦诚,朱凌. 数据赋能工程教育转型:基于五份美国数据科学咨询报告的分析[J]. 高等工程教育研究,2020(4):41-47.
[2] 周宏仁. 信息化:从计算机科学到计算科学[J]. 中国科学院院刊,2016,31(6):591-598.

员、运动员等一线人员进课堂开展实例研讨,就存在的典型问题设计一个可行性数字化解决方案,再行实施检验,其目的是形成实例分析、实境训练、实战检验的"三实"教学模式,培养学生实战能力、创新解题能力和跨界整合能力。最终构建一套"数字环境、训练实践、应用创新"全链条人才培养体系。

5. 探索研究运动训练数字化的数据治理

数据不同于传统商品,可能会存在无限复制和无限使用的问题,因而造成数据流通价值失效。数据共享是数字化训练发展的灵魂,数据安全治理是消除数据共享鸿沟的基石,亟待在数据开放利用与数据安全之间寻找平衡。因此,一方面应打破运动训练信息孤岛,统一规划成为"共下一盘棋"局面,搭建跨层级、跨项目、跨区域的信息共享标准化平台。在一些平台接口、数据口径等方面建立全国可通行的标准,为畅通共享扫除障碍。另一方面,须通过建立完善的数据共享制度体系,监督数据流通,在运动训练行业内部进行数据交换时有章可循,消除后顾之忧。此外,建立完善的数据保护体系也能降低数据泄露风险,保护数据来源的隐私安全,推进行业合作积极性[1]。

具体做法可参考如下:一是在管理上,以政府或高校的研究机构为主导,加强各层级、各运动项目的数字化训练规划,建设统一的数据共享平台,统筹不同类别的数据使用需求,实行分层管理、分级应用,集中采集或购买数据,避免重复建设数据平台。形成云端汇聚、连接互通的大数据仓库式新数据采集整合和开放共享模式。二是在法治上,坚持以人为本的数据法治,通过制定隐私数据分级分类标准,明确应用边界,保证数据的使用不涉及用户隐私等问题。通过明确数据保护责任主体,如"首次采集者负责"或按业务条线归类等方式[2]。三是在技术上,对数据增加保护机制以增强数据安全治理,如同态加密、差分隐私、安全多方计算、联邦计算等[3]技术手段实现敏感信息脱敏化处理,保障个人数据的安全使用,使敏感数据透明使用。值得注意的是,主管部门应及时评估隐私保护政策的有效性,确保适度审慎监管,避免扭曲运动训练数字化行业竞争与阻碍

---

[1] 盘和林.建设智慧城市,非打破"数据桎梏"不能成[EB/OL].光明日报,2021-02-18,http://views.ce.cn/view/ent/202102/18/t20210218_36318321.shtml.

[2] 张世珍.数字经济面临的治理挑战及应对[EB/OL].[2021-02-19].http://theory.people.com.cn/n1/2021/0209/c40531-32026489.html.

[3] 魏国富,石英村.人工智能数据安全治理与技术发展概述[J].信息安全研究,2021,7(2):110-119.

第六章 运动训练理论与方法演化总览与未来展望

创新，应以服务于数据安全、便捷、低成本的互通和利用为宗旨，确保充分发挥"安全"对"创新"的赋能作用。

综上所述，运动训练是一个极其复杂的系统工程，很难在某一个点或某一个面上就能直击需求侧问题要害。全过程、全要素的序贯、立体分析思维愈发成为破解运动训练理论与实践难题的密钥。这种思维或许由来已久，但囿于"生产力"滞后而无法实现。近年来，得益于大数据、人工智能、物联网等新一代信息技术引发的信息环境和数据基础变革、运算速度加快，推动了人工智能的全面爆发式发展，为应对复杂问题拓展了新视野，而以数字化转型为支撑、基于全要素生产率的创新驱动才得以在全社会各行业中号角雷动。

人类社会、物理世界、信息空间都可承载于"万物皆数"的数字世界，可以将任何复杂系统的超维度信息，经过数字化转型聚焦于数字空间，并数据化。运动训练作为一个极具典型的数字化智能化应用场景，可以很好地实现从运动训练数据到信息、从信息到知识、从知识到运动训练决策的转换，进而为精准高效地认知和操控运动训练制胜之道提供了新可能。因此，正视并拥抱"非物质性"的数字化训练范式变革是当务之急。毋庸置疑的是，数字化转型在很大程度上是对传统训练模式的赋能提质增效，而非颠覆。对于大量可重复的、形式化因果推理和数据计算的训练内容，大可放心交给计算智能和感知智能，即人工智能（"机"）偏向于事实过程计算；而主导运动训练核心竞争力的高级的、事实与价值融合的因果关系算计的复杂认知，仍要依附人类智能，即"人"侧重于主观价值把控算计。故而，未来运动训练明智之举当是：在数据驱动下归纳、训练专家知识指导中演绎、训练实践探索中顿悟的"人机融合"智能运动训练格局。

本章小结

根据奥林匹克运动员训练理论与方法演化整体图景可知，古代医学转向机械物理学时期、能量守恒中能量的守恒向量的守恒和质的转化相结合，即能量守恒与转化定律时期，这两个"范式革命"是推动运动成绩快速增长的重要节点。我们也发现，运动训练理论与方法演化在近代晚期比现代晚期所带来的运动成绩增长幅度要更大，说明近年来运动训练理论与方法的革命性发展已渐趋缓慢，出现明显的边际效应递减。

机械论在运动训练理论与方法中占有更高的呼声，将人体不断机械分解，以求在科学技术上取得突破，此举着实将人类运动能力极限不断推向新高，但与此同时却陷入了类似中世纪的"灵肉分离"陷阱，奥林匹克主义也不断遭受着挑战和异化。过分专注人体机械性和中国偏重关注人的主体性是未来发展奥林匹克运动员训练理论与方法的整体理性，这种趋势紧随着当代脑科学与认知神经科学发展而来的新技术、新方法、新证据而不断得以认同。

变化是当今时代的主要特征，数字化转型就是在变化中创新。数字化转型浪潮滚滚而来，极具数字化、智能化应用场景的竞技运动训练活动亟待融入其中。本研究认为，数字化转型是点燃当代竞技运动训练变革新引擎，可创新驱动人机融合的"体能制胜+计算整合制胜"训练新格局，可为引领运动训练这一复杂系统工程的整体性变革带来全新的求解模式和驱动动能。

第七章 结 语

第一节 结 论

奥林匹克运动员训练理论与方法形成已近 3000 年之久，而它所引起的任何一个运动训练成绩的持续高速增长现象，都不能脱离它嵌入其中的社会。奥林匹克运动员训练理论与方法随着人类科技、政治、经济、社会、文化的发展呈现阶段特征。探究、弄清或恢复奥林匹克运动员训练理论与方法发展历史的进路和真实面目，认识奥林匹克运动员训练发展的主流不仅是完善基础性体育学科的内容体系，也是对人类科学史的重要补充。本课题基于科学史和科学哲学理论，并采用定性与定量相结合的方法，对奥林匹克运动员训练理论与方法的演化进行了较为全面系统深入的论述，重要观点如下。

（1）奥林匹克运动员训练理论与方法范式的变革与运动成绩的增长密切相关，以现代奥运会运动成绩增长的量化趋势并结合定性分析，将奥林匹克运动员训练理论与方法演化进行科学分期，具体如下：古代（公元前 776 年至公元 1895 年）；近代：Ⅰ期（1896—1920 年）和Ⅱ期（20 世纪 20 年代至 20 世纪 40 年代末）；现代：Ⅰ期（20 世纪 50 年代初至 20 世纪 70 年代末）和Ⅱ期（20 世纪 80 年代至 21 世纪 10 年代）。

（2）本课题研究发现，古代运动训练随"人"主体地位变迁和国家需求扮演不同角色。古希腊侧重竞技娱神、军事准备、健与美和教育；古罗马侧重军事准备；中世纪几乎是军事准备；文艺复兴之后首在健康"医药"，次为军事准备；启蒙运动之后侧重竞技娱乐、教育，健康"医药"。此外，就古代奥林匹克运动员训练理论基础而言，希波克拉底创立的"四体液学说"是一直主导 19 世纪中叶以前运动训练的"科学"指南，训练方法主要包括合理饮食、系统训练、充足睡眠，而清洗肠道、出汗、放血是平衡体液的重要手段。

（3）近代奥林匹克运动员训练理论与方法遭遇两次世界大战的严重侵扰却未断层，且随城市化进程更加拓展了其社会需求。科技化、工业化导致"四体液学说"被"人体代谢"理论取代，能量守恒原理则将奥林匹克运动员训练理论与方法引入机械化的工业效率模式为主导的发展方向上。A. V. Hill 获得的诺贝尔生理学或医学奖的成果问世，极大地推动了运动生理学研究，并由此证实了能量守恒与转化定律对运动训练的卓有成效，围绕生理学提高竞技能力的训练方法得以发展，训练负荷也不断增加，从此拉开了现代奥林匹克运动员训练科学序幕。

（4）现代运动训练受到工业化、经济全球化、信息化、冷战对峙、举国体制等因素的影响明显，同时，随着科学不断深入迎来，大科学时代的快速驱动。生物学日趋主导并认可了力量训练及体能训练在奥林匹克运动员训练中重要地位，Selye"应激理论"衍生的"超量恢复""正负训练效应"等经典模型并不断融合数学、计算机科学、信息技术等带来运动成绩长足增长，基于"应激理论"和"一般系统论"的元理论和最近理论进展所提出的运动训练分期理论则是对运动训练复杂性的有效应对，并先后经历了马特维也夫分期理论、板块分期模式、多周期模式，以及正在形成的"整合分期模式"。由此，奥林匹克运动员训练理论与方法亟待复杂系统理论的介入，以及求解复杂系统难题的机器学习、深度学习、强化学习等人工智能技术方法的支持，或将迎来大数据和智能时代的革命。

（5）相比较而言，中国运动训练理论与方法对此前经历的另外三个重要范式革命并没有引起足够重视，尤其是对"能量守恒"和"能量守恒与转化"的认识不尽细致和深入，而它们都是以物理学、化学和生物学为直接理论先导的。中国运动训练理论与方法（运动训练学）之所以有今天的成就，无不浸润着无数先贤们的辛劳汗水与智慧结晶，前辈们已然将"一般系统论"为理论先导并融合"辩证法"（辩证唯物主义和中国传统辩证关系思维）的运动训练理论与方法，在当初引进的基础上进行了积极充分的扬弃、创新和发展。但毋庸讳言，在得益于特定阶段历史光辉贡献的同时，也造成了整个历史长河中其他闪光点的遮掩。

概言之，现代运动训练学基于"一般系统论"由苏联和民主德国引进和发展，但相应缺乏西方运动训练理论与方法体系的生物学机制原理和数学化、数字化精准调控方法的基质而实践指导力不足。在这样一个空前的全球化、工业化、信息化、智能化新时代，信息爆炸式增长、知识裂变式更新，我们倘若抱持奋勇革新、博采众长、通力合作的虔诚心态和发展思路来正视它，在奥林匹克运动员训练理论与方法领域也完全有可能跟上脚步并引领它。

（6）奥林匹克运动员训练理论与方法的愈发工业化、商业化、科学主义等却带来"人"主体地位再次陷落的困境。中国传统和现代运动训练理论体系中的注重主体的生命科学元素与西方自然科学主导的运动训练理论与方法或可相得益彰。值得一提的是，近年来，认知主义所倡导的认知神经科学和脑科学对人体生理和运动行为的调控与作用方面的最新研究成果，为我们在运动训练中关注人的主体性或人文关怀必要性提供了重要的科学依据。

与此同时，正在全社会雷动的大数据、人工智能、物联网等新一代信息技术所引发的信息环境和数据基础变革、运算速度加快，正加速引领奥林匹克运动员训练的数字化转型、网络化重构、智能化升级，这必将成为革新全过程、全要素的序贯、立体分析思维，整合运动训练复杂系统工程诸要素，破解运动训练理论与实践复杂难题的全新动能。

第二节 建 议

（1）中国奥林匹克运动员训练理论与方法研究方向可以从以下几个方面予以完善突破：其一，建立中国奥林匹克运动员训练与参赛数据库，不容忽视大数据、云计算、人工智能、认知神经科学与脑科学等带来理论与方法革新的机遇与挑战；其二，汲取"一般系统论"演进而来的最新系统论理论与方法，如复杂自适应系统理论、"体系"等来完善运动训练学；其三，补习生物学理论范式、跟进数学化、数字化研究方式、吸收机器学习与深度学习算法等信息时代新技术新方法。

（2）自古代奥运会诞生以来的近三千年之中，奥林匹克运动员训练理论方法的"范式"或"研究纲领"已发生四次革命，每一次都带来运动成绩和竞技水平的显著提升。大数据、物联网、云计算、物联网、5G技术、人工智能、元宇宙等层出不穷、日新月异更迭的新信息化时代已然到来，需积极拥抱和加速推进"第五次运动训练范式"革新。